GERHARD BRENDLER · THOMAS MÜNTZER

Gerhard Brendler

Thomas Müntzer

Geist und Faust

Mit 3 Farb- und 60 Schwarz-Weiß-Abbildungen

VEB Deutscher Verlag
der Wissenschaften
Berlin 1989

ISBN 3-326-00475-3

Verlagslektor: Arno Lemke
Gesamtgestaltung: Renate Möller
© 1989 der deutschsprachigen Ausgabe
VEB Deutscher Verlag der Wissenschaften, Berlin
Lizenz-Nr.: 206 · 435/21/89
Printed in the German Democratic Republic
Gesamtherstellung: INTERDRUCK Graphischer Großbetrieb Leipzig,
Betrieb der ausgezeichneten Qualitätsarbeit, III/18/97
LSV 0268
Bestellnummer: 571 7953
01600

Inhalt

Vorwort

Doch am Volke zweifle ich nicht
Thomas Müntzer

Thomas Müntzer – der Name hat einen guten Klang in unserem Land. Landwirtschaftliche Betriebe, Schächte, Schulen und Theater, eine Hochschule, zwei Städte und ein Truppenteil benennen sich nach diesem Gemeindepfarrer, Theologen und Revolutionär; und auch eines der am meisten gebrauchten Zahlungsmittel zeigt sein (freilich nicht sicher verbürgtes) Konterfei.

Was ich von Müntzer wissen wollte, war das, was ich in diesem Buch zu beschreiben versuchte: woran hat er geglaubt, wofür hat er gekämpft, worauf hat er gehofft und wie ist er zur Wirkung gelangt? Die Antwort heißt Gott, Volk, Einsatz des eigenen Lebens und ist allemal ein Wagnis.

In Thomas Müntzer tritt uns der wohl älteste Typ des Revolutionärs entgegen: ein Gottesstreiter. Im Alten Testament schon gibt es ihn; der Zimmermann Jesus aus Nazareth gehört auf seine Weise dazu wie die Taboriten und manch andere vor ihnen und nach ihnen bis in unsere Tage: es müntzert in der Welt. Revolutionäre dieser Art sind rebellisch, störrisch und unerbittlich, verwundbar, sensibel und meist nicht sehr glücklich. Sie interessieren sich nicht für das Mögliche und für das Machbare, nur für das Ewige. Sie liegen immer quer.

Von den ersten etwa dreißig Jahren des Lebens von Thomas Müntzer wissen wir leider so herzlich wenig, daß dieses Buch keine Biographie sein kann. Die gesammelten Werke und der Briefwechsel von Martin Luther umfassen in der Weimarer Ausgabe rund gerechnet 720 Zentimeter. Die »Kritische Gesamtausgabe« der Schriften und Briefe von Thomas Müntzer, die Günther Franz in Verbindung mit Paul Kirn in Gütersloh 1968 herausgab und auf die ich mich hier stütze (ungeachtet der gewiß berechtigten kritischen Rezensionen – warum haben es die anderen nicht eher und nicht besser gemacht), die Franz'sche Ausgabe also zu Müntzer umfaßt in der Dicke des einen Buches ganze acht Zentimeter. Ein Vergleich der Quellenbasis für Aussagen zu Luther und zu Müntzer ergibt somit ein Verhältnis von 720 : 8 zugunsten Luthers.

Nun bin ich ganz gewiß der Meinung, daß die Leitfigur des 16. Jahrhunderts Martin Luther hieß und nicht Thomas Müntzer, und ich stimme den Kapriolen des Weltgeistes auch darin zu, daß er wohl seine Gründe dafür haben mußte, große lutherische Kirchen (neben der viel älteren katholischen) zu favorisieren, aber keine müntzerische. Aber fatal ist dieses Verhältnis doch und bitter ungerecht.

Die Historiker können sich nicht bis zum Sankt-Nimmerleins-Tag damit herausreden, daß so vieles noch ungeklärt ist und daß wir keine Quellen haben, zumal dann, wenn ein Jubiläum ins Haus steht. Man muß auch mal sagen, was man von der Sache hält. Dies tue ich in diesem Buche.

Im Interesse leichterer Lesbarkeit wurden Müntzertexte heutigem Sprachgebrauch angeglichen. Zitate werden im Text mit dem Autorennamen bzw. mit Autorennamen und Seitenzahl belegt oder aber mit den beiden Abkürzungen KGA = Günther Franz (Hg.): Thomas Müntzer. Schriften und Briefe. Kritische Gesamtausgabe, Gütersloh 1968; CM I = Reinhard Jordan (Hg.): Chronik der Stadt Mühlhausen in Thüringen, Bd. 1, Mühlhausen 1900. Die vollständigen bibliographischen Angaben sind jeweils dem Literaturverzeichnis zu entnehmen.

Mein Dank gilt Helmut Bleiber, Adolf Laube und Walter Schmidt, die die Entstehung dieses Buches mit kritischer Diskussion begleiteten, Irina Modrow und Lars-Holger Thümmler für das Korrekturlesen und dem Verlagslektor Arno Lemke.

Berlin, Juni 1988   *Gerhard Brendler*

KAPITEL 1

Es werden noch viele
den Hals hinrecken müssen

Ein Buch, das vom Leben und Werk einer großen historischen Persönlichkeit berichten will, sollte füglich auch
mit dem beginnen, was am Anfang eines jeden Lebens
steht: mit der Geburt, mit Kindheit und Jugend, mit der sozialen
Herkunft und mit dem Milieu im Elternhaus. So wollen es die
Neugier, das übliche Verfahren und vielleicht auch die Regeln
der Komposition und Dramaturgie. Doch Müntzers Hinterlas-
senschaft und seine Spuren in Briefen, Akten und Schriften tun
uns diesen Gefallen nicht. Im Anfang dessen, was wir von Müntzer wirklich wissen und nicht nur erspekulieren, steht die Eintragung in die Matrikel der Universität Leipzig vom 16. Oktober
1506: » Thomas Munczer de Quedilburck«. Es ist das erste sicher
verbürgte Datum seines Lebens.

Wir wissen nicht, wie alt er war, als er die Universität Leipzig
bezog. Die Immatrikulation setzte hinreichende Lateinkenntnisse voraus und diese wiederum den erfolgreichen Besuch einer
Trivialschule. Also dürfte er etwa 17 oder 18, vielleicht auch
19 Jahre alt gewesen sein, was als mögliche Geburtsjahre 1488,
1489 oder 1490 ergibt. Aus irgendeinem Grunde hat sich 1489 als
sein Geburtsjahr eingebürgert. Beweisen läßt es sich jedoch
nicht; er könnte durchaus auch einige Jahre älter gewesen sein,
mehr als Wahrscheinlichkeiten aus Analogieschlüssen auf das
damals Übliche lassen sich dafür nicht aufbieten. Viel älter als die
angegebenen Jahreszahlen es nahelegen, dürfte er aber wohl
doch nicht gewesen sein, denn seine Briefe an den 1483 geborenen Martin Luther sind in einer Diktion gehalten, die darauf
schließen läßt, daß er in Luther den Älteren sah.

Kennen wir auch sein Geburtsjahr nicht, so können wir doch
mit etwas größerer Wahrscheinlichkeit eine Aussage über seinen
Geburtstag wagen, und zwar wiederum in Anlehnung an das damalige Brauchtum: Er hieß Thomas. Thomas ist der Tagesheilige

des 21. Dezember. Da es üblich war, den Kindern den Namen des Tagesheiligen des Geburtstages oder des Tauftages zu geben, dürfte Thomas Müntzer am 21. Dezember oder kurz davor geboren sein.

Lassen wir uns gleich an dieser Stelle einmal auf die Stimmungslage des ausgehenden 15. und heraufziehenden 16. Jahrhunderts ein und auf das, was damals modern zu werden begann, nämlich auf Astrologie und Zeichendeutung, dann gäbe dies freilich schon Stoff für eine eingrenzbare Anzahl von Horoskopen und für Reminiszenzen, die sich im Gedächtnis regen, wenn der Name Thomas fällt: so hieß doch der unter den Aposteln Jesu, der nicht aufs Wort glauben, sondern selbst sehen und die eigenen Finger in die Wundmale des Auferstandenen legen wollte, um sich von der Richtigkeit oder Falschheit dessen zu überzeugen, was die Mitapostel ihm als Neuigkeit zumuteten.

Nomen est omen – daß der Name ein Zeichen sei, lassen wir heute öffentlich und in der Theorie nicht mehr gelten und verweisen darauf, daß dieser ominöse Satz in seinen Denkvoraussetzungen ganz sicherlich der Magie verpflichtet ist, wiewohl werdende Mütter und Väter heute weit mehr Fleiß als ehedem darauf verwenden, wohlklingende und möglichst bedeutungsvolle Namen für das zu finden, was über kurz oder lang, spätestens jedoch in neun Monaten, ihr Kind sein wird.

Diese Not der Namenssuche und -findung hatte man vor fünfhundert Jahren nicht: die Kirche hatte vorgesorgt und hielt für nahezu jeden Tag einen Heiligen bereit, an dessen Namen man sich halten konnte, sofern man nicht die Familie dadurch ehren wollte, daß man das Kind auf den Vornamen eines Großeltern- oder Elternteiles taufte. Doch wer geistig rege, grüblerisch veranlagt war oder sich zeitgemäß denkend zu sich selbst und seiner Umwelt verhielt, dem mochte der eigene Name schon zu schaffen machen als omen, Verpflichtung oder Stachel.

Da wir über Müntzers Elternhaus und die möglicherweise von dort herkommenden Anregungen, Veranlagungen, Vorlieben und Abneigungen, Skrupel, Probleme oder Tendenzen nichts wissen, liegt die Ätiologie seines später zutage tretenden Wesens im Dunkel.

Vorausgreifend auf das, was wir beim reifen Müntzer werden feststellen können, bleibt freilich eine Beobachtung merkwürdig, sofern wir uns auf den Denkstil des 16. Jahrhunderts einlassen und von da aus Wesenszüge zu verstehen suchen, die nicht einfach Reflex der Außenwelt sind, sondern aus seinem Inneren quillen: die Tiefendimension seines theologischen Denkens hat es hartnäckig immer wieder mit der Frage nach dem »bewährten Glauben« zu tun, das heißt haargenau mit der Frage, für die Thomas als Symbolfigur galt, und er bezieht ausgerechnet Universitäten, die auf den »alten Weg« des Thomas von Aquino verpflichtet waren, mochten diese auch weitab von seinem üblichen geographischen Wirkungsbereich gelegen sein.

Wir werden uns damit noch zu beschäftigen haben. Doch mehr als eine Beobachtung, die – noch einmal sei es betont – nur unter den Denkvoraussetzungen des 16. Jahrhunderts gemacht werden und nachdenklich stimmen kann – mehr als eine Beobachtung soll das nicht sein, und wir versagen uns dazu jegliche weitere Spekulation.

Die Eintragung »Thomas Munczer de Quedilburck« könnte zu der Annahme veranlassen, er stamme aus Quedlinburg und sei dort geboren. Dies ist jedoch nicht der Fall. Er spricht selbst später davon, daß er von Stolberg gebürtig sei. So hat er 1506 bei der Immatrikulation in Leipzig offensichtlich den damaligen Wohnsitz seiner Eltern angegeben, die demzufolge vor dem Jahre 1506 von Stolberg nach Quedlinburg gezogen sein müssen; wann das genau war, ist unbekannt. Wir können also auch nicht sagen, ob er schon in Stolberg eingeschult wurde oder erst in Quedlinburg. Ob er nun die Anfangsgründe des Lateinischen schon in Stolberg oder erst in Quedlinburg genossen hat, ist jedoch für seinen späteren Lebensweg unerheblich.

Ein klein wenig interessanter dürfte da schon eine weitere Nachricht sein, die wir ebenfalls der Leipziger Matrikel entnehmen können. Die Immatrikulationsgebühr betrug 10 Groschen. Wer zu den Armen gehörte, zu den »pauperes«, wurde entweder gänzlich von der Gebühr befreit oder konnte unter 6 Groschen bezahlen. Müntzer bezahlte 6 Groschen. Das besagt jedenfalls soviel, daß er nicht zu den Armen gehörte, er aber andererseits die geforderten 10 Groschen nicht auf einmal entrichten konnte. Es gibt auch keinen Hinweis darauf, daß er die restlichen 4 Groschen nachträglich beglichen hätte. Genaue Rückschlüsse auf die Vermögenslage der Eltern oder gar auf ihren Stand lassen sich daraus nicht ziehen. Klar dürfte nur sein, daß sie nicht ganz mittellos waren. Womit sie jedoch ihren Lebensunterhalt verdienten, was für einem Gewerbe sie oblagen oder welches Handwerk sie betrieben, ist nicht bekannt.

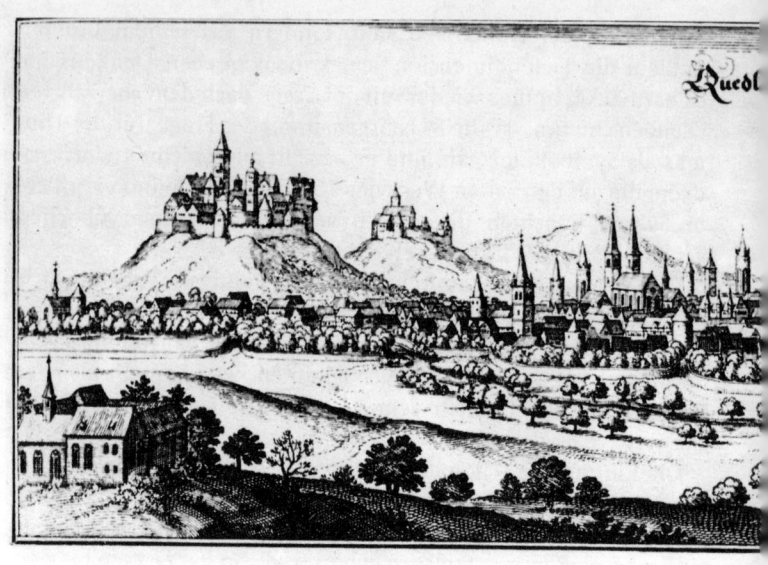

Quedlinburg
Kupferstich aus »Topographia« von Matthäus Merian, Frankfurt (Main) 1650

Es gibt noch zwei weitere Indizien dafür, daß Müntzers Eltern nicht ganz mittellos waren. Das ist einmal der Umstand, daß in Müntzers Bekanntenkreis Fernhändler und Goldschmiede eine Rolle spielten. Das sind Berufskategorien, die Ansehen genossen und deren Sozialprestige nicht gerade darauf aus war, sich mit Leuten ärmlicher Herkunft gemeinzumachen. Zum anderen ist ein Briefentwurf Müntzers an seinen Vater erhalten, in dem sich Müntzer darüber beklagt, daß ihm der Vater das ihm zustehende Erbe vorenthalten wolle, obwohl die Mutter doch genug mit in die Ehe gebracht habe. (KGA 361) Wie wertvoll das Erbe nun wirklich war und ob es überhaupt der Rede wert war, sich darüber zu streiten, müssen wir wiederum dahingestellt sein lassen. Als einigermaßen vertretbare Aussage über die soziale Situiertheit des Elternhauses bleibt nur der freilich vage und lediglich negativ abgrenzende Hinweis darauf, daß es sich nicht um pauperes handelte.

In Leipzig bezog Müntzer die »Artistenfakultät«, die niederste der vier Fakultäten, deren Absolvierung die Voraussetzung für ein Studium an der Juristischen, Medizinischen oder Theologischen Fakultät war. Wie lange er an der Leipziger Artistenfakul-

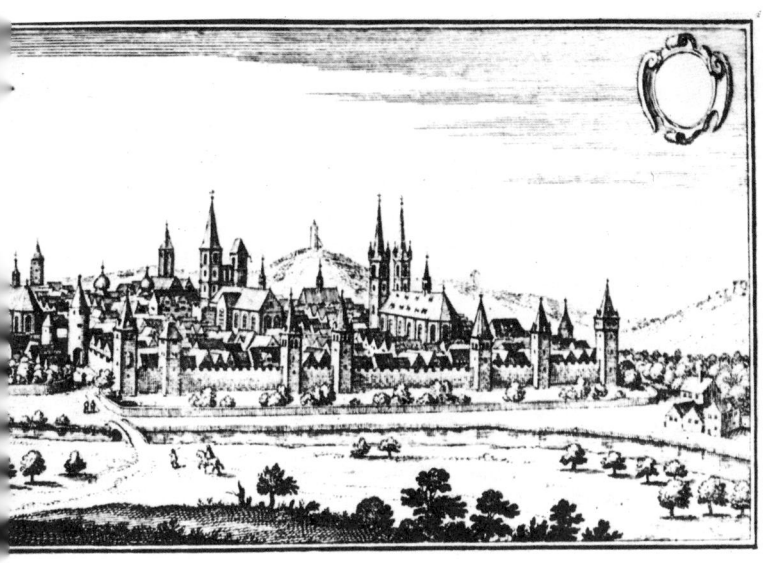

tät studiert hat, ist nicht bekannt. Die mit ihm gemeinsam Immatrikulierten legten 1509 das Magisterexamen ab, Thomas Müntzer aber nicht. So ist also damit zu rechnen, daß er die Universität Leipzig vor 1509, jedenfalls aber vor dem Magisterexamen, mit dem das Studium an der Artistenfakultät abschloß, verlassen hat. Das war an sich nichts Besonderes, obwohl es nicht gerade die Regel war. Es kam jedenfalls öfter vor, daß die Studenten nur für eine gewisse Zeit an einer Universität verblieben, dann die Hohe Schule wechselten und die Examina nicht unbedingt an der gleichen Universität ablegten, an der sie das Studium anfänglich aufgenommen hatten, oder aber das Studium jahrelang unterbrachen, um inzwischen einem Broterwerb nachzugehen.

So scheint es auch bei Thomas Müntzer gewesen zu sein. Jedenfalls findet sich erst sechs Jahre später wieder eine eindeutige Spur aus seinem Leben: »Thomas Müntczer Stolbergensis« in der Matrikel der Universität Frankfurt/Oder am 16. 10. 1512. Es ist wiederum die Artistenfakultät, in die er sich einschreiben läßt; ein Beleg dafür, daß das Fehlen seines Namens in den Leipziger Promotionslisten keine fehlerhafte Unterlassung darstellt, sondern sich einfach daraus erklärt, daß er dort kein Examen abgelegt hat. Überdies wäre eine solche Unterlassung höchst unwahrscheinlich, da ja mit dem Magistertitel sehr konkrete Rechte und Pflichten verbunden waren: der Magister war berechtigt und verpflichtet, Vorlesungen und Übungen an der Artistenfakultät zu halten.

Außer der Eintragung in die Matrikel fehlt für den Aufenthalt in Frankfurt/Oder jede weitere Spur. Es läßt sich auch nicht sagen, wie lange er dort studiert hat. Lange kann es nicht gewesen sein, denn im Jahre 1514 präsentiert ihn der Rat der Altstadt Braunschweig für eine Altarpfründe an der St. Michaelskirche und bezeichnet ihn dort als Priester aus der Diözese Halberstadt. (KGA 553) Also muß er vorher die Priesterweihe erhalten haben, und zwar in Halberstadt.

Die Priesterweihe setzte voraus, daß er vorher die niederen Weihen des Subdiakonats und des Diakonats empfangen hat. Das kanonische Recht schrieb für die Subdiakonatsweihen ein Mindestalter von 21 Jahren, für die Priesterweihe eines von 24 Jahren vor. Wenn die eingangs angestellte Überlegung hinsichtlich des Geburtsjahres 1489 oder 1488 stimmt, dann könnte er etwa zwischen 1509 und 1511 die niederen Weihen und 1513 oder 1514 die Priesterweihe empfangen haben.

Zwischen dem Studium in Leipzig und Frankfurt/Oder war er in Aschersleben und Halle als Kollaborator, als Hilfslehrer, tätig. Dies ergibt sich aus einer Aussage, die er nach seiner Gefangennahme im Mai 1525 bei seinem Verhör unter der Folter gemacht hat: »Zu Aschersleben und Halle do habe er in der jugent, als er collebrator gewest, auch ayn verbuntnus gemacht. Darin seyn Peter Blinde zu Aschersleben, Peter Engel eyn kirchner zu Halle, Hans Buttener und Cuntz Sander doselbst am Stayn thore. Ist widder bischoven Ernsten hochloblicher gedechtnus gewast.« (KGA 548–549) Da Bischof Ernst 1513 gestorben ist und außerdem die Zeitangabe »in der jugent« gemacht wird, sind wir wohl berechtigt, diese Angaben auf die Zeit zwischen dem Leipziger und dem Frankfurter Studium zu beziehen.

Was für ein Verbündnis das gewesen sein soll, ist nicht bekannt, da jegliche weiteren Nachrichten dazu fehlen. Nähere Einzelheiten erfragten die Folterer nicht. Ist diese Aussage auch erpreßt, so gewinnt sie doch ein gewisses Interesse im Zusammenhang mit einem Zeugnis aus dem Jahre 1515. In einem Brief vom 25. Juli 1515 wird Müntzer angeredet mit: »hochgelarde unde

14

vorfolger der unrechtverdicheit«. (KGA 349) Hochgelehrt, Verfolger der Unrechtfertigkeit, ein – wenn auch sonst nicht weiter bezeugtes – Bündnis gegen einen Bischof: das paßt zueinander und könnte dafür sprechen, daß wir es hier mit einem Geist zu tun haben, der Menschen und Verhältnissen kritisch gegenübersteht und der sich mit anderen zu gemeinsamem Vorgehen verabredet.

Freilich sind daraus noch keine Konturen für ein Persönlichkeitsbild Müntzers zu gewinnen; denn eine der beiden Quellen, die uns diese Sicht vermitteln oder nahelegen, will Müntzer von vornherein als geborenen Rädelsführer denunzieren. Die Folterer verstanden sich auf die Kunst, dem Opfer alles zu entlocken, was sie hören wollten. Doch bei der überaus dürftigen Quellenlage zu Müntzers Frühgeschichte wollen wir auch diese zweifellos dubiose Nachricht zumindest zur Kenntnis nehmen, wenn auch mit gebotener Vorsicht.

Da Thomas Müntzer 1514 für eine Altarpfründe in Braunschweig präsentiert wurde, dürfen wir mit vollem Recht annehmen, daß er zu dieser Zeit einen einflußreichen Gönner in Braunschweig gehabt haben muß, dessen Wort beim Rate der Stadt etwas galt; denn Pfründen waren nicht nur eine begehrte Sache für denjenigen, der sie gern haben wollte.

Für die Räte – und auf die kam es bei der Vergabe an – stellten sie ein probates Mittel der Kaderpolitik dar. Sie sicherten sich so Einfluß auf die kirchliche Stellenbesetzung und brachten einen Teil der Geistlichkeit in Abhängigkeit von sich. Bewerben um die Stelle eines Predigers oder Altaristen konnte sich zwar im Prinzip ein jeder, der die Weihen empfangen hatte, doch ohne Protektion war es für einen Unbekannten und noch dazu Stadtfremden nahezu aussichtslos, einen solchen Versuch zu wagen: denn die Räte achteten in ihrem wohlverstandenen Eigeninteresse darauf, zuverlässige Leute auf den Pfründenstellen unterzubringen, die zum Rate hielten oder aber ihm zumindest keine Scherereien bereiteten.

Und sie hatten allen Grund dazu, der Geistlichkeit auf die Finger zu sehen, war doch der Klerus eine bevorrechtete Kaste, ein privilegierter Stand, der juristisch nicht dem Rat der Stadt unterstellt war, sondern nach eigenem kanonischem Recht lebte. Und die Kirche wachte als universalistische Institution, die ihr geistiges, administratives und politisches Zentrum in Rom hatte, eifersüchtig darüber, daß ihr möglichst niemand in ihre eigenen Angelegenheiten hineinredete oder aber ihre Rechte antastete. Mit diesem Bestreben eckte sie jedoch zwangsläufig bei allen sonstigen Gewalten an, geriet je länger, desto mehr in die Kritik aller Stände und setzte sich zwischen alle Stühle. Die weltlichen Gewalten ihrerseits, die Kaiser und Könige, Fürsten, Grafen und Herren und nicht zuletzt die Städte, ja auch die Dorfgemeinden, konnten die kirchliche Selbständigkeit zwar in gewissen Grenzen tolerieren, mußten aber notwendigerweise immer wieder darauf bedacht sein, ihre Interessen in der Kirche zur Geltung zu bringen und ein wachsames Auge auf sie zu haben, da sich die Kirche seit Jahrhunderten schon zu einem der wichtigsten Kommunikationsmittel in der gesamten Gesellschaft entwickelt hatte. Man konnte zwar in einem Reiche, Fürstentum oder in einer Stadt wohnen, ohne Reichs-, Landes- oder Bürgerrechte zu genießen oder deren Pflichten tragen zu müssen, man konnte zu unterschiedlichen Zünften gehören oder zur Not auch außerhalb der Zunft seinen Lebensunterhalt fristen, doch außerhalb der Kirche war weder Sein noch Heil (sofern man nicht zum auserwählten Volke gehörte und als Jude im Ghetto lebte). Da jeder Neugeborene sogleich getauft und also in die christliche Kirche aufgenommen wurde, gab es kein Entrinnen vor ihr.

Nun war auf den Reformkonzilien des 15. Jahrhunderts der Satz aufgestellt und mit wachsender Inbrunst praktiziert worden, daß quod omnes tangit, ab omnibus approbari debet, daß also was alle angeht, auch von allen gutzuheißen oder zu entscheiden sei; für das Papsttum, die monarchistische Spitze der Universalkirche, war das höchst fatal: mitten in der erfahrensten, ältesten und auf Gehorsam, Unterwerfung und Disziplin schier mehr als auf den Glauben fundierten Hierarchie hatte die List der Geschichte einen Akkord aufklingen lassen, der zwar nicht gerade auf Freiräume fürs Denken hinauslief, wohl aber aufs Mitreden und Mitbestimmen aller, die getauft waren, und den wir gern demokratisch nennen möchten, wenn nur diese Vokabel für die hier zur Debatte stehende Zeit nicht so unangemessen modernisierend und also anachronistisch klänge.

Sonntag für Sonntag und nicht selten auch zwischendurch an den Werk-, Arbeits- und Markttagen gingen groß und klein, arm und reich zur Kirche, nicht unbedingt aus innerem Drange, sondern weil es Pflicht war und geboten, und nicht unbedingt alle in ein und dieselbe: wenn die Siedlung nur groß genug war und Platz und Steueraufkommen genug für mehr als nur ein Kirchengebäude und deren Klerus hatte, wußte man sehr wohl zu unterscheiden, wer wohin, unter welches Kirchendach gehörte, zumindest aber, wer sich auf den vorderen Bänken zeigen durfte und wer sich mit den hinteren Reihen zu begnügen hatte. So war die Kirche ihrer eigenen Idee zuwider längst nicht mehr der Ort nur zum Lobe Gottes in Messe, Predigt, Gebet und Meditation, für Opfer, Almosen und Devotion: man zeigte sich und seine Kleider und demonstrierte mit ihnen Status und Rang in der Gemeinde. So spiegelte sich die Gesellschaft in der Kirche und schien diese zu einem Stück von sich selbst zu machen. Doch ganz zum bloß passiven Abbild der Gesellschaft konnte die Kirche nicht werden. Im Gegenteil: je unbefangener die Gesellschaft nach der Kirche griff und sich mit ungenierter Behäbigkeit in ihr selbst zur Schau stellte, desto weniger konnte auf Dauer verborgen bleiben, daß die Kirche auch ein Gegenbild (oder deren mehrere) zur bestehenden Gesellschaft in sich barg. Denn bei allen ständischen, klassen- und schichtenspezifischen oder rang- und statusmäßigen Unterschieden, Differenzen und Zergliederungen, die das mehr oder minder gläubige oder auch nur gewohnheitsmäßige Kirchenvolk aufspalteten, hing doch gerade im Raum der Kirche trotz alledem ein Hauch von Gemeinsamkeit über den sozial, politisch-rechtlich und ökonomisch so unterschiedlichen Menschen: sie alle beugten das Knie vor dem einen Gotte, anerkannten dessen gekreuzigten, begrabenen und auferstandenen eingeborenen Sohn als ihren Herrn und Erlöser und flehten zum Heiligen Geist als dem Tröster, Lebensspender und Erneuerer all dessen, was mürbe, müde, matt, marode, krank und hinfällig oder ganz und gar abgeschieden, verblichen und vergangen war. Das aber war geistiger Sinn, Auftrag und Wesen der Kirche von Anfang an gewesen; ihr Nerv. Die Jahrhunderte mit ihren wechselnden Situationen, Problemlagen, Nöten, Hoffnungen und Frustrationen hatten diesen Sinn und Nerv mit vermeintlichen und echten Lösungen, Fragen, Antworten und Anforderungen überschichtet und verdeckt, bisweilen auch überreizt und über- oder fehlgefordert, mitunter auch abgestumpft, nie jedoch ganz abtöten können.

Freilich war die Kirche Jesu Christi keineswegs als Bewegung zur Umgestaltung der Gesellschaft ins Leben getreten, weder in einem reformerischen noch gar in einem revolutionären Sinne. Sie hielt im Gegenteil Reich, Staat und Imperium, Wirtschaft, Geld, Handel, Handwerk und Gewerbe oder – wie wir heute zusammenfassend und verallgemeinernd sagen würden – die Gesellschaftsordnung für so belanglos, daß man deren Gesetze, Verordnungen und Entscheide getrost respektieren und einhalten konnte, da dies alles ohnehin nicht mehr von langer Dauer sein würde und man die Wiederkunft des Herrn, die Parusie, nahe wähnte. Angesichts der Naherwartung verblaßte alles weltliche Getriebe zur Bedeutungslosigkeit, und man konnte dem Kaiser und allen sonstigen weltlichen Gewalten in allen Dingen willfährig und geständig sein, ob als Freier oder Sklave, ob als Mann oder Frau, ob im hohen oder niederen Stande – mit einer Ausnahme: nichts und niemand, keine wie auch immer geartete menschliche Instanz durfte die Gewissen regieren, konnte Anbetung verlangen und den Glauben geben, der das ewige Heil gewährleistet, bringt oder selbst schon ist, als Jesus Christus allein. Daran hatte jegliche sonstige Macht ihre unüberschreitbare Grenze, und dafür scheuten die frühen Christen selbst das Martyrium nicht. Dies allerdings beinhaltete bei aller äußeren Friedfertigkeit und demonstrativen Interessenlosigkeit eine so schonungslose Ablehnung und prinzipielle Kampfansage an die tatsächlich bestehenden Zustände, wie man sie sich selbst mit dem Schwerte in der Faust kaum schärfer denken kann. Diese Welt schien so nichtswürdig, verderbt und dem Untergang preisgegeben, daß man sich ihrer Besserung wegen mit dem Schwerte nur profanieren und letztlich sogar den eigenen Unglauben bezeugen und also das Heil verwirken konnte. Jesus hieß den Petrus das Schwert in die Scheide stecken, als dieser es – ein menschlich Rühren – im Garten Gethsemane gegen die Häscher zückte.

Mit der Parusieverzögerung, der Generation um Generation ausbleibenden Wiederkunft des Herrn, zerdehnte sich die Naherwartung zur Langzeitperspektive voller Ungewißheiten und möglicher Überraschungen durch das plötzliche Ende. Nolens volens richtete sich das Christentum mit der Kirche institutionell häuslich ein in der Welt, wurde zur Macht und Gewalt neben den Mächten und Gewalten des Staates und seiner Einrichtungen und wirtschaftlichen, ständischen und sonstigen Vereinigungen, Institutionen und Korporationen. Doch der Stachel aus den Anfängen blieb, und er machte der Kirche schwer zu schaffen. Und je mehr nämlich die Kirche sich mit der Gesellschaft (in deren sich wandelnden Formationen) arrangierte, ohne je zur Ununterscheidbarkeit mit ihr zu verschmelzen, und je relevanter folglich die Beachtung kirchlicher Dogmen für gesellschaftliches

Wohlverhalten wurde (und wiederum ohne dieses je voll determinieren zu können), je intensiver sich also gesellschaftliches und historisches Denken kirchlich approbierter Denkmuster und Leitbilder bediente, desto größer mußte die Versuchung sein, aus den ursprünglichen Visionen vom jenseitigen Gottesreich, das nicht von dieser Welt sein und einem gänzlich anderen und neuen Äon mit einem neuen Himmel und einer neuen Erde angehören würde, auf Erden schon realisierbare Gegenbilder zur bestehenden Gesellschaft abzuleiten oder zu gewinnen. Wie der Aufstieg des Christentums von der kleinen und glanzlosen Jüngergemeinde Jesu zur macht- und glanzvollen klerikalen Anstalt der Kirche mit dem Papst als Nachfolger Petri ein sichtbares Überhaupt beschert hatte, so brachte die Parusieverzögerung auch geistig das Schwert wieder zu Ehren, das Jesus dem Petrus einst verwehrt hatte. Der Glaube brauchte sich seiner nicht mehr zu schämen, er konnte es gebrauchen.

Daß aber die Kirche oder das Gottesvolk das Schwert selbst gebrauchen sollte, war nicht im Sinne der Obrigkeiten, weder der auf Reichs- oder Landesebene noch gar jener im örtlichen oder gemeindlichen Rahmen. Die Kirche hatte sich wohlweislich des eigenen Schwertgebrauches enthalten und diesen, sofern er in ihrem Interesse lag und unabdingbar wurde, an den »weltlichen Arm« delegiert. Dies hatte ihr das Überleben beim Zusammenbruch des westlichen Römerreiches in den Stürmen der Völkerwanderungszeit gesichert, und dies hatte sich auch in den darauffolgenden Jahrhunderten stets aufs neue zur Zufriedenheit wie der weltlichen Oberkeit so auch der klerikalen Hierarchie bewährt.

Nicht darum beäugten die Räte der Städte die Kirche wachsam und mißtrauisch, weil ihnen die Kirche etwa generell das Gewaltmonopol streitig gemacht hätte, sondern weil in Gestalt der Kirche trotz alledem ein zweites, relativ selbständiges und in bestimmtem Rahmen vom Rat der Stadt unabhängiges Machtzentrum mit einem nicht genau berechenbaren Protestpotential existierte, dessen man sich nie ganz sicher sein konnte. Denn Macht bestand eben nicht nur aus der Schwertgewalt allein und berechnete sich nicht allein aus der geballten Muskelkraft organisierter und kommandierter Waffenträger, wenn sie dort auch stets ihre ultima ratio hatte. Und es waren auch nicht ausschließlich wirtschaftlicher Einfluß, Besitz und Reichtum der Kirche, oder ihre juristischen Exemtionen und sonstigen Prärogative, die die städtischen Gravamina wider den Klerus provozierten, wenn man sich darüber auch die Mäuler am hämischsten zerriß. Das ureigenste Wesen kirchlicher Macht war die Menschenführung, und darin eben rivalisierte sie mit den Räten in beneidenswert günstiger Position.

Menschenführung betätigten freilich auch die Räte, und zwar vornehmlich über wirtschaftliche, politische und gesellschaftliche Abhängigkeiten und die Normierung und Kontrolle des öffentlichen Wohlverhaltens, einerlei, ob diese Hoheit nun vom Stadt- bzw. Landesherrn delegiert und geliehen war oder auf kommunaler Rechtsautonomie beruhte. Und eben im Metier des öffentlichen und darüber hinaus des privaten Wohlverhaltens etablierte die Kirche ihre eigene schwer einzugrenzende Arena der Macht. Hier hatte sie ein Spielfeld besetzt, auf dem sie selber die Regeln gab und als Mitspieler und Schiedsrichter zugleich fungierte. Der Klerus kannte die Bürger der Stadt nicht weniger genau als der Rat, und er kannte sie von einer Seite, die dem Rat gerade nicht oder jedenfalls doch nicht so leicht zugänglich war: für den Klerus war die Stadt eben nicht lediglich, wie die schnelle und üble Nachrede es wollte, die zu melkende Kuh, auf deren Kosten man leicht ein parasitäres und faules Leben führen konnte: für den Klerus war die Stadt aus tagtäglicher Erfahrung auch die Summe der Sorgen und Nöte, die die Bürger in ihr hatten, die Quelle der Kümmernisse und Bedrängnisse, auch der kleinen Liederlichkeiten und heimlichen Laster, die anzuhören und zu vergeben und für die per priesterlichem Auftrag Absolution zu erteilen war. Für den Rat der Stadt hatte man Werkstatt, Haus und Geldbeutel zu öffnen, dem Klerus aber die Seele anzuvertrauen (und an Opferstock und Klingelbeutel nicht achtlos vorüberzugehen). Solange die Stadt prosperierte, mochte der Unterschied wenig ins Gewicht fallen; mehrte sich aber die Murmelung im Volke, dann schon, und zwar so nachhaltig, daß es für die öffentliche Ordnung gut und für den Rat vortrefflich war, zuverlässige Leute im Klerus zu haben.

In diesem Geflecht von Beziehungen und Bedingungen bewegte sich Thomas Müntzer spätestens seitdem er Priester geworden war. Hier erwuchsen ihm die Probleme, und vornehmlich in dem Erfahrungsbereich von Stadt und Kirche wurde er nach einigen Jahren für andere zum Problem. Wir haben jedoch keinerlei Anhaltspunkte dafür, daß seine Meinungen und Absichten von vornherein unvereinbar gewesen wären mit dem, was man von einem Priester erwartete. Soweit es aus diesen frühen Jahren überhaupt Zeugnisse über ihn gibt, sprechen sie im Gegenteil dafür, daß er durchaus den Obliegenheiten eines Priesters und Seelsorgers nachkam, diese Aufgaben ernst nahm und auch selber von denen, die mit ihm in Beziehung traten, ernst genommen und um Rat gefragt wurde, und zwar haargenau in jenen Fragen, die um 1517 die Gemüter bewegten und die vornehmlich mit dem Ablaßhandel zusammenhingen.

Der Ablaß bzw. seine kommerzialisierte Form, der Ablaßhandel, ist eine Erscheinung, die mit dem kirchlichen Bußsakrament zusammenhängt. Der Grundgedanke ist ganz einfach: wenn der einzelne Gläubige gegen kirchliche Vorschriften verstoßen und »Sünde« auf sich geladen hat, so soll er dies bereuen, einem Priester beichten, sich von den Sünden lossprechen lassen, Buße tun und so sein gestörtes Verhältnis zu Gott und zur Kirche wieder in Ordnung bringen. Der springende Punkt dabei, an dem sich der Ablaßgedanke entwickelte und schließlich finanziell genutzt werden konnte, war die Buße. Ihr lag die durchaus vernünftige und in allen Rechtsordnungen praktizierte Vorstellung zugrunde, daß begangenes Unrecht der Wiedergutmachung bedürfe und dem Geschädigten oder Beleidigten Genugtuung widerfahren müsse.

Diese Buße wurde dem Beichtenden vom Priester auferlegt und bestand in der Regel aus Gebeten und einer Gabe für den Opferstock. Dies war übliche Praxis, die weder als anstößig noch gar als verwerflich galt. Problematisch wurde die Sache erst, als sie sich mit der Idee verband, diesen Vorgang schriftlich zu fixieren, zu verbriefen, Ablaßbriefe für ganz bestimmte Vergehen und mit einer bestimmten Geltungsdauer auszustellen. Jetzt konnte man »Ablaß« auf Vorrat erwerben, für künftige Sünden und auch stellvertretend für andere Menschen, auch für Tote, denen man so die Leidenszeit im Fegefeuer abkürzen wollte. So entstand der »Heilige Handel«, ein einträgliches Geschäft mit der Angst und mit der Gläubigkeit. Daß es dabei nicht nur um das Seelenheil ging, sondern auch und wohl mehr noch ums Geld, das dem Gläubigen aus dem Beutel zu ziehen war, lag auf der Hand, und es bedurfte keines allzugroßen Scharfsinnes, um dies zu durchschauen. Zweifel wurden laut und auch Gespött. Doch mit Spott allein war die Sache nicht abzutun. Das Geschäft florierte, Ablaßbriefe fanden Absatz. Mit dem gesunden Menschenverstand allein und mit leichten Sottisen war dem Schwindel nicht beizukommen; denn es ging ja letztlich nicht um kommerzielle Probleme, sondern um Fragen theologischer Natur.

Der Ablaßhandel war gleichsam nur die Spitze eines Eisberges. Er zeugte auf seine Weise davon, daß die Kirche ins Zentrum der Kritik geriet und einem schleichenden Autoritätsschwund ausgesetzt war. Die Praxis, Bußstrafen durch Geldleistungen zu ersetzen, wurde zu einem Mittel für die Finanzierung der päpstlichen Politik. Dies galt gerade auch für den Ablaß, den der Dominikaner Tetzel vertrieb und der im Sommer 1517 die Gemüter in Braunschweig und Umgebung beunruhigte. Der Ertrag aus diesem Ablaß war teils für die Baukosten des Petersdomes in Rom bestimmt, teils dazu, die Schulden des Mainzer Erzbischofs Albrecht von Brandenburg bei der Kurie in Rom zu tilgen. Der von Tetzel vertriebene Ablaß war jedoch nicht der einzige seiner Art. Landauf, landab waren viele Kirchen, Wallfahrtsorte, auch Klöster und Abteien seit langem schon mit Ablässen mannigfacher Art »begnadet«, mit deren Einkünften die betreffenden Einrichtungen rechneten und die sie deshalb sorgsam als Rechtstitel wahrten und verteidigten. Jeder neue Ablaß bot deshalb Anlaß zu Rivalitäten und Streitigkeiten. In der Umgebung von Braunschweig war es die Benediktinerabtei Königslutter, die sich durch Tetzels Ablaß geschmälert fühlte. Sie war mit dem Privileg ausgestattet, am Peter-und-Pauls-Tag, dem 29. Juni, einen eigenen Ablaß feilzubieten, und wurde deshalb bei den Vertretern des Magdeburger Erzbischofs vorstellig mit dem Ziel, den Vertrieb von Tetzels Ablaß zumindest zeitweilig zu unterbinden. Sie hatte damit Erfolg, und Tetzel zeigte sich schließlich kompromißbereit. Doch die Sache war in die Öffentlichkeit gedrungen und hatte zu Diskussionen geführt.

Auch Thomas Müntzer wurde davon berührt. Der Rektor der Martinsschule zu Braunschweig wandte sich mit einem Brief an Müntzer, in dem er den »hochgelehrten Mann« und Magister bat, möglichst kurz und bündig seine Meinung zu einigen Fragen kundzutun, die allesamt mit dem Ablaßhandel zusammenhingen. (KGA 347f.) Vor allem wünschte der Rektor, der sich selbst unterstapelnd als ungelehrt bezeichnete, zu wissen, was man eigentlich darunter verstehen solle, wenn in den Verlautbarungen über den Ablaß die Klausel gebraucht wird »Nachlaß von Strafe und Schuld«, woraus man dann glaubt, die Schuld in sakramentalischer Freisprechung zu tilgen. Und wie man das begreifen könne, daß ein Mensch eine gegen Gott begangene

Sünde nicht tilgen könne, während die Prälaten doch Menschen seien, ihnen aber gleichwohl die volle Schlüsselgewalt übertragen sei, wie man uns sagt. Ob der Papst denn in kirchlichen Angelegenheiten vor Gott tun und lassen könne, was er wolle, und ob man denn den Ablaßbriefen wie dem Evangelium trauen könne. Die Zweifel des Rektors kulminierten in der Frage, ob der Schatz der Kirche (der das Leiden Christi ist) durch das Verdienst der Heiligen (wie man uns sagt) irgendwie wachsen kann oder nicht. Auch sollte Herr Thomas so kurz wie möglich schriftlich darlegen, was er von den Indulgentien halte, die neuerdings von den Dominikanern angeboten werden, und ob die Ablaßbriefe von Königslutter, wie einige meinen, zu widerrufen seien oder nicht.

Was der Rektor mit diesen Fragen bezweckte, ist trotz aller Verklausulierungen nicht schwer zu erraten: was hier in der Form von Fragen und mit der hintergründigen Bitte um Belehrung vorgetragen wird, sind massive und kaum noch verhüllte Zweifel daran, daß der Ablaßhandel mit rechter christlicher Lehre übereinstimmte. Der Mißmut gilt dem Brauch, nicht seiner gelegentlichen Verfehlung.

Zumindest drei ineinander verschlungene Problemkreise treten dabei deutlich hervor: einmal geht es generell um die evangelische Legitimation der Ablaßbriefe; zum anderen auch schon um die Hoheit des Papstes in Kirchenangelegenheiten und darüber hinaus prinzipiell um die Frage, wer eigentlich der Herr der Kirche ist, und mit den Zweifeln über die Wachstumsfähigkeit des »Schatzes der Kirche« wird drittens bereits die Grundfrage nach dem Wesen der Kirche anvisiert.

Wir wissen nicht, wie sich Thomas Müntzer zu dieser Sache verhalten und was er dem Rektor auf die bohrenden Fragen geantwortet hat. Die historisch gültige Antwort auf diese und andere Fragen zu Ablaß und Bußsakrament gab wenige Monate später Martin Luther in Wittenberg mit 95 Thesen, die zum Ausgangspunkt der reformatorischen Bewegung wurden. Seine 62. These klingt wie eine direkte Antwort auf die Frage des Braunschweiger Rektors nach dem Schatz der Kirche: »Der wahre Schatz der Kirche ist das allerheiligste Evangelium von Gottes Herrlichkeit und Gnade.« Alle drei Problemkreise, die der Braunschweiger Anfrage geistige Brisanz verleihen und sie zu einem einheitlichen Gedankengang verbinden, finden sich nicht nur da und dort in Luthers bahnbrechenden Thesen gelegentlich wieder, sie bilden vielmehr auch hier den Drehzapfen der Problementfaltung und Beweisführung: ein Symptom dafür, daß sich zu dieser Zeit bei deutschen Intellektuellen im Kirchen- und Schuldienst so etwas abspielte wie eine kollektive Problemformulierung und daß man sich – ohne im einzelnen voneinander zu wissen – an jene Grundfragen herantastete, durch deren öffentliche Diskussion der Stein über kurz oder lang ins Rollen kommen mußte.

Jene kollektive Problemformulierung, von der hier zu sprechen ist, erfaßte den gesamten Katalog jener vielfältigen Themen sozialer, wirtschaftlicher, finanzieller, politischer und juristischer Art, die zum Teil schon jahrzehntelang auf den Land- und Reichstagen mit wechselndem Erfolg und zeitweiligen Lösungen debattiert wurden. Bei ihr ging es jedoch nicht um die bestehenden Zustände schlechthin und in jeder Einzelheit, sie betraf vielmehr deren Legitimation. Ein deutsches Wort dafür ist Rechtfertigung, die Grundvokabel der lutherischen Theologie. In dieser Konzentration lag ihre Stärke und Durchschlagskraft. Damit schuf sie eine öffentliche Meinung oder gestaltete sie um und neu, soweit eine solche schon vorhanden war.

Die ganze Gesellschaft war von diesem Prozeß berührt, viele trieben ihn auf den unterschiedlichsten Kanälen des Denkens, Fühlens und Wertens voran und trugen dazu bei, daß die theologische Grundfrage nach dem Verhältnis zwischen Mensch und Gott zu jenem kritischen Punkt im geistigen Leben von Individuum und Gesellschaft wurde, wo keine gefälligen Kompromisse mehr gelten konnten und wo das Sowohl-Als-auch erprobter Regierungs- und Führungskünste dem Entweder-Oder persönlicher Entscheidung weichen mußte. Diesen neuralgischen Punkt in klassischer Reinheit herausprozessiert zu haben war das Wagnis, Werk und Verdienst Martin Luthers.

Als Mönch, Universitätsprofessor und Lehrer der Heiligen Schrift hatte er die ihn bestürzende, in Anfechtungen und Ängste hineintreibende ganz persönliche und schwer nachvollziehbare Erfahrung gemacht, daß er desto mehr mit Gott haderte und unzufriedener, ja verzweifelter wurde, je mehr er sich anstrengte und alle Mühe gab, Gott zu lieben und alles, was in seinen Kräften stand, zu tun, um es diesem Gotte recht zu machen und sich seiner Zuneigung und Gnade zu versichern. Er tat damit genau das, was die Kirche von ihm und einem jeden anderen Gläubigen wollte. Dies eben entsprach den gängigen Vorstellungen über die Beziehungen zwischen Mensch und Gott, war in Glaubenslehren und Dogmatiken scharfsinnig ausformuliert und begründet und vertrug sich sehr wohl mit dem, was sich der gesunde Menschenverstand auch ohnedies zurechtlegen konnte: Gott hat festgelegt, was Gut und Böse ist; der Mensch hat den freien Willen, sich für das Eine oder das Andere zu entscheiden, und wenn seine eigenen Kräfte nicht ausreichen, das zu tun, was Gott von ihm erwartet, so wird die Gnade Gottes herbeieilen und ihm über die letzte Hürde zur Erreichung des Heils hinweghelfen.

Diese Vorstellung hatte eine lange historische Erfahrung für und hinter sich; weise schien sie, tröstlich, hilfreich und gütig. Doch gerade dort, wo Prälat und Pfründner, Alltagsmensch und feinsinnige Ästheten erleichtert aufatmen, weil dieser Gott so umgänglich ist und mit sich reden läßt, gerade dort rebellierte Luther und spürte die Tücke, die in alledem steckt und die zutage tritt, sobald man über Golgatha, Christus und das Cur Deus homo nachdenkt: weshalb dann hat Christus am Kreuze sterben müssen, wenn der Mensch den freien Willen hat, sich der Macht des Teufels entgegenzustemmen und allen seinen Werken zu widerstehen, und es dann nur noch einer kleinen Handreichung vom Himmel her bedarf, um auch die letzte Hürde noch zu nehmen? Es hieß doch wohl Christus leugnen und lästern, wenn man nicht ihm und seinem Werk allein vertraute, sondern dem freien Willen des Menschen zutraute, er könne von sich aus eine große Strecke des Weges zum Heil bewältigen. Luther sah darin eine Anmaßung menschlicher Hybris, eine Irreleitung der Gewissen und eine Schmälerung der Majestät Gottes, denn der alleine komme es zu, über das Heil zu verfügen. Das Heil aber, das allein bei Gott liegt, ist mit keinerlei menschlicher Kraft- oder Willensanstrengung zu beeinflussen; Gott wendet es dem Menschen zu aus freiem Entschluß und spendet es als reine Gnade und blickt dabei nicht auf das Verdienst des Menschen. Luther leugnet also schlankweg die Rechtsfähigkeit des Menschen vor Gott. Der Mensch ist vor Gott immer ein Sünder und auf Gnade und Erbarmen angewiesen und sonst auf gar nichts.

Die Kehrseite dieser schroffen, ja geradezu brutalen Zurückweisung jeglicher eigenen Ansprüche des Menschen vor Gott war freilich die, daß damit auch die Autorität, Hoheit und Befugnis all jener ad absurdum geführt wurden, die aus kirchlicher oder weltlicher Machtvollkommenheit Vorschriften, Satzungen und Gebote erließen, deren Einhaltung und Befolgung den Weg zum Heil, wenn schon nicht garantieren, so doch aber wenigstens erleichtern oder erfolgversprechend machen sollten. Der seit langem schon in der Kirche (wie auch in der übrigen Gesellschaft) schwelenden Autoritätskrise fügte Luther damit die theologische Tiefendimension hinzu. Er machte diese Krise offenkundig, indem er den etablierten Autoritäten die Legitimation absprach, die Gewissen der Menschen zu binden; dies könne nur Jesus Christus allein und niemand sonst. Damit aber vollzog er eine Revolution in der Theologie. Wenn keinerlei etablierte Gremien, Einzelpersonen, Macht- oder Hoheitsträger befugt sind, die Gewissen zu binden, dann werden die Entscheidungen über das, was zu glauben, zu denken und zu tun, was für richtig und was für falsch und schädlich zu halten ist, dem Gewissen des Individuums anheimgestellt. Damit wird im Bereich der höchsten Wertkriterien unter den damaligen Umständen der Weg frei dafür, daß sich die Individuen aus dem bisher gültigen gesellschaftlichen Konsens geistig emanzipieren oder zumindest partiell herauslösen und von veränderten Grundwerten her einen Konsens aufbauen. Dies aber ist eine unabdingbare Ausgangs- und Durchgangsstufe für eine jegliche wie auch immer geartete Umgestaltung in der Gesellschaft; eine Durchgangsstufe freilich, die zunächst noch alles offenläßt und voller Möglichkeiten steckt, die aber doch erst einmal dasein und durchschritten werden muß, bevor alles Weitere möglich oder gar wirklich wird.

So wie die kollektive Problemformulierung auf den unterschiedlichsten Wegen heranreift, von den Sorgen, Nöten, Fragen, Frustrationen, Erfolgen, Ambitionen, Skurrilitäten, Eigenarten und Erfahrungen, den großen und kleinen Leidenschaften, Verrücktheiten und Freuden vieler einzelner gespeist wird und schließlich die zündende Antwort in Rede, Geist und Aktion eines einzelnen erfolgt und angeboten wird, so setzt sich auch diese Antwort dann wieder in durchaus analoger Weise in die Gesellschaft um, diffundiert in ihr, erfährt mancherlei Anwendungen, Aufnahmen, Umwandlungen und Ausdeutungen, und zwar vornehmlich durch den elementaren Mechanismus von Zustimmung, Ablehnung und Verbindung mit dem je eigenen Anliegen.

Was nun den Anteil Thomas Müntzers an jener kollektiven Problemformulierung betrifft, die auf die reformatorische Initialzündung Martin Luthers hinführte, so läßt die Quellenlage keine konkrete Antwort zu außer der einen, allerdings durchaus berechtigten Annahme, die sich zumindest aus der Anfrage des Braunschweiger Rektors ableiten läßt, daß er nach Stimmung, Interessen und Persönlichkeitsstruktur von dieser Problemlage mit erfaßt war und als einer galt, den man fragen sollte. Was jedoch die gesellschaftliche Aufnahme der lutherischen Initialzündung, ihre Wege ins Volk und im weiteren dann die hiervon mitbewirkte Mobilisierung der verschiedenartigsten reformatorischen Kräfte betrifft, so wird gerade Thomas Müntzer zu einer Leitfigur des Geschehens, der eigene Wege geht und Horizonte eröffnet, freilich nicht schlagartig und mit einem Mal, wohl aber doch so, daß gerade an ihm und seinem Verhalten die Entfaltung der reformatorischen Situation und ihrer Peripetien in den Grundzügen abgelesen werden kann. Zugespitzt läßt sich sagen: so, wie Martin Luther ausschlaggebend war für die Auslösung der Reformation und dafür, daß diese überhaupt in Gang kam, so ähnlich wird dann in wenigen Jahren Thomas Müntzer gewichtig für die Differenzierung der reformatorischen Bewegung und deren Radikalisierung, zumindest für die sächsisch-thüringischen Gebiete.

Um 1516/17 wird Thomas Müntzer in einem Brief (KGA 350) als Propst in Frose angesprochen. Wie lange er dort gewirkt und welche Stationen oder Zwischenstationen er in den Jahren 1517 und 1518 angelaufen, besucht oder absolviert hat, läßt sich auf Grund der Quellenlage nicht sicher sagen. Erkennbar wird nur, daß er spätestens um die Jahreswende 1518/19 Kontakt zu den Wittenberger Reformatoren und zu einflußreichen Wittenberger Bürgern hatte und sich auf Stellensuche befand. Ähnlich wie schon bei seinen Beziehungen zu Braunschweig scheinen es auch diesmal wohlhabende und einflußreiche bürgerliche Kreise gewesen zu sein, die als seine Gönner auftraten und ihn in der wichtigsten Frage unterstützten, bei der ein junger Mann nun mal Fürsprache, Hinweise und Fingerzeige am dringendsten braucht, nämlich bei der Suche nach Anstellung für die Sicherung des Lebensunterhalts. In Wittenberg war es der Goldschmied Christian Döring – der gleiche Döring, der wenige Jahre später einem Martin Luther sein Reisegespann zur Verfügung stellte, als dieser, vom Reichsherold Deutschland geleitet, den schweren, aber ruhmreichen Weg nach Worms antrat –, der Thomas Müntzer helfend unter die Arme griff. Er hatte sich bei Bartholomäus Bernhardi, dem Propst von Kemberg, für Müntzer verwandt und konnte diesem in einem Brief vom 11. Januar 1519 mitteilen, daß er sich Ostern bei Bernhardi als Kaplan melden könne. (KGA 351) Aus der Sache wurde jedoch nichts. Statt dessen finden wir Müntzer Ostern 1519 in Jüterbog, und zwar als Gehilfe und Vertreter des dortigen Predigers Franz Günther.

Franz Günther gehörte zu den ersten Schülern und Mitstreitern Martin Luthers, die dessen Sache leidenschaftlich in der Öffentlichkeit verfochten. Mit seinem Namen wie auch mit dem des schon genannten Bartholomäus Bernhardi aus Feldkirch verbanden sich die geistigen Durchbruchsschlachten und ersten Siege der lutherischen neuen Theologie an der Universität Wittenberg. Es dürfte doch wohl symptomatisch sein für die damalige geistige Verfassung Thomas Müntzers und die Richtung seines Suchens, daß er von den jungen Kampfhähnen aus dem unmittelbaren Freundeskreis Luthers angesprochen und in ihre Unternehmungen, Probleme und Auseinandersetzungen einbezogen wurde. Bernhardi hatte ihm – wie gesagt – eine Stelle in Kemberg angeboten, und als Franz Günther in Jüterbog in Bedrängnis geriet, wovon noch zu reden sein wird, geht Müntzer nach Jüterbog; sei es, daß Franz Günther ihn selbst dahin geholt oder gerufen hat, sei es auch, daß er nach Beratung von den Wittenberger Reformatoren hingeschickt wurde. Welche dieser beiden möglichen, ja wahrscheinlichen Versionen nun wirklich genau zutrifft, lassen die Quellen nicht erkennen. Den Jüterboger Franziskanern jedenfalls, mit denen Franz Günther im Streit lag, galt er als einer »von Wittenberg«, ja mehr noch, er eben und Franz Günther waren es, auf die während der Auseinandersetzungen in Jüterbog erstmals in der gesamten Reformationsgeschichte der damals neue und diffamierend gemeinte Parteiname »Lutheraner« angewendet wurde. So tritt gerade Thomas Müntzer, dessen Name später zum Symbol des innerreformatorischen Gegensatzes gegen Luther werden sollte, 1519 als der Inbegriff dessen, was die Gegner unter Lutheraner verstehen wollten, ins Licht der Geschichte.

Doch zurück zunächst zu Bartholomäus Bernhardi und Franz Günther. Als Martin Luther mit der frühen Psalmenvorlesung und dann speziell mit der Römerbriefvorlesung 1515/16 den theologischen Kern dessen freigelegt hatte, was wir weiter oben die kollektive Problemformulierung nannten, so war dies zunächst seine ganz persönliche Angelegenheit, die nur für ihn selbst als biblisch begründet und absolut sicher feststand; für alle anderen aber, für seine Zuhörer in den Vorlesungen und ganz besonders auch für jene, die an der Universität Wittenberg davon reden und sagen hörten, war es eine Neuigkeit, die nach allen Regeln der akademischen Disputierkunst erst noch auf Herz und Nieren zu prüfen war, und es stand keineswegs von vornherein fest, daß er sich damit wenigstens an der eigenen Universtität durchsetzen würde. Luther mußte »Schule bilden«, und darin eben mußte sich fürs erste erweisen, ob und inwieweit seine individuelle Erkenntnis gesellschaftliche Relevanz hatte, Anerkennung fand und sich als Element kollektiver Problemfindung und -lösung bewährte.

Die erste Aktion auf diesem Wege, der an den Ablaßstreit und damit an die Initialzündung der Reformation heranführte, war die Disputation des Bernhardi vom 25. September 1516 an der Theologischen Fakultät in Wittenberg. Ein Grundgedanke dessen, was Luther bis dato in den Vorlesungen vorgetragen hatte, wurde nunmehr erstmals in öffentlicher akademischer Disputation erfolgreich und mit Verve von einem Schüler vertreten: die natürlichen Kräfte des Menschen richten sich nur auf Eigensucht und auf Fleischliches; aus eigener Kraft und Veranlagung kann der Mensch weder die Gnade herbeizwingen noch die göttlichen Gebote einhalten.

Ihre nachhaltigste Wirkung hatten diese Thesen jedoch weder durch die schlichte Faktizität ihres Vorgetragenwerdens und auch nicht durch das Geschick des Respondanten, sondern weit mehr noch dadurch, daß sie einen der bedeutendsten Köpfe der Wittenberger Universität, den Doktor beider Rechte Andreas Bodenstein von Karlstadt, so zum Widerspruch reizten, daß dieser sich in die Werke Augustins vertiefte zu dem Zwecke, die ganze lutherische Theologie zu widerlegen, sich dabei aber so faszinieren ließ, daß er selber nunmehr zu einem der eifrigsten Verfechter der neuen Lehre wurde.

Den zweiten Schlag von der gleichen Art, nur noch wuchtiger und in Diktion und Gedankenführung noch provokanter, führte Luther am 4. September 1517 mit 97 Thesen gegen die scholastische Theologie, die er für die Disputation des Franz Günther aus Nordhausen aufs Papier warf. Bis dahin hatte es als selbstverständlich gegolten, daß man ohne Aristoteles, d. h. ohne gründliche philosophische Aus- oder Vorbildung, kein rechter Theologe werden könne. Luther verwirft dies gänzlich und erklärt ohne Umschweife: »Im Gegenteil, Theologe wird keiner, der es nicht ohne Aristoteles wird.« (WA 1, 226) Und er fügt jenes kleine Wörtlein hinzu, daß von nun an kennzeichnend bleibt für seine Ausdrucksweise und den kompromißlosen Stil seines Denkens: das kleine Wort solo – allein. »Gratia sola« – die Gnade allein bringt das Heil. Wir werden nicht gerecht, indem wir Gerechtes tun, sondern, gerecht gemacht, tun wir Gerechtes. Das Verhältnis zwischen Mensch und Gott hat überhaupt nichts mit Moral oder Tugend zu tun. Nicht der Mensch kann sich auf die Gnade vorbereiten, sondern Gott allein entscheidet, wem er sie zuspricht und ob er sie gewährt oder nicht. Gott hat mit menschlicher Moral nichts zu tun; er ist gegen sie als Gott anzuerkennen. Luther entlastet den Gottesbegriff von allen über das Moralisieren einfließenden gesellschaftlichen Rücksichtnahmen. Damit vollzog er eine Revolution in der Theologie. Die befähigte ihn, eine Rolle für die Revolution in der Gesellschaft zu spielen.

Daß der freie Wille vor Gott nichts taugt und nichts gilt, daß der Glaube als freies Gnadengeschenk Gottes kommt ohne jegliches Zutun und Verdienst des Menschen, daß folglich alle Anstrengungen, mit Beichten, Fasten, Heiligenverehrung und allerlei sonstigen guten Werken Gott zu beeinflussen, zu bestechen oder übers Ohr zu hauen und sich dadurch als Gerechter zu erweisen, und daß weiterhin alle diesbezüglichen und sonstigen Vorschriften höchst verdächtig sind, dies waren jene Grundgedanken, die Luther seinen Hörern noch und noch einhämmerte und die seinen jungen Mitstreitern in Fleisch und Blut eingegangen waren; sie machten diese mutig, keck und kampfeslüstern und spornten sie zu eigenem Weiterdenken an, ohne daß damit schon die Gewißheit gegeben sein konnte, daß sie dann auch in jedem Falle genau in den gleichen Bahnen weiterdenken würden wie ihr Herr und Meister.

Es war eine Aufbruchstimmung voller Gärung, Schwung und Elan, in die Thomas Müntzer durch die Bekanntschaft mit Bartholomäus Bernhardi und Franz Günther, und wohl auch mit Karlstadt und Melanchthon, vielleicht auch mit Luther selber, hineingeriet. Daß er sich dabei wohlgefühlt, in seinem Element war und rückhaltlos mitgemacht hat, zeigen die Ereignisse vom Frühjahr 1519 in Jüterbog.

Wie nicht selten das ganze Spätmittelalter hindurch in manchen Orten und Städten, so bot auch in Jüterbog 1519 gerade die Fastenzeit Gelegenheiten, hinter mancherlei Ulk und Schabernack versteckt und in Fastenpredigten eingepackt, angestauten

Groll abzureagieren und einiges von dem lautwerden zu lassen, was man sich sonst lieber verkniff: Volksbrauchtum als Vehikel einer sozialen Kontrolle von unten. Reibereien und meist rasch wieder beigelegte Zerwürfnisse zur Fastenzeit gehörten zum stehenden Repertoire dessen, was Räte, Schöffenstühle und andere Friedenswahrer Jahr für Jahr mit schöner Regelmäßigkeit zu absolvieren hatten und was sich in Ratsprotokollen und sogenannten Bruchbüchern, in denen Verstöße und deren Ahndungen verzeichnet wurden, immer wieder beobachten läßt.

Wie das Fasten selbst eine dem leiblichen Wohl durchaus zuträgliche und überdies ökonomisch gerade im zeitigen Frühjahr sinnvolle Übung war, so auch dieses Sichabreagieren für die Seele: kleiner Unmut konnte sich entladen und gefährlichen Problemstau in den Gemeinden entschärfen oder aber auch der Anlaß sein, Konflikte nun endlich auszutragen. Eine funktionierende Gesellschaft kann so etwas nicht nur verkraften, sie braucht es auch in der einen oder anderen Gestalt. Daß dabei die Spielregeln des Anstandes gelegentlich verletzt wurden, war weder ärgerlich noch schlimm, sondern der Sinn der Übung. Brisant wurde die Sache im Gegenteil erst dann, wenn das Spiel verernstet wurde und man gegen das Fasten nicht lästerte, weil es dem einen oder anderen lästig war und Völlerei behaglicher sein mochte, sondern wenn man es prinzipiell in Frage stellte. Dies eben tat Franz Günther in der Fastenzeit 1519 in Jüterbog. Und zwar nicht – soweit die Quellen dies erkennen lassen – mit Argumenten des gesunden Menschenverstandes, sondern mit der Begründung, daß Fasten wie Beichten in der Bibel nicht geboten sei.

Dies aber wog unter den damaligen konkreten Umständen der anhebenden reformatorischen Bewegung entschieden schwerer als etwaige Gedanken darüber, daß zu viel Fasten ja schädlich sein könnte, was sowieso ein jeder wußte und was die Kirche auch nie verlangt hatte. Um Fasten und Beichten ging es dabei jedoch nur vordergründig und occasionell. Die Jüterboger Franziskaner, denen Günthers Reden zu Ohren gekommen waren, spürten schnell heraus, daß dahinter weit ernstere und gefährlichere Dinge steckten, und es kostete sie, wie sich bald zeigen sollte, keine allzu große Mühe, dies bald nachzuweisen und an den Tag zu bringen. Neben Fasten und Beichten hatte Franz Günther nämlich auch die Anrufung der Heiligen verächtlich gemacht und als der Bibel widersprechend deklariert, ja sich sogar zu der Erklärung hinreißen lassen, die Böhmen seien bessere Christen. Mit Böhmen freilich waren aber nicht die Böhmen schlechthin gemeint, sondern ganz zweifellos die Hussiten. Deren Lehren aber waren schon vor zwei–drei Generationen auf den Konzilien von Konstanz und Basel rechtskräftig als irrig und ketzerisch verdammt worden. Also hatte man allen Grund und auch ausreichend Vorwand, etwas gegen den mißliebigen Prediger zu unternehmen, der ganz zweifellos aus Luthers Schule kam, gegen den in Rom ein Ketzerverfahren anhängig war.

Der Guardian (Vorsteher) des Jüterboger Franziskaner-Konvents – sein Name ist nicht überliefert – lud Franz Günther zu einem Gespräch ein, um ihn wegen dieser verdächtigen Äußerungen zur Rede zu stellen. Der kam auch und brachte gleich Verstärkung mit aus Wittenberg, den Prior der dortigen Augustiner und dessen Gehilfen, beides Magister der freien Künste und Lektoren der Theologie. Der Franziskaner-Guardian ging vorsichtig zu Werke und mit Tücke. Er bezichtigte Günther keineswegs von vornherein, gefährliche Rede geführt zu haben, sondern erklärte freundlich, daß gewisse irrige Lehren im Umlauf seien und was denn Günther davon halte und ob er denn nicht dagegen predigen wolle.

Der unmittelbar betroffene Franz Günther hielt sich zurück und bestritt, die ihm vorgelegten Thesen gepredigt zu haben. Auch der Guardian und der Prior, die beiden ranghöchsten Ordensmänner, hielten sich zurück und überließen die Debatte den Leuten aus dem zweiten Glied – eine gute Rollenverteilung, die immer noch den Ausweg offenließ, daß die Ranghöheren beschwichtigend eingreifen und soweit abwiegeln konnten, daß die eventuell hitzige Debatte nicht gleich den Charakter eines Streites zwischen zwei Mönchsorden annehmen mußte.

Das Gespräch ist nicht in Rede und Gegenrede überliefert. Der Franziskaner Bernhard Dappen, der auf seiten der Franziskaner im weiteren dann der Wortführer gewesen zu sein scheint und der über die Jüterboger Auseinandersetzungen einen Bericht an den Brandenburger Bischof Hieronymus Schulze verfaßte, dem wir diese Nachrichten entnehmen,[*] verzeichnet über dieses Ge-

* Bernhard Dappens Bericht ist veröffentlicht und mit deutscher Übersetzung versehen von Manfred Bensing/Winfried Trillitzsch: Bernhard Dappens »Articuli ... contra Lutheranern«. Zur Auseinandersetzung der Jüterboger Franziskaner mit Thomas Müntzer und Franz Günther 1519. In: Jahrbuch für Regionalgeschichte, 2. Bd., Weimar 1967, S. 132–147.

spräch detaillierter nur die Ausführungen des Wittenberger Augustiners, der in Begleitung seines Priors erschienen war. Daraus aber läßt sich sehr wohl der logische Zusammenhang zwischen dem, was man dem Franz Günther vorwarf, und den von den Wittenbergern vertretenen Positionen ablesen.

Beichten und Fasten scheinen demnach nur am Rande und zwischendurch mal eine Rolle in der Debatte gespielt zu haben. Weit wichtiger hingegen scheint die Böhmen- bzw. Hussitenfrage gewesen zu sein, denn der Begleiter des Wittenberger Priors erklärte »ganz offen«, daß er von allgemeinen Konzilien nichts hielte, denn die allgemeinen Konzilien repräsentierten nicht die gesamte Kirche. (Dappen 135) Aus dem Munde eines Wittenbergers macht dies zu dieser Zeit aber nur dann Sinn, wenn es darum geht, an dem Satz festzuhalten, daß die Böhmen die besseren Christen seien, und deshalb die Autorität jener Konzilien zu bestreiten, die die Hussiten verurteilt hatten.

Es ist dies zugleich einer jener typischen Fälle, wo die Wittenberger, wie wir die Mitstreiter und Anhänger Luthers der Kürze halber nennen wollen, von der Tagespolemik dazu getrieben wurden, ihre eigenen Positionen weiterzuentwickeln, waren doch erst kaum knappe drei – vier Monate verstrichen, seitdem Martin Luther selbst in der Heiligen-Geist-Kapelle in Wittenberg in feierlicher Form an ein allgemeines Konzil appelliert hatte.

Aus den weiteren Darlegungen des Augustiners schält sich recht deutlich die allgemeine Argumentationslinie heraus, der die Wittenberger folgten und auf der sie sich weitertreiben lassen mußten, wollten sie nicht die prinzipiellen Ansätze ihrer neuen Lehre preisgeben und sich selber eine geistige Niederlage bereiten. Dem Wesen nach ging es dabei um die Hierarchie der Autoritäten bzw. um die oberste Autorität, der ein Christ sich bei den Fragen des Heils im Konfliktfalle beugen muß oder darf.

Die Wittenberger zeigten in dieser Frage ein kerngesundes und ausgesprochen revolutionierendes Kampfverhalten: wenn sie auf einer bestimmten Argumentationsebene in der Polemik in die Enge getrieben wurden, negierten sie die Autoritätsbasis der gegnerischen Argumente und führten flugs hierarchisch höherpostierte Autoritäten ins Feld. Luther selbst war bei der Lösung seiner inneren geistigen Probleme wie von Geisterhand auf diesem Wege von Konflikt zu Konflikt und von Erkenntnisstufe zu Erkenntnisstufe weitergetrieben worden und hatte dies den Seinen in exemplarischer Weise immer wieder vorexerziert; von den Scholastikern und den Konzilbeschlüssen ging er zurück auf die Kirchenväter, unter diesen vor allem auf Augustin; und wo dieser ihm nicht genügte, auf Paulus und in die ganze Bibel; und wo immer diese ihn zu verwirren drohte, fragte er nach Christus, und über Christus sah er den einzigen Weg, Gott ganz für den Menschen zu erkennen. Eine andere Offenbarung Gottes als die in Christus anerkannte er nicht. Und wo man ihm eine andere Offenbarungsweise Gottes als die ein für allemal im Bibelwort gegebene vorhalten und weismachen wollte, wies er sie sofort rigoros als teuflisches Blend- und Machwerk zurück.

Von der Menschensatzung zurück auf die Bibel – dies war der Weg, den Luther für die Lösung des Autoritätskonflikts (im kirchlichen Bereich) der Gesellschaft wies. Darin war er bahnbrechend, und darin folgten ihm alle Reformatoren, wie ihm auch manche Ketzerbewegungen des Mittelalters darin vorangegangen waren. Doch in der Bibel angekommen und von da aus nach Gott und seiner Offenbarung fragend, trennten sich die Wege der antihierarchischen Rebellion. Die Reformation fächerte sich auf in eine politisch-ideologisch vielgestaltige Bewegung, deren auch theologische Differenzen vornehmlich – wenn auch nicht ausschließlich – darauf beruhten, daß man die Bibel verschieden interpretierte, was sich nun seinerseits wiederum meist daraus ergab, daß man mit unterschiedlichem Vorverständnis an sie heranging, wobei sowohl die unterschiedlichen philologischen und historischen Kenntnisse als auch philosophische Vorbildung und sonstige Imponderabilien zu Buche schlugen.

Doch für dies, was wir in diesem Buche nachzuzeichnen versuchen, den Entwicklungsweg von Denken und Handeln Thomas Müntzers nämlich, bietet die soeben kurz skizzierte Problematik des Autoritätenkonfliktes und die von Luther gewiesene allgemeine Richtung eines Lösungsweges eine probate Meßstrecke, die es uns erleichtern kann, die spezifischen Positionen, Fragen und Antworten Müntzers bei der Problementfaltung reformatorischen Denkens und Handelns zu verdeutlichen. Für die Jüterboger Ereignisse zumindest, denen wir uns nunmehr wieder zuwenden wollen, ist ein solches Herangehen unerläßlich, weil es uns gestattet, einen Ausgangspunkt für alles Weitere zu fixieren, wobei freilich – dies sei einschränkend ausdrücklich vermerkt – offenbleiben muß, wie die müntzerische Theologie vor der intensiven Berührung mit der lutherischen Argumentation in Jüterbog beschaffen war und seine Verarbeitung dieser Erlebnisse vorgeprägt hat.

Von den Konzilien also hielt der Wittenberger nichts. Er bestritt auch, daß der Papst der Stellvertreter Christi sei, und mußte demzufolge auch die Prämisse dieses päpstlichen Anspruches zurückweisen, daß nämlich Petrus der Fürst der Apostel gewesen sei. Nachdem er nun Papst und Konzilien als verbindliche Autoritäten disqualifiziert hatte, konnte er dann auch folgerichtig die Canones, die Konzilsbeschlüsse und Vorrechte des Papstes angreifen: von der Habgier der Päpste und anderer Bischöfe seien sie eingegeben, und Üppigkeit, Habgier und Hochmut lehrten sie. Diese Argumentation zielte freilich noch nicht sonderlich tief. Sie war sozusagen noch vorlutherisch und führte die Moral gegen die Päpste ins Feld, also etwas, was Luther bereits als völlig belanglos für all das erkannt hatte, was mit dem »göttlichen Recht« zusammenhing und was folglich jederzeit den Verdacht auf sich ziehen konnte, es sei ja selbst nur Häme, was da aus dem Herzen gegen den Papst und wohl auch gegen die Canones und die Konzilien spreche.

Entschieden gefährlicher, exakt lutherisch und zugleich urketzerisch war hingegen dann schon ein weiteres Argument gegen die Canones : viele Canones seien gegen die Heilige Schrift und legten sie verkehrt aus. Damit traf die Debatte auf den Dreh- und Angelpunkt der geistigen Auseinandersetzung: die Konfrontation der etablierten Autoritäten und ihres Herrschaftswillens mit der Heiligen Schrift und ihrer Botschaft.

Nun war man also bei der Bibel angelangt und dem Grad ihrer Verbindlichkeit. Das war die Wespennestfrage der Reformation. Hier kamen die Geister ins Stechen und Grübeln und schwärmten nach allen Seiten aus. Hundertmal Gedachtes und Bewiesenes, längst Widerlegtes und dennoch immer wieder von neuem Behauptetes kam hier zum einhunderteins- plus n-ten Male zum Vorschein und ließ die Reformation innerhalb weniger Jahre fast die ganze Dogmengeschichte rekapitulieren. Ein re-bellare von gewaltigem Ausmaß setzte ein, ein geistiges Neudurchkämpfen des ganzen Weges, den die Kirche bis dato zurückgelegt hatte, so, als seien tausendfünfhundert Jahre nicht gewesen. Zurück zu den Anfängen, um festen Grund unter den Füßen zu finden – dies eben ist das Wesen von Rebellion, eine Ur- und Frühform von Revolution, die subjektiv weder das Alte noch das Neue will, sondern nach dem ewig Gültigen fragt und dadurch objektiv unversehens den Weg freimacht für das So-noch-nicht-Dagewesene.

Die Frage nach der Verbindlichkeit der Bibel ist voller Dramatik. Historisch hatte sie sich in einigen Hauptstücken entfaltet. Das erste und grundlegende Stück (wenn wir einmal von den Rebellionen im Alten Testament absehen) ist das Drama von Golgatha, der Tod Jesu Christi, der eben deshalb zum Tode verurteilt wurde, weil er dem Verständnis des obersten geistlichen Gerichtes von Jerusalem gemäß ganz offensichtlich verstoßen hatte gegen das, was im Alten Testament als ganz unumstößlich, heilig und tabu galt: ein Mensch kann nimmermehr Gott selber sein. Auch nicht sein Sohn, allenfalls sein Messias und Prophet.

Diesen innersten Kern der religiösen Verbindlichkeit des Alten Testaments hatte das Christentum prinzipiell verletzt und dann auch überwunden durch die Hervorbringung eines eigenen, des Neuen Testamentes, ohne doch im übrigen gänzlich auf das Alte Testament verzichten zu können.

Wie das Neue vom Alten Testament zu unterscheiden, aber auch in Übereinstimmung zu bringen und mit ihm zu harmonisieren sei, blieb dann auch fürderhin (bis heute) Kernstück allen Theologisierens. Doch eben dann, wenn man dem Neuen Testament wennschon nicht alleinige Gültigkeit, so doch zumindest den Vorrang in der Verbindlichkeit einräumte, gerade dann geriet man in harte Bedrängnis im Alltag: wie z.B. (und das war für lange Zeit und immer wieder der Stein des Anstoßes) sollte man im täglichen Leben bestehen können, wenn man Jesu Berg- oder Feldpredigt wortwörtlich nahm und sie in allen Stücken genau befolgen wollte? Praktisch war dies offensichtlich schlicht unmöglich.

Den Ausweg aus dem Dilemma fand man in der Unterscheidung von Räten und Geboten: Ratschläge für die vollkommenen Christen, die nur für jene gelten sollten, die es freiwillig auf sich nahmen, alles, was im Neuen Testament so oder so Vorbild- oder gar Anweisungscharakter für das Handeln trägt, genauestens zu erfüllen, und demgegenüber weniger strenge Gebote, die für alle Getauften verbindlich sind.

Es waren die Mönche, die die Ratschläge als verbindliche Gebote auf sich nahmen und sich dadurch die gar nicht so demütige Meinung vindizierten, die vollkommenen oder zumindest die vollkommeneren Christen zu sein. Luther spürte darin geistigen Hochmut und eine widerliche Sorte von Mensch, die mit ihrem religiösen Perfektionismus in aufdringlicher Weise Gott Rechnungen präsentierten. Selbst noch in der Kutte steckend, hatte er die geistigen Grundlagen des Mönchtums überwunden, ohne schon alle Folgerungen daraus gezogen zu haben.

In Jüterbog nun treffen wir just auf jenes Stadium der neu aufgebrochenen Debatte um die Verbindlichkeit der Bibel, da man die Unterscheidung von Räten und Geboten für null und nichtig erachtete und demgegenüber auf der vollen Verbindlichkeit des ganzen Evangeliums beharrte. Der Wittenberger Begleiter des Augustinerpriors erklärte jedenfalls, es gäbe keine Ratschläge, sondern Gott fordere höchste Vollkommenheit von jedem Christen und die Befolgung des ganzen Evangeliums.

Dies ist eine entweder von dem Wittenberger Augustiner nur halbverdaute oder vom Jüterboger Franziskaner Bernhard von Dappen falsch verstandene, möglicherweise auch absichtlich schief wiedergegebene Meinung Luthers; denn gerade religiöser Perfektionismus war einem Martin Luther in der tiefsten Seele zuwider. Doch hier ging es schon eben nicht mehr nur um die reine Meinung eines Martin Luther allein, sondern darum, wie diese Meinung ins Volk drang, aufgenommen und wiedergegeben, angewandt und abgewandelt wurde und sich bewährte. Auf alle Fälle jedoch handelt es sich dabei um einen ganz konkreten Casus, an dem ersichtlich wird, daß dies, was Luther in der Studierstube ausgeheckt und seinen Studenten vorgetragen hatte, viele Gemüter bewegte und von gesellschaftlicher Relevanz war.

Luther und mit ihm die ganze frühe reformatorische Bewegung hebt die Bibel als alleinige Autorität aufs Podest, beruft sich auf sie und pocht auf ihre uneingeschränkte Verbindlichkeit. Die Zurückweisung der Unterscheidung von Räten und Geboten ist eine der frühesten Früchte dieses Vorganges. Mit der damit gegebenen partiellen Wiederherstellung der ursprünglichen Problemlage erhält aber auch der sauertöpfische Perfektionismus eine neue Chance; Gott fordert von allen Christen Vollkommenheit; die Unterscheidung von Räten und Geboten ist dahin und gilt nicht mehr; sollen etwa jetzt alle, wennschon nicht Mönche, so doch aber – weit schlimmer noch – Heilige werden? Welche Teufelsfratze grinst hier um die Ecke?

Soweit war jedoch der Wittenberger Wortführer offenbar schon von den Grundgedanken Luthers durchgedrungen, daß er dem perfektionistischen Irrläufer im Wortgefecht sogleich ein »Gott verlangt vom Menschen Unmögliches« hinterherschickt.

Und damit ist gut lutherisch alles wieder im Lot: dem Perfektionismus ist der Weg versperrt, der Mensch darf Sünder bleiben und muß nicht Heiliger werden; die Gnade allein wird es tun und das Heil schon bringen.

Daß dies eben so und nicht anders verstanden werden soll, erhellt daraus, daß der Wittenberger kurz davor einen Schlachtruf gegen den freien Willen ausgestoßen und zu allem Überfluß auch nicht vergessen hatte, den guten Werken zu bescheinigen, daß sie ganz und gar nicht nötig seien. Wir haben hier also auf seiten der Wittenberger tatsächlich frühes Luthertum reinsten Wassers vor uns.

Der Biblizismus der frühreformatorischen Agitation erfuhr in Jüterbog eine Zuspitzung besonderer Art, die sich schon in den nächsten zwei–drei Jahren als konfliktschaffend innerhalb der reformatorischen Bewegung erweisen sollte. Einem einfachen Manne, der sich auf die Heilige Schrift berufe – so hatte der Wittenberger Augustiner im Laufe des Gespräches unter anderem erklärt –, müsse man mehr glauben als dem Papste oder dem Konzil, die sich nicht auf die Schrift beriefen. Scheinbar nur beiläufig gefallen, deutete sich doch in diesem Ausspruch eine Grundtendenz der Bewegung an: die Bibel und ihre Deutung blieben nicht länger Sache der Kleriker und der Gelehrten. Der gemeine Mann wurde in die Sache hineingezogen und nahm sich ihrer an. Zunächst besagt die in Jüterbog geäußerte Meinung strenggenommen freilich nur, daß es auf die Bibel ankommt und nicht auf die gesellschaftliche Stellung desjenigen, der sie auslegt. Doch wenn der einfache Mann mit der Bibel in der Hand in dieser pronòncierten Weise als gewichtiger denn Papst und Konzilien apostrophiert wird, dann ist es nur noch eine Frage der Zeit, ob und wann man dem einfachen Mann nicht nur schlechthin Kompetenz zur Auslegung der Bibel zubilligt, sondern ihm die größere, eines Tages vielleicht die ausschlaggebende, ja alleinige Kompetenz hierfür zuerkennt.

Festhalten wollen wir an dieser Stelle, daß diese Aufwertung des einfachen Mannes von den Wittenbergern kommt, aus der unmittelbaren Umgebung Luthers, und daß sie auch von Franz Günther vertreten wurde.

Nach dem soeben dargelegten Gespräch beim Franziskaner-Guardian kam es zu einer zweiten, offensichtlich kleineren Gesprächsrunde, diesmal in der Terminei des Dominikaner-Ordens. Den Franziskanern war hinterbracht worden, Günther habe sich im Beisein des Abtes von Zinna vor dem Rat von Jüterbog damit gebrüstet, er habe die Franziskaner während des Disputs der Sache nach überwunden, und wenn sie nicht klein beigegeben hätten, so hätte er wohl gegen sie geschrieben und sie vor die Wittenberger Universität zitiert.

Das konnten die Franziskaner nicht gut auf sich sitzen lassen, und so stellten sie ihn noch einmal zur Rede. Diesmal war Franz Günther allein und hatte keinen Genossen bei sich. Die Sache mit der Zitation nach Wittenberg bestritt er, doch hielt er an dem fest, was weit wichtiger war: daß Gott dem Menschen Unmögliches geboten hat, zugleich aber höchste Vollkommenheit und die Befolgung des ganzen Evangeliums fordere; daß alles, was im Evangelium steht, Gebote seien; daß die Canones Habgier lehren und die Heilige Schrift verkehrt auslegen und daß man einem einfachen Manne, der sich auf die Schrift berufe, mehr glauben müsse als dem Papst oder dem Konzil, die sich nicht auf die Schrift beriefen.

Offensichtlich handelte es sich bei diesen Punkten um jene Aussagen, die die Franziskaner am meisten beunruhigten und nach denen sie deshalb immer wieder fragten, und zum anderen waren es aber auch jene Positionen, die aus den geistigen Durchbruchserlebnissen der Wittenberger stammten und die ihnen spontan selbst dann immer wieder über die Zunge kommen mußten, wenn sie manövrieren oder Kompromisse suchen wollten. Hier stießen nicht mehr nur Argumente aufeinander, sondern Haltungen und Glaubensrichtungen.

Der besondere Reiz, ja die Brisanz dieser Auseinandersetzung besteht darin, daß hier drei Bettelorden aufeinanderstießen: Franziskaner, Dominikaner und Augustiner. Luther hatte die theologische und glaubensmäßige Legitimation des Mönchswesens zerbrochen. Für seinen eigenen Orden war dies nicht weniger aufregend als für die anderen. Sosehr seine neue Theologie im weiteren Verlauf der Ereignisse auch die ganze Gesellschaft in Atem versetzen sollte, so ging dies doch zeitlich und der Sache nach gerade den Bettelorden am ehesten unter die Haut; im hintersten Grunde wohl deshalb, weil Luther das Mönchswesen als Krankheit diagnostizierte und jene geheimsten Gedanken der Mönche bestätigte, die sie vor sich selber verbergen mußten.

Der Streit konnte nicht zur Ruhe kommen. Beide Seiten stichelten und stachelten weiter. Von der Kanzel herab sprach Franz Günther Schmähworte gegen die Äbtissin des Marienklosters. Vom Brandenburger Bischof Hieronymus Schulze deshalb zurechtgewiesen, enthielt er sich nunmehr eine Zeitlang des Predigens. Ein direktes Predigtverbot muß es nicht gewesen sein, aber der vorsichtige und milde Herr Bischof, der ja auch Luther gegenüber temporierend und nach allen Seiten hin beschwichtigend auftrat, dürfte ihm doch mit großer Wahrscheinlichkeit geraten haben, für eine Weile stillezuhalten, damit sich die Gemüter beruhigen.

Sie beruhigten sich nicht; denn es »kam ein anderer Magister von derselben Sekte, ich weiß nicht auf wessen Aufforderung, der hieß Thomas und war kurze Zeit vorher aus der Stadt Braunschweig vertrieben worden. Diesen ließ er an seiner Statt predigen, ich weiß nicht auf wessen Ermächtigung, wohl mit der Absicht, es solle das, was er selbst aus Furcht vor dem gnädigen Herrn Bischof von Brandenburg nicht wagte, ein anderer ohne den Zügel der Rechenschaft zustande zu bringen suchen«, so berichtet darüber der Franziskanerbruder Bernhard Dappen. (Dappen 137)

Er brachte es zustande, und die Furcht vor dem Brandenburger Bischof, die die Franziskaner dem Franz Günther und dem neuen Magister von derselben Sekte an den Hals wünschten, lenkte die Aggressionen jetzt erst recht gegen die Bischöfe und deren Ohrenbläser. Ausgerechnet zu Ostern, da die Christenheit gehalten ist, stille zu sein und Vergebung zu üben, belauerten die streitenden Seiten gegenseitig ihre Predigten und gifteten sich von der Kanzel voll.

Müntzer hatte eine Passionspredigt des Guardians gehört und warf ihm nun in seiner Predigt vor, er habe behauptet, die Bibel gebe es weder in Griechisch noch in Hebräisch, und bat nun die Gemeinde, sie möge doch für den Guardian bitten, daß dieser nicht in seinem bedauernswerten Irrtum zuschanden werde. Das war offener Hohn und auch Verleumdung, denn selbstverständlich wußte der Guardian, in welchen Sprachen die Bibel existiert, und er hätte sich dagegen eigentlich erst gar nicht zu verteidigen brauchen; daß er es dennoch tat und sich rechtfertigte, dies so nie gesagt zu haben, zeigt die zunehmende Hilflosigkeit gegen die reformatorische Agitation, die zubiß, wo sie nur konnte, und sich desto weniger ein Blatt vor den Mund nahm, je öfter sich die Gegenseite aufs Disputieren einließ und sich nicht in der Lage zeigte, die etablierten Gewalten zum entscheidenden Eingreifen zu veranlassen. So jammerte der Guardian über die zerrissene

Einheit der Kirche und er wisse schon nicht mehr, »ob wir Christen oder Böhmen oder Griechen oder Heiden sind«. (Dappen 137)

Das gleiche Klagelied stimmte Bernhard Dappen in einer Predigt am zweiten Osterfeiertag an. Magister Thomas und Magister Franz standen beide an der Kirchhofsmauer und hörten ihm zu. In der Predigt nach der zweiten Vesper am Abend fuhr Müntzer heftig los gegen das, was er an der Friedhofsmauer mit eigenen Ohren gehört hatte. Dem Bruder Bernhard wurde dies prompt hinterbracht, und so beschloß er, sich nun selbst eine Müntzerpredigt anzuhören, um sich zu vergewissern, ob es sich denn wirklich so verhielte, wie man ihm berichtet hatte.

Es verhielt sich wirklich so und noch schlimmer. Am nächsten Abend schon konnte sich Dappen davon überzeugen. Müntzer hatte sich am Vormittag wieder eine Predigt des Guardians angehört. Die nahm er abends auseinander und zerpflückte sie. Über den Gehorsam zur heiligen römischen Kirche hatte der Guardian gesprochen und über die Schriften des Thomas von Aquino und des Bonaventura; offensichtlich eine Demonstration, daß Franziskaner und Dominikaner zusammenstehen wollten, war doch Thomas der heiliggesprochene Lehrer der Dominikaner und Bonaventura der ebenfalls kanonisierte große Theologe der Franziskaner: bei ihnen eben war noch am ehesten Rat zu holen gegen die Irrtümer aus Wittenberg. Denn mochten sie sich auch sonst unterscheiden, so waren sie sich doch darin einig, daß der freie Wille des Menschen ein achtbarer, wenn auch leicht irrender Geselle sei und daß Gott vom Menschen nichts Unmögliches verlange.

Auf die Lehren der Ordenstheologen freilich scheint sich Müntzer nicht eingelassen zu haben. Er griff vielmehr die kanonische Legitimation ihrer Autorität an und dies wiederum nach dem bewährten Schema der Autoritätszersetzung von oben nach unten: zuerst fiel er über den Papst her und dann über all das, was sich auf die Autorität des Papstes berufen konnte oder aus ihr ableiten ließ. Vor allem führte er die Konzilien als Autorität gegen den Papst ins Feld und warf dem Papste vor, er habe in vierhundert Jahren nur drei Konzilien veranstaltet, obwohl er doch verpflichtet sei, alle fünf Jahre ein Konzil einzuberufen. Oberhaupt der Kirche sei der Papst nur, soweit dies die anderen Bischöfe duldeten, und ein Konzil müsse auch gegen den Willen des Papstes zusammentreten. Früher sei es Sache der allgemeinen Konzilien gewesen, jemand heiligzusprechen, Bonaventura und Thomas jedoch seien nur von einem Papst heiliggesprochen und mithin nicht rechtmäßig kanonisiert. Und es könne auch keiner beweisen, daß diese beiden auch nur einen einzigen Ketzer bekehrt hätten – oder aber er wolle sich den Kopf abschlagen lassen, wenn dafür doch jemand den Beweis erbringen könne.

Das ist braver Konziliarismus, wie man ihn schon im 15. Jahrhundert hören konnte. Zungenschläge davon kommen gelegentlich noch bei den Wittenbergern vor, und Luther selbst wird ihn ein reichliches Jahr später noch gebrauchen, um den deutschen Adel gegen Rom zu mobilisieren und ein deutsches Nationalkonzil zu fordern. Doch begannen sich die Wittenberger eben jetzt vom Konziliarismus wieder zu lösen, die Bibel war ihnen wichtiger.

Nachdem sich Müntzer mit konziliaristischer Argumentation gegen den Papst und die Koryphäen der Bettelorden Luft gemacht hatte, entfährt ihm, freilich zwischendurch, ehe er die Bischöfe aufs Korn nimmt, ein Gedanke, der gut und gerne von Luther selber sein könnte: die genannten Lehren, d. h. Thomas und Bonaventura, »fußen auf natürlichen Vernunftgründen, und alle derartigen Vernunftgründe sind vom Teufel«. (Dappen 139)

Jedem Scholastiker und Humanisten hätten davon die Haare zu Berge gestanden, Luther schleudert diesen Gedanken noch Jahre später einem Erasmus von Rotterdam entgegen und Müntzer trägt ihn 1519 in Jüterbog mit einer Selbstverständlichkeit vor, die darauf schließen läßt, daß in beider Seele etwas Verwandtes rumort, wenn es auch nicht das gleiche sein muß.

Müntzer vergleicht die Koryphäen der Bettelorden und andere Scholastiker schlicht mit Huren und Hurenwirten: wie diese von der Kirche, so werden jene in den Städten zugelassen. (Wir wissen zwar nicht, worüber sich Franz Günther und Thomas Müntzer unterhalten haben, doch kennt man Günthers Thesen gegen die Scholastik, so läßt sich ein Zusammenhang wohl schwerlich von der Hand weisen.)

Von den teuflischen Vernunftgründen schwenkt Müntzer in der Predigt sodann auf die Bischöfe. Alle Jahre sollten die eigentlich ihre Untergebenen besuchen und im Glauben examinieren, so wie ein Schulrat seine Knaben in der Schule besucht, und wenn das geschähe, dann gäbe es keine Zitations-, Ermahnungs- und Exkommunikationsschriften, die er Schreckgespenster und teuflische Briefe nennt.

Und dann verstärkt er die Argumentationslinie des »Früher gut – heute verderbt«, die schon bei seiner konziliaristischen Agitation mitschwang, und wendet sie an auf die Bischöfe: früher hat man heilige Väter zu Bischöfen eingesetzt, heute jedoch Tyrannen, die sich selber weiden und nichts für die Sache tun; früher verklagten Priester ihre Bischöfe auf den Konzilien, und wenn man sie für schuldig befand, wurden sie abgesetzt und ins Kloster geschickt und andere Priester an ihre Stelle gesetzt; früher ging man nicht so tyrannisch mit den Priestern um, sie einzukerkern, heute jedoch tun dies die Tyrannen. Sie sind Schmeichler und Verführer des irrenden Volkes, nennen das Gute schlecht und das Böse gut, können weder Griechisch noch Hebräisch, es sei denn »questen und stincken«. (Dappen 141)

Und das »Früher gut – heute schlecht«, die Hauptaussage der Deszendenztheorie also, läßt er kulminieren in den mehrmals vorgetragenen Gedanken, das Evangelium habe mehr als vierhundert Jahre unter der Bank gelegen, und um das wieder gutzumachen, werden noch sehr viele ihren Hals hinrecken müssen.

Die Jüterboger Franziskaner befanden sich in keiner sehr glücklichen Position. Offenem Spott und Hohn von der Kanzel her ausgesetzt, von den eigenen Vorgesetzten immer wieder zur Mäßigung ermahnt, konnten sie keinen durchschlagenden Erfolg gegen die lutherischen Prediger erzielen. Franz Günther, der sich in den Ostertagen für eine gewisse Zeit des Predigens enthalten hatte, nahm seine Predigten wieder auf.

Über eine weitere Tätigkeit Thomas Müntzers nach Ostern 1519 in Jüterbog ist nichts bekannt. Er war auch nicht der Hauptakteur gewesen, sondern hatte nur eine Nebenrolle neben Franz Günther gespielt, um diesen zu entlasten. Auf Wochen und Monate hinaus fehlen dann sichere Spuren über Müntzer. Er scheint sich in Leipzig aufgehalten zu haben, möglicherweise auch in Orlamünde, bis er sich im Herbst 1519 für mehrere Monate ins Kloster Beuditz bei Weißenfels begibt.

KAPITEL 2

Doch am Volke zweifle ich nicht

N un war er also wieder einmal in einem Frauenkloster wie schon einige Jahre vorher in Frose bei Aschersleben. Diesmal waren es Zisterzienserinnen, bei denen er als Confessor unterkam. Außer dem regelmäßigen Beichtehören der Nonnen, die wohl kaum Gelegenheit zu handfesten Sünden hatten, bot sich ihm reichlich Muße, zumal er vom Chordienst befreit war. Die Einkünfte aus dieser Stellung waren bescheiden, aber daneben bezog er mit einiger Wahrscheinlichkeit immer noch die Einkünfte aus der Braunschweiger Altarpfründe und – wie Bemerkungen aus späteren Korrespondenzen vermuten lassen – Bezüge aus einer Halberstädter Pfründe. Dies setzte ihn instand, Bücher (eine damals recht teure Angelegenheit) bei dem Leipziger Buchhändler Achatius Glov zu bestellen und zu beziehen. (KGA 353f.) Es handelte sich vor allem um Eusebios und Hegesipp, Kompendien der frühen Kirchengeschichte und des kanonischen Rechts. Auch die Klosterbibliothek hatte manches zu bieten, wobei in erster Linie an die Mystiker Tauler und Seuse zu denken ist. Daß er die beiden letzteren gerade in Beuditz studiert hat, läßt sich aus dem Brief einer Nonne Ursula erschließen, die ihn damit foppte, daß er den Maidlein Geschenke zur Kirchweih gemacht hätte und ob er das wohl bei Tauler und Seuse gelernt habe. (KGA 356)

Als junger Mann von etwa dreißig Jahren brauchte er wohl nicht erst bei den Mystikern nachzuschlagen, um sich bei der Kirchweih eine kleine Aufmerksamkeit für Mädchen einfallen zu lassen. Dafür fand er bei ihnen etwas anderes, was von nun an als Gedankenrichtung, Idee oder Methode in seinen Schriften und Briefen immer wieder aufscheint: die Hinwendung des Menschen zu Gott in Gebet und Meditation, das Bestreben, in Seele, Geist und Gemüt eins zu werden mit Gott. Dies ist ein Grundimpuls jeglicher Religiosität.

Die Verbindung zwischen Mensch und Gott, ihre Beziehung zueinander, kann ja prinzipiell nur auf dreierlei Weise gedacht werden: entweder die Initiative geht von Gott aus und Gott wendet sich heilbringend (oder verderbend) den Menschen zu, oder der Mensch ergreift die Initiative und ruft von sich aus nach Gott, um Heil und Hilfe von ihm zu erlangen und sich so oder so mit ihm zu vereinen, oder aber – und dies ist die probateste Synthese der beiden Wege – Gott veranlaßt den Menschen, das Heil von ihm zu erflehen und zu Gott hinzustreben, und wenn dies dem Menschen von sich aus nicht ganz gelingt, dann kommt der Herr ihm die letzte Strecke des Weges gnädig entgegen und zieht ihn zu sich empor. Selbstverständliche Denkvoraussetzung ist freilich immer, daß der Mensch etwas von Gott weiß und die Existenz Gottes zumindest für wirklich oder möglich hält. Für die Menschen des 16. Jahrhunderts war diese Voraussetzung gegeben.

Es gibt freilich auch noch eine vierte Weise, sich die Beziehung Mensch – Gott zu denken, nämlich die pantheistische: Gott ist überall, also auch in mir. Das ist aber strenggenommen schon der Weg heraus aus der Religion und hinein in die Philosophie oder aber der Weg zu einer atheistischen Religiosität, was zwar in der Formulierung paradox klingen mag, aber durchaus existiert. Doch für das historische Geschehen der Reformationszeit blieb diese Esoterik irrelevant.

Bedeutungsvoll jedoch war und blieb die Mystik. Welchen der angedeuteten Wege man auch für den rechten halten und welche theologische Grundentscheidung auch immer zum Ausgangspunkt des Nachdenkens oder einer praktischen vita religiosa genommen werden mochte, so blieb doch stets der spontane Impuls da, von sich aus etwas dafür zu tun, um Gott näher zu sein. Die Möglichkeiten hierfür sind praktisch und theoretisch keineswegs unbegrenzt, sondern durchaus überschaubar. Sie reduzieren sich im Prinzip auf drei bis vier Möglichkeiten oder Arten der Annäherung oder der Vereinigung mit Gott. Man kann erstens dorthin gehen, wo Gott auf besondere Weise anwesend ist, wo er seinen Sitz oder seine Wohnung hat: auf die Götterberge oder in die heiligen Haine, in die Tempel und Kirchen oder an die Orte, wo er besondere Wundertaten vollbracht hat, also an die Wallfahrtsorte. Man kann sich zweitens dadurch mit ihm vereinen, daß man sein Fleisch ißt und sein Blut trinkt, also das Altarsakrament genießt. Man kann ferner all seine Gebote und Räte befolgen und möglichst viel von dem im eigenen Leben nachvollziehen, was er selber getan hat, als er in Menschengestalt auf Erden wandelte, insbesondere also sein Kreuz auf sich nehmen und sich so in der »Nachfolge« üben. Man kann aber auch viertens und zusätzlich sich durch Gebet und Meditation so in sein Erdenleben, insbesondere in seine Passion und in all das, was sonst noch als bekannt über ihn angenommen wird, hineinversetzen, daß die Seele in einen leichten Schwebezustand gerät und sich der irdischen Dinge entrückt fühlen mag.

Das letztere war besonders für die Klöster wichtig und wurde gerade in Frauenklöstern eifrig geübt und nicht ohne Inbrunst. Verständlich, denn für die aktiven Wege der Nachfolge blieb hier weniger Raum als im weltlichen Leben, so daß hier Sakramentenempfang, Gebet und Meditation eine bestimmende Rolle spielten. Das meditative Sichannähern an Gott bedarf einer spezifischen Seelentechnik, deren Grundforderung darin besteht, sich gegenüber Gott nicht zu verschließen, sondern das Herz für ihn zu öffnen, ihn in die Seele einströmen zu lassen, bis man das Seelenfünklein oder seinen Finger im Herzen spürt. Von daher kommt die mystische Grundvokabel der »Gelassenheit«, womit nicht etwa eine Nonchalance gemeint ist, sondern das Dahinfahrenlassen des eigenen Ich mit all seinen Gedanken und Wünschen, daß die Seele leer werde von allem Groben und Rohen. Von da leitet sich auch die Müntzersche Vokabel der »Entgröberung« und der »leeren Seele« her, die wir wenige Jahre später in seinen Schriften finden werden, wovon aber in den freilich recht dürftigen Nachrichten über sein Jüterboger Auftreten noch nicht die Rede ist. Damit soll nicht gesagt sein, daß Müntzer erst jetzt in Beuditz mit der Mystik bekannt wurde. Wir dürfen durchaus annehmen, daß ihm diese Praktiken vorher schon geläufig waren; doch haben wir – wie gesagt – ein Indiz dafür, daß er sich in der Beuditzer Zeit mit solcher Literatur beschäftigt hat, weshalb wir auch gerade an dieser Stelle darauf eingehen.

Als geistige Strömung, Haltung und Technik war die Mystik vielgestaltig; sie war den Häresien so gut beigemischt wie der Orthodoxie. Ihr Grundgedanke, die unio mystica, das Einswerden mit Gott, sprach den einzelnen an. Als Seelentechnik konnte sie vom einzelnen Individuum geübt und ausgeübt werden, in, neben, ohne und auch gegen die Gemeinschaft. Sie stärkte das Individuum und trug dazu bei, Gemeinschaft erträglich oder auch vergessen zu machen. Sie begünstigte eine leise innere Distanzierung von der Umwelt und konnte einen individuellen Heilsweg suggerieren, der an der Kirche als institutionalisierter Heilsanstalt vorbeiging, ohne sie bewußt zu negieren. In den geistigen Entwicklungswegen von Häretikern, Reformatoren, Gründern von Religionsgemeinschaften und Sekten und generell bei den großen Gestalten religiös-sozialer Bewegungen treten daher nicht selten Phasen einer intensiveren Beschäftigung mit dem Gedankengut der Mystik auf. Bei Luther spielte dies 1516 eine gewisse Rolle, bei Müntzer 1519/20. Doch Luther löste sich rasch von diesen Gedanken. Er witterte in ihr den amor sui, die sublime Selbstliebe des Beters, der Gott seinen eigenen selbstischen Zwecken dienstbar machen will. Auch Müntzer blieb bei der Mystik nicht stehen, aber sie bildete für ihn ein nachwirkendes Ferment einer unmittelbaren Begegnung mit Gott, die nicht auf den Buchstaben der Bibel allein angewiesen war oder sich von diesem Buchstaben beschränken ließ.

Nicht minder bedeutsam als die Beschäftigung mit der Mystik war das Studium der Chronographie des Eusebios, des »Vaters der Kirchengeschichte«. Eusebios, Bischof von Cäsarea, lebte im 4. Jahrhundert und hatte ein »Chronikon« verfaßt, das die Kirchengeschichte bis zum Jahre 325 umfaßte. Er zeigt, wie das frühe Christentum mit den Versuchungen, Verlockungen und Gefährdungen der heidnischen Kultur der Antike und den Verfolgungen im Römerreich zu kämpfen hatte und selbst seine hervorragendsten Vertreter diesen Verlockungen oft genug erlagen. Sein Werk war eine wesentliche Quelle für die in der Reformationszeit verbreitete Auffassung, daß die Kirche nach der Apostelzeit mit Flecken und Runzeln behaftet und verderbt sei.

Müntzer hatte diese und andere Bücher im Sommer 1519 in Leipzig erworben oder bestellt, als er der Disputation Luthers und Karlstadts mit dem Ingolstädter Professor Eck beiwohnte. Diese für die Entfaltung der frühen Reformationsbewegung wie auch für die weitere Behandlung der »Luthersache« durch die römische Kirche gleichermaßen bedeutsame Disputation hatte ihren Dreh- und Angelpunkt in der Frage nach der Rechtmäßigkeit des päpstlichen Primats. Fragen des kanonischen Rechts standen also zur Debatte, die weitgehend mit Argumenten aus der Kirchengeschichte bestritten wurden. Kein Wunder daher, daß sich Müntzer, angeregt von diesen Debatten, mit kirchengeschichtlicher und kirchenrechtlicher Literatur beschäftigte, um

Zwickau
Kupferstich aus »Topographia« von Matthäus Merian, Frankfurt (Main) 1650

tiefer in die Materie einzudringen. Darüber hinaus wurde der Leipziger Aufenthalt für Müntzer vor allem dadurch bedeutsam, daß Luther ihn bei dieser Gelegenheit dem Zwickauer Prediger Johannes Wildenauer empfahl, der nach seinem Herkunftsort Eger Egranus genannt wurde.

Egran hatte sich im Sommersemester 1500 an der Universität Leipzig immatrikulieren lasssen, dort auch den Magistergrad erworben und sich bis zum Jahre 1515 betätigt und sich durch Bucheditionen und das Verfassen von Vorworten einige Sporen in den humanistischen Wissenschaften verdient. Im Dezember 1515 wurde er Prediger an der Marienkirche in Zwickau, wobei jedoch ungeklärt ist, ob er überhaupt die niederen Weihen genommen, geschweige denn die Priesterweihe erhalten hatte. Doch für die Übernahme einer städtischen Prädikatur war das nicht unbedingt erforderlich; das Magisterexamen war hinreichende Voraussetzung. Seiner Geisteshaltung und allen Intentionen nach war er ein Humanist, der das Predigtamt zum Broterwerb

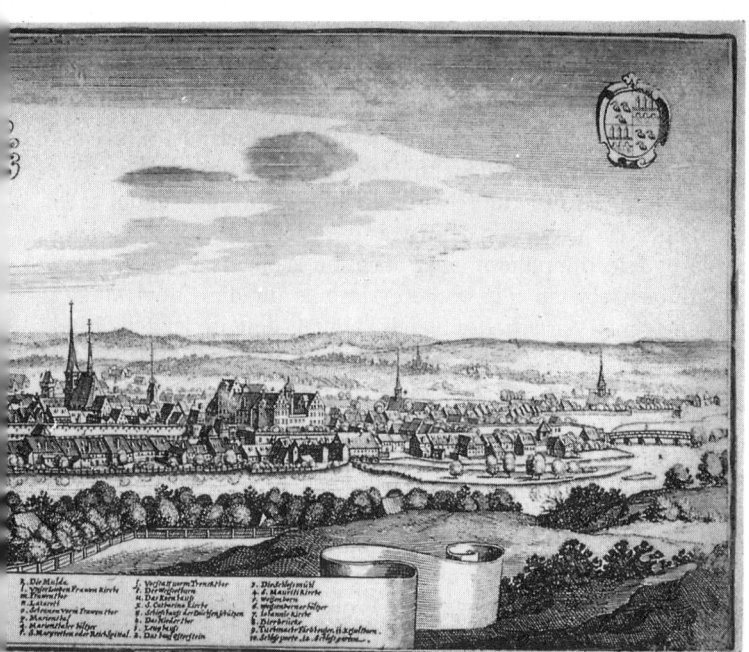

nutzte und dafür, Gelegenheit und Muße zu weiteren Studien zu gewinnen. Die Zwickauer Stelle scheint ihm auch nicht sonderlich behagt zu haben, ihn zog es mehr zu den zentralen Stätten des europäischen Humanismus, und so kam er auch mehrmals beim Rate der Stadt Zwickau um Urlaub ein. Nachdem er schon 1518 Urlaub erbeten hatte, um gemeinsam mit Eoban Hesse nach Löwen zu Erasmus von Rotterdam zu reisen (wobei aber ungeklärt ist, ob er diese Reise tatsächlich unternommen oder lediglich beabsichtigt hat), erbat er sich im Frühjahr des Jahres 1520 wiederum Urlaub, diesmal mit dem Ziel Basel, um dem verehrten Erasmus näher zu sein. Der Urlaub wurde ihm für ein halbes Jahr gewährt. Für die Zeit seiner Abwesenheit wurde Thomas Müntzer als Prediger an der Marienkirche gewonnen.

Mitte Mai 1520 trat Thomas Müntzer sein Predigtamt in Zwickau an, der damals größten Stadt im ernestinischen Kursachsen. Zwickau war vor allem durch seine Tuchmacherei bedeutend, in der zu Beginn des 16. Jahrhunderts das kapitalistische Verlagswesen dominierte. Die Zwickauer betrieben einen ausgedehnten Fernhandel. Außer den nahe gelegenen Märkten in Naumburg und Leipzig war Zwickauer Tuch präsent in Nürnberg, Regensburg, Linz, Nordlingen, Krems, Wien, Graz, aber auch Breslau, Krakau, Lemberg, Posen, Stettin, Danzig; es dominierte also die Südost- und die Ost- und Nordostrichtung im Fernhandel mit Zwickauer Tuch. Wichtig dafür war die Wollproduktion auf den umliegenden Rittergütern, aber auch die Wollanfuhr aus weiter entfernten Gebieten. Ein weiterer Impuls für die Entwicklung kapitalistischer Wirtschaftstätigkeit kam aus dem im letzten Drittel des 15. Jahrhunderts rasch aufblühenden Bergbau im nahe gelegenen Schneeberg, an dem Zwickauer Bürger durch Kuxe beteiligt waren.

Die für das Gemeinwesen wichtigste Folge der Entwicklung kapitalistischer Verhältnisse vornehmlich in der Textilproduktion war eine zunehmende soziale Differenzierung zwischen arm und reich. Das Verlagswesen führte die Tuchweber in eine soziale Zwitterstellung. Formaljuristisch waren es noch selbständige Meister. Doch bei steigenden Wollpreisen gerieten sie in finanzielle Abhängigkeit von kapitalkräftigen Aufkäufern und Verlegern, so daß sie de facto ihrer sozialen Selbständigkeit immer mehr verlustig gingen. Andererseits bildete sich eine Schicht von frühen Kapitalisten heraus, die Kuxe, Fernhandel und Verlag in ihren Händen hielten und von dieser wirtschaftlichen Machtposition aus Einfluß nahmen auf die Politik des Rates. Damit war ein sozialer Zündstoff gegeben, der nicht ohne Auswirkungen auf die reformatorische Bewegung bleiben konnte.

Am Himmelfahrtstage, dem 18. Mai 1520, hielt Müntzer seine erste Predigt in der Marienkirche. Und schon befinden wir uns mitten in einem Szenarium, das wie die direkte Fortsetzung dessen anmutet, was wir über Müntzers Tätigkeit in Jüterbog erfahren haben. Sofort hat er wieder seine alten Gegner am Wickel, die Franziskaner. Habgier wirft er ihnen vor und falsche Seelsorge. Sie wollten mit ihrem Geplärre nur die Häuser der Witwen an sich bringen und gaukelten den Menschen vor, daß sie durch Almosengeben und anderes äußeres Tun zur Seligkeit gelangen könnten, ohne den rechten inneren Glauben zu pflegen.

Der Konflikt zog die Aufmerksamkeit übergeordneter Instanzen auf sich. Die Franziskaner beschwerten sich bei ihrem Provinzial in Breslau. Der Kanzler des Bistums Naumburg, Dr. Heinrich Schmidberg, beklagte sich beim Rat der Stadt über Müntzer.

In dieser Situation war es von ausschlaggebender Wichtigkeit, daß der Rat der Stadt zu ihm hielt. Müntzer hatte ja nur eine befristete, keine feste Anstellung. Was sollte werden, wenn im Herbst Egranus wieder zurückkam? Um ihn darüber zu beruhigen und ihm eine sichere Perspektive zu geben, faßte der Rat den Beschluß, Müntzer über Michaelis hinaus, den geplanten Termin für die Rückkehr des Egranus, als Prediger in der Stadt zu behalten. Außerdem hatte der Rat ihm empfohlen, er möge doch an Luther schreiben und sich Rat bei ihm holen. Dies tat Müntzer unter dem Datum des 13. Juli. (KGA 357–361) Müntzer stellt in dem Brief an Luther die Sache eingangs freilich so dar, als sei er der Angegriffene, der sich der bösartigen Beschuldigungen und Verleumdungen der Franziskaner kaum erwehren könne. Er habe jedoch nicht nur gegen die Bettelmönche gepredigt, sondern gegen alle Heuchler und niemand von der Schuld freigesprochen. Mönche und Priester verführten die Kirche, aber auch die Laien seien schuld, denn sie beteten nicht für die Priester.

Damit taucht ein Thema auf, daß schon in Jüterbog eine Rolle spielte und daß ihn noch lange beschäftigen wird: wem ist die Schuld am Verderben der Kirche zuzuweisen? In Zwickau scheint er bei der Schuldzuweisung noch alle in einen Topf zu werfen, die Priester wie die Laien. Die Polemik richtet sich aber schon deutlich schärfer gegen Mönche und Priester. Doch das eigentlich Vorwärtsweisende an dem Gedanken ist, daß er die Frage nach den Laien stellt, nach deren Schuld und Verantwortung.

In den Jüterboger Auseinandersetzungen war bereits die von den Wittenbergern damals sporadisch vertretene Meinung aufgetaucht, daß man einem einfachen Mann mit der Bibel in der Hand mehr trauen müsse als einem Priester ohne Bibel. Den Priestern die Hauptschuld, ja vielleicht die alleinige Schuld am Verderben der Kirche zuzuschieben, das machte sich in der Polemik sicherlich recht gut, war aber letztlich doch zu billig, wenn es darum gehen sollte, die Dinge zu verändern. Dies lag auf der Linie eines undifferenzierten Antiklerikalismus. Wenn die Reformation gründlich sein und ins Volk hineingehen sollte, dann konnte und durfte es nicht beim bloßen Antiklerikalismus bleiben, der dem Volk nichts anderes abverlangt als die längst bereitgehaltenen Buhrufe gegen Kuttenträger und Talare. Wenn die Reformation zur Volksbewegung werden sollte, dann mußte auch vom einfachen Mann eine Umkehr und Neubesinnung verlangt werden, die über eine bloße Unmutsäußerung gegenüber den bestehenden Zuständen hinausging. In dem »auch die Laien sind in der Schuld« des Briefes an Luther haben wir den gedanklichen Vorreiter dafür, daß das Volk als Hoffnungsträger für Müntzer zum Problem wird.

Just zu der Zeit, da Müntzer seinen Brief an Luther schrieb, war auch Luther mit der Frage nach der Rolle der Laien in der Kirche oder für die Kirche beschäftigt, und zwar unter dem Aspekt, wer denn befugt sei, eine Reformation in die Hand zu nehmen und die dabei nötigen politischen und rechtlichen Entscheidungen zu fällen. Eben jetzt nämlich machte sich Luther an die Ausarbeitung jener Schrift, die zum Manifest der Reformation wurde: »An den christlichen Adel deutscher Nation von des christlichen Standes Besserung«. Die Grundidee war einfach und klar und politisch praktikabel, wenn ihre Durchsetzung auch Kampf erforderte: der Adel, die Fürsten und Herren sollten ein deutsches Nationalkonzil einberufen und dort die Abschaffung all dessen beschließen, was ihnen an der römischen Kirche mißfiel und was als die »Gravamina der deutschen Nation wider den Heiligen Stuhl zu Rom« seit langem schon sowohl publizistisch als auch auf den Reichstagen behandelt worden war. Die sehr detaillierten Forderungen liefen darauf hinaus, die finanziellen Abgaben der deutschen Bistümer an Rom einzustellen, das Mitspracherecht der römischen Kurie bei der Stellenbesetzung hoher Kirchenämter in Deutschland abzuschaffen und so die Souveränität der deutschen Nation in einem der wichtigsten Bereiche gesellschaftlicher Macht zu stärken, nämlich in der Statuszuweisung für die Angehörigen der herrschenden Klasse.

Der Katalog der weiteren Forderungen reichte vom Gebrauch der deutschen Sprache bei der Messe, der Auflösung der Bettelklöster, der Beseitigung der Orden, der Abschaffung der Begängnisse, Jahrtage und Stiftsmessen, des Interdikts, des Banns und aller geistlichen Strafen, der Kapellen und Feldklöster, der kirchlichen Immunitäten, Heiligenfeste und religiösen Bruderschaften über die Aufhebung des Zölibats bis zu Forderungen nach Universitätsreformen, Schulgründungen, Kleiderordnungen, geregelter Armenversorgung und Abschaffung des Bettels, Verbot ausländischer Tuche, Abschaffung der Wallfahrten und Fastenzeiten, Schließung der Freudenhäuser. Die Problemsicht folgte dem Gesellschaftsaufbau von »oben nach unten«. Sie reichte von Nationalkonzil und Reichstag über die Besetzung der Bischofsstühle und die Reform der Universitäten bis Bettel und Bordell. So beinhaltet die Schrift »An den christlichen Adel deutscher Nation von des christlichen Standes Besserung« das Programm einer von den Reichsständen zu tragenden Reform. Profitieren davon konnten im Falle seiner Verwirklichung neben dem Adel, den Fürsten und den Räten in den Städten auch all jene Kräfte, die sich in der einen oder anderen Weise durch den hierarchischen Druck von Rom beschwert fühlten. Es schloß weitergehende Forderungen nicht von vornherein aus, wenn es sich auch auf die Fragen konzentrierte, die unmittelbar Kirchenangelegenheiten betrafen. Doch der Kreis dieser Fragen war umfassend genug, daß davon alle Stände, Schichten, Klassen und Gruppen mehr oder minder stark berührt wurden.

Luther hatte also im Sommer 1520 eine durchaus probate Lösung für die Frage nach der Rolle der Laien in der Kirche und für sie gefunden. Sie kam aus seiner Auffassung vom Priestertum aller Gläubigen, nutzte die Gedanken des Konziliarismus und konnte sich auf das geltende Recht berufen, das Kaiser, Fürsten, Herren und weltliche Obrigkeiten aller Art verpflichtete, im Notfalle der Kirche beizustehen, sie prinzipiell zu schützen und gegebenenfalls helfend einzugreifen. Daß dies nur ein jus circa sacra war, ein »Recht um die Heiligtümer«, kein »Recht in den Heiligtümern«, störte dabei nicht, sondern war im Gegenteil gerade dazu angetan, den Reformatoren einen eigenen Spielraum neben den weltlichen Gewalten zu sichern.

Problematisch für den weiteren Gang der Reformation mußte jedoch der Umstand werden, daß Luther sich mit der Programmatik der Adelsschrift zweifellos an die etablierten Obrigkeiten wandte. Diese Orientierung auf das helfende Eingreifen der mit Amtsbefugnis ausgestatteten weltlichen Gewalten ergab sich zwanglos und wie von selbst aus seiner Stellung als Universitätsprofessor an der kursächsischen Landesuniversität, deren objektive gesellschaftliche Funktion ja eben darin bestand, Leute auszubilden, die so oder so Funktionen im Herrschaftsapparat der Obrigkeiten ausüben würden. Die obrigkeitliche Ausrichtung dieser Programmatik hing aber auch damit zusammen, daß im Sommer 1520 eine Volksbewegung als eigenständige Komponente der Reformation noch nicht voll ausgebildet war und sich erst in sporadischen Regungen bemerkbar machte, also noch gar nicht ins Kalkül gezogen werden konnte. Eine Volksbewegung mußte auch keinesfalls von vornherein unlutherisch oder gar antilutherisch sein. Im Gegenteil waren es ja gerade Kampf und Name Luthers, die anfeuernd wirkten und die Dinge ins Rollen brachten. Auch und gerade Thomas Müntzer war in hohem Maße von Luther angeregt, und es deutet für die ersten Monate seiner Zwickauer Tätigkeit alles darauf hin, daß er sich in einer Front mit Luther wußte, ja, daß er geradezu glaubte, direkt die Sache Luthers zu verfechten und hochzuhalten. Er galt als lutherischer Eiferer. So empfanden es vor allem die Franziskaner, mit denen er im Streite lag und gegen die er Luthers Hilfe anrief.

Wie schon in Jüterbog, so zeichnete sich auch die Auseinandersetzung mit den Franziskanern in Zwickau dadurch aus, daß sich die Kontrahenten gegenseitig belauerten und eifrig alles notierten, was der jeweilige Widerpart auf der Kanzel von sich gab. Unter den Gegenspielern Müntzers tat sich besonders der Franziskaner Tiburtius aus Weißenfels hervor. Ihn nahm Müntzer aufs Korn und sammelte alle Nachrichten über ihn. Bemerkenswert für die müntzerische Denk- und Kampfesweise ist dabei, daß er sich in die gegnerische Denkweise hineinzusetzen versuchte und diese sich in Thesenform vergegenwärtigte. Offenbleiben muß dabei freilich, inwieweit Müntzer dabei die Gedanken des Gegners wortgetreu wiedergab oder aber sie so stilisierte, daß er sie leichter bloßstellen und bekämpfen konnte.

Was die Meinungen seines Gegners Tiburtius betrifft, so gab er sie in dem schon erwähnten Brief an Luther so wieder, daß Luther davon »die Ohren klingen« sollten. (KGA 359) Die von Müntzer formulierten Meinungen des Tiburtius bezeichnen jene Streitpunkte, in denen die Franziskaner eindeutig der lutherischen Theologie widersprachen. Gleichzeitig erhalten wir damit gleichsam spiegelbildlich einen Aufriß der Positionen, die Müntzer dabei vertrat, zumal die Thesen so angeordnet sind, daß dabei eine gewisse Folgerichtigkeit und erste Systematik müntzerscher Kontrapositionen sichtbar wird.

Die Positiones des Tiburtius (KGA 359–369) bringen nacheinander knappe, aber präzise und inhaltlich weiterreichende Aussagen zur Bedeutung des Kreuzestodes Christi, über die Verbindlichkeit des Evangeliums, die Armut, Gebote und Räte, Praedestination und Heilsgewißheit. Müntzer läßt den Tiburtius eingangs darüber räsonieren, daß Christus einmal gestorben sei und nicht in uns zu sterben brauche und daß man sein Exempel nicht in eine Nachfolge umzusetzen habe. Was Müntzer daran empört, liegt auf der Hand: es ist die historisierende Sicht auf

Christus, die ihn zu einem historischen Ereignis macht, das ipso facto das Heil verbürgt, ohne daß damit ein Aufruf oder eine Verpflichtung zur Nachfolge verbunden sei. Es darf freilich bezweifelt werden, ob der Franziskaner dies in der Nacktheit wirklich gesagt hat, in der Müntzer diese Meinung wiedergibt; denn gerade für die Franziskaner stand es außerhalb jeden Zweifels, daß man dem Gekreuzigten nachzufolgen habe. Verständlich wird diese Formulierung jedoch dann, wenn wir sie als pointierte und polemische Gegenposition zu einer in späteren Müntzerschriften nachzuweisenden, wohl aber schon in Zwickau vorgetragenen Predigt davon auffassen, daß der Christ den Christus in sich tragen und täglich aufs neue mit ihm sterben müsse. Dies wird noch deutlicher, wenn wir den nächsten Satz betrachten, den Müntzer dem Tiburtius in den Mund legt: »Mit dem Messedienst erreichen wir, daß wir in dieser Welt nicht leiden.« (KGA 359) Mehr als die gängige mittelalterliche Meinung von der heilbringenden und heilenden Wirkung des Meßbesuches dürfte der Franziskaner in der Tat kaum gesagt haben, denn wiederum ist darauf zu verweisen, daß das Erleiden der Übel dieser Welt zum selbstverständlichen Grundbestand franziskanischer Predigt gehörte.

Anders verhält es sich jedoch mit den nachfolgenden Thesen des Tiburtius. Sie richten sich gegen die Forderung der neuen Prediger, daß nur das Evangelium allein und nichts als das Evangelium zu gelten habe. Dem konnte Tiburtius, gestützt auf die gesamte Kirchengeschichte und die bewährte Praxis der Kirche, gestützt auch auf jegliche Lebenserfahrung und den gesunden Menschenverstand, getrost entgegensetzen: »Dem Evangelium ist vieles hinzuzufügen.« (KGA 359) So können wir ohne Einschränkung annehmen, daß Müntzer hier die gegnerische Meinung korrekt aufgezeichnet hat. Auch dann, wenn er den Tiburtius weiter sagen läßt: »Es ist nicht verbindlich, gemäß dem Evangelium zu leben« (ebenda), denn dies entspricht voll der vorreformatorischen Lehre und Praxis, insonderheit auch der in den weiteren Sätzen berührten Unterscheidung von Geboten und Räten.

Wir hatten ja schon bei der Besprechung der Auseinandersetzungen in Jüterbog gesehen, daß die in Aufschwung und Angriff befindliche Reformation – auch und gerade in ihrer lutherischen Gestalt – erbittert die Unterscheidung von Geboten und evangelischen Räten zurückwies und die Gemüter gerade dadurch in

Wallung brachte, daß sie die alleinige Geltung des Evangeliums für das Heil postulierte. Wenn dies beibehalten und nicht entschärft, sondern gar noch forciert und verstärkt wurde, dann mußte freilich eines Tages eine Verkehrung des ursprünglichen Ansatzes und eine »Verweltlichung« des Evangeliums herauskommen, seine »Vergesetzlichung«. Einem etwa daraus resultierenden religiösen Fundamentalismus hat Luther zwei–drei Jahre später durch die Erarbeitung der Zweireichelehre wirksame Riegel vorgeschoben; doch 1520 kann die Forderung »nichts als das Evangelium« auch noch dann als lutherisch gelten, wenn sie nicht eindeutig nur auf das »Heil« bezogen und eine Anwendungs- oder Deutungsmöglichkeit auch auf den weltlichen Bereich offengelassen wird. Der Differenzierungs- und Entfaltungsprozeß der Reformation war noch nicht soweit fortgeschritten, um hier schon innerreformatorische Spaltungen sichtbar werden zu lassen. Nur im Wissen um das Spätere können wir sie schon erahnen und hier zumindest schon anklingen lassen, daß aus diesem Beharren Müntzers auf der Verbindlichkeit des Evangeliums und der diesem Beharren inhärenten fundamentalistischen Tendenz der Ausweitung des Geltungsbereiches des Evangeliums in das »weltliche« Leben hinein sich Risse zu Luther hin auftun werden. Vorläufig aber verläuft genau hier die wichtigste theoretische Trennungslinie zwischen der Reformation und den Verteidigern der römischen Kirche. Müntzer gebührt das Verdienst, diese Trennungslinie in Zwickau in der Auseinandersetzung mit den Franziskanern in aller Schärfe herausgearbeitet zu haben.

Von der alleinigen Geltung des Evangeliums schwenkt Müntzer in der teils persiflierenden, teils protokollierenden Referierung der bekämpften Meinungen ein auf die paupertas, auf die Armut. Dies war ein Thema, das zwar die reformatorische Bewegung in ihrer Gesamtheit noch nicht sonderlich erregte, das aber hervorragend dazu geeignet war, gerade Bettelmönche zu reizen und gegen die Franziskaner zu sticheln, hatten diese sich doch in ganz besonderer Weise dem Armutsideal verschrieben. Was also lag näher, als sie beim Wort zu nehmen und zu verlangen, daß sie wirklich in Armut leben, ja, mehr noch, daß die Armut als evangelisch anerkannt und – qua alleinige Geltung des Evangeliums – nun auch zur Richtschnur für alle Menschen in der Gesellschaft erhoben werden sollte. Die Art und Weise, wie Müntzer den Tiburtius über die Armut sprechen läßt, deutet jedenfalls darauf hin, daß Müntzer ihnen nicht in erster Linie ihre eigene wirkliche oder vermeintliche Armut vorgeworfen hat, sondern daß er sie im Gegenteil mit der Anschuldigung herausforderte, daß sie das Armutsideal nur auf sich selbst beziehen und nicht auch den Königen und Reichen zur evangelischen Pflicht machen. Damit veranlaßt er Tiburtius zu der Behauptung, daß die Armut, wäre sie evangelisch, die Könige usw. doch nicht daran hindern würde, die Reichtümer dieser Welt zu genießen.

Armut scheint für Müntzer Signum des Evangeliums und des rechten Glaubens zu sein; denn er läßt seinen Gegner darüber sinnieren, daß ja wohl auch die Fürsten und Könige die Armut befolgen und Mendikanten sein müßten, falls das Exempel des Glaubens von den Seelenhirten und Religiösen dadurch erbracht werden sollte, daß sie ihren Schafen in der Absage an die Reichtümer mit Wort und Beispiel vorangehen. Offensichtlich hat es Müntzer darauf abgesehen, die Franziskaner in der Frage der Armut der Doppelzüngelei zu überführen und sie immer wieder nach Ausflüchten dafür suchen zu lassen, warum eigentlich die Armut nicht evangelisch und nicht für alle geboten sei. Sie sollten sich in Widersprüche verwickeln gerade in den Fragen, die für ihre Identität grundlegend waren.

Wir werden im weiteren noch sehen, daß diese Gedanken- und Argumentationskette von Christusnachfolge, alleiniger Geltung des Evangeliums und Armut als Signum des Glaubens eine der Denk- und Problemachsen ist, auf der Thomas Müntzer theologisches Eigengewicht erlangt. Die Zwickauer Runde des Streites mit den Franziskanern läßt diese Richtung seines Denkens und Suchens kenntlich werden. Im Zusammenhang damit und im unmittelbaren Anschluß an die Armutsproblematik taucht in der müntzerischen Version der Positionen des Tiburtius plötzlich eine Vokabel auf, die sonst in den geistigen Kämpfen des Jahres 1520 noch keine Rolle spielt: die Praedestination. Dies ist eine der kompliziertesten und verwickeltsten Fragen der Gottesgelehrsamkeit überhaupt. Luther hatte sich ihr in den Durchbruchsjahren seiner geistigen Entwicklung stellen müssen: seine »Klosterängste« waren weithin Praedestinationsängste. Sein Ja zum praedestinatianisch wesenden und wirkenden Gott war Voraussetzung der geistigen Souveränität und Sicherheit, mit der er sich den Problemen der Zeit stellte und seine eigenen Lehren entwickelte.

Daß Müntzer im Sommer 1520 mitten in dem Gezänk mit den

Franziskanern auf die Praedestination kommt, läßt aufhorchen; denn es ist ein Zeichen dafür, daß er in der Tiefendimension dessen bohrt, was man sich unter Gott überhaupt vorstellen kann. Die gleich noch zu referierenden Kontraauslassungen des Tiburtius zu dieser Frage lassen erkennen, daß Müntzer praedestinatianisch denkt, also – so können wir getrost schlußfolgern – grundlegende Sicherheit für das noch bevorstehende sonstige Wenn und Aber des Lebens erlangt hat. Dies dürfte auch die (einzige nichtdiffamierende) Erklärung dafür sein, mit welcher Keckheit und welchem kaum noch zu überbietenden Selbstbewußtsein er nunmehr aufzutreten beginnt.

Die Praedestination, so erklärt Tiburtius, ist eine imaginäre Sache. Man muß sie nicht in den Glauben legen, um durch ihn sicher zu werden, sondern in die Werke, von denen man das Volk nicht abziehen soll, damit es – und nun offensichtlich eine Persiflage durch Müntzer – Kerzen anzündet und die virtuosesten Sachen macht. (KGA 359) Diese Auslassung des Tiburtius richtet sich mit ihrer Spitze dagegen, mit dem Glauben allein dem Willen Gottes gerecht werden zu wollen, ist also antilutherisch pointiert. Müntzer dürfte demzufolge in seinen Predigten eine enge Beziehung zwischen göttlicher Vorherbestimmung und Glauben bzw. Glaubensgewißheit hergestellt haben. Es kann freilich auch sein, daß Müntzer die Formulierungen in dem Brief an Luther so und nicht anders gewählt hat, um dem Adressaten zu zeigen, wie sehr er Luthers Positionen verficht und wie skandalös unverständig sich demgegenüber seine Gegner verhalten. Mag der Bericht auch in diesem Sinne vielleicht etwas frisiert sein, so befinden wir uns doch mit dem Thema »Praedestination« an der Problemstelle, wo schon scheinbare oder noch echte Übereinstimmung ganz schnell in Verschiedenheiten, ja Gegensätzlichkeiten auseinanderlaufen kann, da das eigentliche Salz und die Brisanz der Praedestinationsfrage nicht allein und nicht vornehmlich in der Alternative Glaubensgewißheit und Glaubensgerechtigkeit oder Werkfrömmigkeit und Werkgerechtigkeit liegen, sondern in etwas anderem, das aber von nun an im Denken und im »Worthaushalt« Müntzers immer gewichtiger wird, nämlich in der Alternative »auserwählt« oder »verworfen«.

Ob und was Luther auf diesen Brief geantwortet hat, ist nicht bekannt; jedenfalls ist kein Antwortschreiben überliefert. Bemerkenswert für den allgemeinen Gang der Reformation ist das Schreiben Müntzers an Luther dadurch, daß wir hier in der zeitlichen Übereinstimmung von »lokalem Gezänk« und großformatigem Programmentwurf im wittenbergischen Zentrum auf das Phänomen der lokalen und regionalen Auffächerung der Reformation und damit von Phasenverschiebungen der Problementfaltung stoßen: auch wenn das eine oder andere Problem im Zentrum des reformatorischen Denkens im Prinzip schon gelöst war oder zumindest gelöst schien, mußte es doch zugleich – und unter Umständen auch noch lange nachher – in den einzelnen Orten noch einmal artikuliert und durchfochten (und nicht nur »angenommen«) werden, wobei neue Aufzweigungen des Gedankens, der Idee und der Argumente, vor allem aber lokal durchaus unterschiedlich gelagerte soziale, politische, kirchliche und gemeindliche Probleme auftreten. Was wir im ersten Kapitel im Vorfeld der greifbaren historischen Tätigkeit Müntzers wie Luthers über die »kollektive Problemformulierung« feststellen konnten, das setzte sich auch und gerade dann fort, wenn die Reformation allmählich in Schwung kam. Allerdings dürfen wir vorausgreifend hinzufügen, daß mit der im Sommer 1520 von Luther formulierten Reformationsprogrammatik in der Schrift »An den christlichen Adel ...« wiederum eine hohe und kompakte Stufe dieser kollektiven Problemformulierung erreicht war, die so leicht nicht zu überbieten war. Was an politischen Regelungen und sozialen »Sofortmaßnahmen« von einer Reformation zu erreichen war, dies war da schon in so umfassender Weise aufgelistet, daß sich die Artikulierung neuer Leitlinien für die nächstfolgenden Monate und wohl auch Jahre weniger auf politischem und sozialem Gebiet ergeben, sondern eher in den schwerer zu realisierenden und deshalb der schöpferischen Phantasie leichter zugänglichen Gefilden des Theologisierens über Zeit und Mensch und Gesellschaft und all das, was da zu bedenken sein würde, abspielen konnte. Die geistigen und ideologischen Erfolge der lutherischen Bewegung brachten die Reformation voran; sie hielten sie aber auch für einige Zeit in den einmal eingeschlagenen Bahnen fest und zwangen die Weiterwollenden und Weiterdenkenden dazu, die Prämissen des bisher Erreichten zu revidieren und neu zu formulieren. Dies ist der An- und Einsatzpunkt dafür, daß Thomas Müntzer gerade durch das wiederholte Bohren in den von Luther auf seine Weise schon gelösten Grundfragen der Theologie Schritt für Schritt und stückchenweise Neues in der Reformationsbewegung herausprozessieren konnte.

Gezwungen zu diesem Bohren in den Prämissen wurde er durch die tägliche Auseinandersetzung. Die zuständigen Obrigkeiten verhielten sich so, wie es ihrer Amtspflicht entsprach. Sie wollten den Konflikt möglichst eindämmen, die Streithähne auseinanderbringen und für Ruhe und Ordnung in der Stadt sorgen. Der Rat der Stadt tat ein Übriges und versicherte Müntzer des Beistandes, sofern ihm eine Ungerechtigkeit widerfahren sollte. Im August 1520 schaltete sich der Schösser von Zwickau, Wolf von Weißenbach, auf Geheiß des Landesherrn in die Auseinandersetzungen ein. (Elliger 100ff.) Er beorderte Müntzer und die Franziskaner zum 25. August zu sich und gebot ihnen, sich zu mäßigen und zu vertragen. Doch es fruchtete wenig. Die Sticheleien von der Kanzel und die bissigen Reden auf den Gassen gingen weiter. Der Rat sah sich nunmehr erstmalig veranlaßt, sich vorsichtig von Müntzer zu distanzieren, und beschloß, Müntzer nicht mehr von vornherein den Rücken zu steifen, sondern ihm nur dann helfend unter die Arme zu greifen, wenn sich die gegen ihn vorgebrachten Beschuldigungen als unwahr erwiesen. Offensichtlich war Müntzer in seinen Äußerungen so spitz und beleidigend geworden, daß es dem Rat, der den Franziskanern durchaus einen Ärger gönnte, nicht mehr möglich war, sich damit ohne weiteres zu identifizieren. Immerhin versuchte jedoch der Bürgermeister Erasmus Stella, noch eine Lanze für Müntzer zu brechen, und schrieb einen Brief an Georg Spalatin, den Bibliothekar und Geheimsekretär Friedrichs des Weisen. Müntzer sei seit langem schon ein Schüler Luthers und von christlicher Gelehrsamkeit, und Spalatin möge doch darauf hinwirken, daß sich die Minoriten nicht so viel gegen ihn herausnehmen dürfen.

Die Befriedungsaktion vom 25. August scheint doch so viel bewirkt zu haben, daß es in den nächsten Monaten jedenfalls zu keinen größeren Skandalen kam. Dies dürfte auch damit zusammenhängen, daß Müntzer Anfang Oktober an die Katharinenkirche wechselte, um den Platz an St. Marien für den zurückkehrenden Egranus freizumachen. Müntzer hätte eigentlich wohl auch allen Grund dazu gehabt, jetzt erst einmal damit zufrieden zu sein, daß er trotz der Rückkehr des Egranus in der Stadt in einer Predigerstelle bleiben durfte. Und Egran gegenüber bestand eigentlich auch eine ganz kleine Veranlassung zur Dankbarkeit, hatte er doch offensichtlich seine Hände im positiven Sinne dabei mit im Spiele gehabt, daß Müntzer überhaupt nach Zwickau kommen konnte.

Noch ein weiteres Moment wirkte für einige Zeit mäßigend. Eck hatte im September in Meißen die Bannandrohungsbulle gegen Luther publiziert und dabei Johannes Sylvius Egranus unter den verdächtigen Anhängern Luthers mit angeführt. Grund genug für die Erwartung, daß Müntzer dem so Verdächtigten und Bedrohten zur Seite stehen und nun möglicherweise gemeinsam mit ihm gegen die Verteidiger der katholischen Kirche vorgehen würde. Doch statt jetzt mit Müntzer gemeinsame Sache zu machen und sich der Unterstützung dieses streitbaren Genossen zu versichern, beeilte sich Egranus ganz im Gegenteil, jedermann klarzumachen, daß er zu Unrecht auf die Bannandrohungsbulle gesetzt war und daß er, trotz mancher Kritiken, die er vorzubringen hatte, es doch lieber mit der alten Kirche hielt, statt sich auf Gedeih und Verderb mit der Sache Luthers zu verbinden.

Nun war dies freilich nicht einfach Feigheit, die Egran zu diesem Verhalten veranlaßte. Vielmehr haben wir hier einen jener typischen Fälle vor uns, daß die mit der Bannandrohungsbulle sich verschärfende Auseinandersetzung zur Klärung der Fronten führte, wobei gerade bei den humanistischen Intellektuellen die Tendenz zu verspüren ist, ihre eigene Position deutlicher zu fixieren. Dabei wurde ihnen wie auch den konsequenten Martinianern, wie die Lutheraner in den frühen Jahren der Reformation oft genannt wurden, bewußter als vorher, daß sie doch von sehr unterschiedlichen Positionen aus die kirchlichen Zustände kritisierten. Wir werden weiter unten darauf noch zu sprechen kommen. Luther jedenfalls war diesem Humanismus gegenüber von Anfang an mißtrauisch und äußerte sich noch im Herbst 1520 dahingehend, daß Egran keine Ahnung von der richtigen Theologie habe. (WA Br 2,211) Johannes Agricola, ein begeisterter Lutheraner, mit dem Müntzer wohl schon seit 1518 bekannt war, sah sich veranlaßt, Anfang November an Müntzer zu schreiben mit der Bitte, sich gegenüber Egranus zurückzuhalten, man wisse ja, daß dieser wankelmütig sei (KGA 362). Offensichtlich war den Wittenbergern daran gelegen, die zweifellos vorhandenen und ihnen auch bewußten Unterschiede, ja Gegensätze zum Humanismus nicht hochzuspielen und nicht unnötig Leute vor den Kopf zu schlagen, die sich im übrigen durchaus wohlwollend zur Luthersache verhalten hatten und die man nicht durch eigene Unduldsamkeit vorzeitig ins gegnerische Lager drängen wollte. Denn die Humanisten hatten ja auf ihre Weise durch gelehrte Forschung nicht unwesentliche Vorarbeiten für eine bessere Bibelkenntnis geleistet und dazu beigetragen, durch ihren gesamten Denkstil jene Atmosphäre der feinen Skepsis und der Toleranz in den Fragen theologischer Dogmatik zu verbreiten, die den Anfängen der Reformation den geistigen Spielraum bot, der unerläßlich war, damit sich überhaupt eine Diskussion in den Grundfragen entfalten konnte, ohne im Ansatz schon vom zelotischen Eifer der Dogmenwächter erstickt zu werden. Überaus bezeichnend für diesen Zusammenhang ist, daß Luther erst 1525, nach dem Bauernkrieg, mit voller Wucht die Auseinandersetzung mit Erasmus von Rotterdam und damit mit dem Humanismus führte und dies auch erst, nachdem Erasmus von sich aus den Fehdehandschuh geworfen hatte. So war der Ruf aus Wittenberg zur Mäßigung durchaus wohlbegründet, zumal Müntzer den Wittenbergern – und dies wohl nicht ganz ohne Ursache – als Hitzkopf galt.

Mäßigung hin, Hitzkopf her – daß die Ruhe nur eine äußerliche war und daß sich unter der Oberfläche allerhand Groll ansammelte, der sich einmal Luft machen mußte, zeigte sich am zweiten Weihnachtstag 1520. Wenn sich auch die Franziskaner jetzt zurückhielten, jedenfalls berichten die Quellen nach dem 25. August nichts Auffälliges mehr über sie, so traten doch jetzt andere in die Bresche und hielten dem Widerpart, was Müntzer in der Katharinenkirche predigte. Niclas Hofer, der Pfarrer von Marienthal, war Müntzers Agitation entgegengetreten, hatte ihn der Lüge bezichtigt und einen Ketzer gescholten. Müntzer biß zurück und muß wohl derbe Drohungen gegen den mißliebigen Kritiker ausgestoßen haben, so daß sich der Pfarrer von Marienthal veranlaßt sah, sich beim Rat zu beschweren und um freies Geleit zu bitten. Anlaß für das außergewöhnliche Hilfeersuchen des Marienthaler Pfarrers war ein Inzident vom 26. Dezember. Müntzer hatte soeben heftig von der Kanzel gegen Niclas Hofer gewettert, als dieser von Kirchgängern auf dem Kirchhofe erkannt wurde. Die aufgebrachte Menge bewarf ihn mit Kot und Steinen und jagte ihn zur Stadt hinaus. Mit Mühe und Not konnte Hofer durch ein Haus entwischen und sich durch die Gärten davonmachen.

Ein solcher Vorfall durfte natürlich nicht ungerochen bleiben. Hofer beschwerte sich flugs bei seiner vorgesetzten Dienststelle des Bistums Naumburg, und der dortige Offizial, Dr. Caspar Thams, beeilte sich, Müntzer auf den 13. Januar nach Zeitz zu beordern, damit er sich verantworte. Doch Müntzer dachte gar nicht daran, der zweifellos zu Recht bestehenden Vorladung Folge zu leisten. Er stieg vielmehr auf die Kanzel und zitierte seinerseits den Offizial nach Zwickau. Im hierarchischen Gefüge der Kirche eine Frechheit sondergleichen, und dem Offizial muß es wohl die Sprache verschlagen haben. Der Rat hatte alle Mühe, die Sache wieder einigermaßen ins Lot zu bringen, und schickte eine sechsköpfige Gesandtschaft nach Zeitz.

Was sich Müntzer hier gegen den Zeitzer Offizial leistete, war nicht nur eine Gehorsamsverweigerung schlechthin, es war auch ein Zeichen eines schon lange angelegten, aber eben jetzt erstmalig voll durchbrechenden großen Selbstbewußtseins, ja eines Sendungsbewußtseins, das sich der Hierarchie nicht mehr beugt, sondern diese vor den eigenen Richterstuhl zitiert. Eine weitere Probe dieses Selbst- und Sendungsbewußtseins lieferte er schon wenige Tage später, am 17. Januar 1521, in einem Brief an den Rat von Neustadt an der Orla. (KGA 366 f.) Anlaß war eine dort anhängige Ehesache, für die Müntzer weder als Seelsorger noch in irgendeiner anderen Art zuständig war, sondern die, sofern sie nicht vom Rat beigelegt werden konnte, eindeutig in die geistliche Gerichtsbarkeit des Bischofs von Naumburg gehörte. Formaljuristisch war es schlicht Amtsanmaßung, deren sich Müntzer in dieser Angelegenheit unterwand.

Die Sache war folgende: Dorothea Normberger war verlobt mit Philipp Römer, hatte dann aber das Verlöbnis gelöst und sich mit einem anderen verlobt. Philipp Römer hatte sie deshalb beim Rat von Neustadt verklagt und die Einlösung des Eheversprechens gefordert. Nun hatte dem damaligen Rechtsempfinden nach eine Verlobung keine Bindekraft, es sei denn, die copula carnalis sei vollzogen worden, was ja nach dem Sachsenspiegel als ehestiftend galt. Daß eine Verlobung wieder gelöst wurde, war zwar nicht häufig der Fall, galt aber keineswegs als schimpflich. Daraus sich ergebende Zwistigkeiten gaben zwar Anlaß zu Klatsch und allerlei Gemunkel, konnten aber in der Regel durch den Friedensrichter (insbesondere nach Rückgabe eventueller Verlobungsgeschenke) ohne weiteres beigelegt werden. Dieser Sache nun, die ihm auf irgendwelchen Wegen zu Ohren gekommen war, nahm sich Müntzer an.

Müntzer verlangt vom Rat, er solle die Dorothea Normbergerin samt ihren Eltern und den Zeugen des ersten Verlöbnisses vor sich fordern und zur Verantwortung ziehen. Und was der Rat zu beschließen habe, sei ganz eindeutig: »Muß in der Wahr-

heit nach göttlichem Gesetze Philipp Römer sie haben; auch so
ihr eins zehn Jahr mit einem andern in ehelichem Stand gelebt
hätte, so müßte doch das erste Gelöbnis vorgehen und gehalten
sein.« Er fügt hinzu: »Bitte, daß ihr mir solches schriftlich wollet
entdecken. Es fügt sich nicht, daß man diese Menschen in unruh-
samen Gewissen läßt also hinziehen.« (KGA 366)

Eine Bibelstelle für dieses »göttliche Gesetz«, auf das er sich dabei beruft, gibt er nicht an. Es ist auch nicht ganz klar, woher er
das hat. Die Bibel, insonderheit das Alte Testament, kennt jedenfalls eine Ehescheidung, und eine Ehe war ja in dem vorliegen-
den Fall, soweit aus dem Text zu erschließen, noch gar nicht vollzogen. Er muß also in dieser Zeit zu einer ganz eigenen
Auffassung vom »göttlichen Gesetz« gekommen sein, und wir
werden darauf zu achten haben, in welchem Sinne er künftig
den Ausdruck »göttliches Gesetz« traktiert. Soviel ist aber schon
klar, er setzt das göttliche Recht als etwas Absolutes, vor dem
menschliche Abmachungen und Rechtsnormen jeglicher Art zu
verstummen haben und das sich auch über Herkommen und
Brauch hinwegsetzt.

Er muß ja auch begründen, wie er überhaupt dazu kommt,
sich in dieser Angelegenheit zu äußern. Er beruft sich darauf,
daß er traurige Herzen zu trösten habe, »wie Gott seinem einzigen Sohn befohlen hat«. »Darum bin ich gesandt, gleich wie Christus vom Vater gesandt war, also sind wir Priester von Gott gesandt.« (KGA 366)

»Also sind wir Priester von Gott gesandt«, so beruft sich Müntzer auf sein priesterliches Amt. Zum ersten Mal spricht er es aus,
daß er von Gott gesandt ist. Was sich der Rat von Neustadt wohl
dabei gedacht hat, als er diese Kunde vernahm? Und wenn
Müntzer es schon schwarz auf weiß aufs Papier schreibt, was
mag ihm da wohl auf der Kanzel alles entrutscht sein? Doch unser erstauntes Fragen, kommend aus dem, was uns heute nicht
mehr geläufig und abhanden gekommen ist, muß bei seinen Zuhörern im 16. Jahrhundert nicht so groß gewesen sein. Daß die
Kirche von Gott selber gestiftet sei und die Priester mithin letztlich also doch einen göttlichen Auftrag haben, war damals im Gegenteil jedermann geläufig, mochte man auch in der Bierstube
gelegentlich mal darüber lächeln, und dies auch nur dann, wenn
man unter sich war. Für feinsinnige Humanisten mochte dies
freilich geschmacklos erscheinen, wenn man derartiges expressis
verbis für die eigene Person in Anspruch nahm.

Bäuerliche Feldarbeiten
Holzschnitt aus Sebastian Brants »Vergil«, Straßburg 1502

Der Buchdrücker.

Der Schmidt.

Buchdrucker und Schmied
Holzschnitte aus dem Ständebuch von Jost Amman, Frankfurt 1568

Bergwerk. Kolorierter Holzschnitt von Hans Sebald Beham, um 1528

Warenlager und Hof eines Kaufmanns. Holzschnitt des Petrarca-Meisters, 1519/1520

Beim Geldwechsler und Wucherer

Holzschnitt, 16. Jh.

Höfisches Fest

Kupferstich des Meisters M Z, 1500

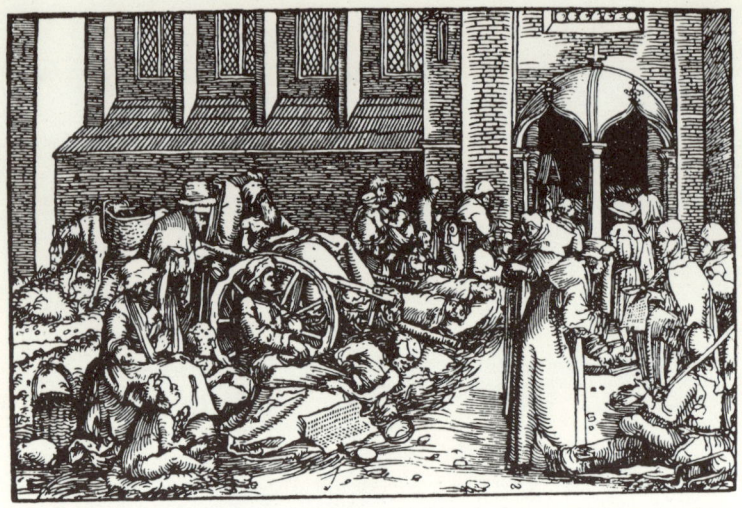

Verteilung von Almosen vor der Kirchentür, Holzschnitt des Petrarca-Meisters, 1519/1520

Fürst und Dame
Holzschnitt von Lucas Cranach d. Ä., Einblattdruck,
1506

Bauer bringt Abgaben zum Kloster
Holzschnitt aus Thomas Murner: »Von dem grossen
Lutherischen Narren«, Straßburg 1522

Notleidende in der Stadt  Holzschnitt des Petrarca-Meisters, 1519/1520

Bildnis eines Kaufherrn
Holzrelief, um 1530

Der gefesselte Bauer wiegt schwerer auf der Waage der Gerechtigkeit als der Ritter.
Holzschnitt des Petrarca-Meisters, 1519/1520

CICERO

Kampf und Sieg der Bauern – sog. Ständebaum
Holzschnitt des Petrarca-Meisters, 1519/1520

Bildnis Kurfürst Friedrichs des Weisen und seines Bruders Johann von Sachsen.
Kupferstich von Lucas Cranach d. Ä., 1520

Bildnis Herzog Georgs des Bärtigen von Sachsen. Gemälde von Lucas Cranach d. Ä.,
Werkstatt, 1534

Doch auf eben diese feinen und gelehrten Leute nahm Müntzer jetzt keinerlei Rücksicht mehr. Den Egranus verteufelte er von der Kanzel, lästerte über ihn auf dem Schloß und redete »bei der Zech« übel von ihm, wie sich Egranus brieflich bei ihm beschwerte. (KGA 367) Stattdessen aber gewann Müntzer jetzt einigen anderen Umgang, und zwar mit Leuten, die über erstaunliche Bibelkenntnisse verfügten, ohne doch ansonsten gelehrt zu sein. Dies hängt zusammen damit, daß er an der Katharinenkirche eine andere Zuhörerschaft hatte als einige Monate vorher an der Marienkirche. Mochte sich auch der soziale Bestand der Gemeindemitglieder an St. Katharinen nicht grundsätzlich und nicht durchweg von dem an St. Marien unterscheiden, so ist doch jedenfalls so viel sicher, daß an St. Katharinen die Tuchknappen zum Gottesdienst gingen, also gerade Leute jenen sozialen Standes, die den Auswirkungen des schon erwähnten frühen kapitalistischen Verlagswesens ausgesetzt waren. Diese Tuchmacher wurden Anfang 1521 unruhig und legten dem Rat eine Reihe von Forderungen vor, die im einzelnen nicht genau bekannt sind. Der Rat wies diese Forderungen zurück, war aber bereit, anzuerkennen, daß die Knappen alle acht oder vierzehn Tage einen Pfennig zu einer Hilfskasse für kranke Knappen bekommen sollten. Wie Müntzer sich zu den konkreten Forderungen der Knappen gestellt hat, ist nicht bekannt, wohl aber, daß die Knapperei zu ihm gehalten und er mit ihnen Konventikel veranstaltet hat.

Eine besondere Rolle spielte dabei der Tuchmacher Nikolaus Storch. Storch betätigte sich als Laienprediger. Er hatte eine kleine Gemeinschaft um sich gesammelt, der er die Bibel auslegte und in der auch über Träume gesprochen wurde und darüber, daß Gott in Träumen und Stimmen zu den Menschen rede. Wie lange dies Storch etwa schon vor der Ankunft Müntzers in Zwickau getrieben hat, läßt sich aus den Quellen nicht ermitteln. Sicher ist aber, daß Müntzer ihn von der Kanzel herab lobte und damit dieser kleinen Gemeinschaft ein gewisses öffentliches Ansehen verschaffte und ihr Auftrieb gab.

In dem, was über den Lebens- und Entwicklungsweg Müntzers bis Zwickau bekannt ist, sind zumindest zwei Voraussetzungen oder Ansätze dafür erkennbar, daß Müntzer diese Leute um Storch ernst nahm, ernster jedenfalls als andere Prediger in der Stadt, und daß er sich wohlwollend aufmerksam zu ihnen verhielt. Das ist einmal der schon in Jüterbog aufgetauchte Gedanke davon, daß ein einfacher Mann mit der Bibel in der Hand mehr zu sagen habe als ein Priester oder Gelehrter ohne Bibel und zum anderen der Gedankenkomplex der Mystik. Beides mußte ihn der Sache und dem Geiste nach aufgeschlossen machen dafür, die Einfälle und Reden dieser Leute nicht schlicht als grundlose Phantasterei beiseite zu schieben. Schon die Zeitgenossen vermuteten, daß die Storchianer ihre Ideen irgendwie aus Böhmen bezogen hätten. Möglich wäre dies bei der geographischen Nähe durchaus, doch sind die Nachrichten über Storch so fragmentarisch, daß wir uns weder ein genaueres Bild von seinen Vorstellungen machen noch Ideenfiliationen belegen können. Müntzer soll im Zusammenhang mit Nikolaus Storch gepredigt haben: »Die Laien müssen unsere Prälaten und Pfarrer werden und Rechenschaft nehmen des Glaubens.« (Seidemann 112) Inwieweit er damit seine eigene Meinung wiedergab oder sich die des Storch zu eigen machte, muß dahingestellt bleiben. Diese Nachricht ist aber zumindest insofern glaubwürdig, als Müntzer – wie wir noch sehen werden – in späteren Schriften sich mehrfach erbot, Rechenschaft seines Glaubens zu geben, die Vokabel von der »Rechenschaft des Glaubens« also zweifellos zum kennzeichnenden Wortschatz Müntzers gehört.

Die Idee, daß Laien selber Priester werden, die Bibel auslegen und in Träumen und Stimmen Umgang mit Gott oder den Engeln haben können, ist nicht nur uraltes Ketzergut; sie ist zugleich religiös so elementar, daß man auch unabhängig von Ideenfiliation und Fremdbeeinflussung mit spontaner Neuschöpfung, gewissermaßen mit Zwickauer religiösem Eigenbau rechnen kann. Wie dem auch sei, so bleibt doch zu konstatieren, daß um die Jahreswende 1520/21 und seit Januar 1521 eine neue Radikalität bei Müntzer zu spüren ist, die sich nicht mehr vornehmlich an den Franziskanern reibt, sondern an Predigern, Gelehrten und ordinierten Pfarrern und Amtsinhabern, die sich äußert in Aggressivität und Aufrufen zu Tätlichkeiten, Einmischung in fremde Eheangelegenheiten und gesteigertem Selbstbewußtsein, die zeitlich einhergeht mit sozialen Forderungen der Tuchmacher und einem Lob für die religiös engagierte kleine Gemeinschaft um Storch. Ohne daß wir uns auf einen ursächlichen Primat des einen oder anderen Faktors festlegen können, bleibt aber doch die zeitliche Koinzidenz dieser vermehrten Aktivität Müntzers und der ihr eigenen Radikalisierungsrichtung mit dem Auftauchen einer vordem in Müntzers Beziehungsgefüge nicht vorhandenen sozialen und religiösen Regung einer vom Verlagssystem bedrängten Produzentenschicht bemerkenswert.

Die religiösen Affinitäten Müntzers zu den Regungen dieser Schicht prävalieren dabei einem noch nicht erkennbaren sozialen Engagement. Das ist auch nicht verwunderlich, denn was die sozialen Belange betrifft, so gab es dafür seit langem ein eingespieltes System von Knappschafts- und Zunftwesen, kirchliche Armenfürsorge und von Rats wegen erlassene Ordnungen, um Dinge dieser Art – mit oder ohne Konflikt – zu regeln. Unter diesen Bedingungen mußte es für das Selbstbewußtsein der Tuchknappen nicht weniger wichtig, sondern womöglich gewichtiger sein, daß sie in ihren religiösen Eigenregungen von Müntzer ernstgenommen wurden, also gerade in dem Bereich, der bis dato streng kirchlich reguliert und kontrolliert wurde und in dem die »offizielle Gesellschaft« am wenigsten geneigt war, sie als eigenständig oder in ihrer Abweichung vom Reglement gleichwertig anzuerkennen.

Seit Januar 1521 vergiftete Streit und Zank die Atmosphäre in Zwickau. Es läßt sich nicht ganz genau abgrenzen, wer da eigentlich gegen wen stand. Nur in allgemeinen Umrissen wird erkennbar, daß auf der einen Seite der Prediger an St. Katharinen mit einem Anhang unter den Tuchknappen stand, auf der anderen Seite Johannes Sylvius Egranus. Aus Schmähschriften, Spottgeschichten, Äußerungen Müntzers und Egrans kann zusätzlich erschlossen werden, daß es eine Auseinandersetzung zwischen Wohlhabenden und ärmeren Bevölkerungsschichten war sowie zwischen Gebildeten und solchen, denen die Gegenseite Mangel an Bildung vorwarf. Dem Egranus wurde in einer Schmähschrift vorgeworfen, er sei »der dicken Pfennige Knecht«. Egran wiederum mokierte sich über die seiner Meinung nach schlechten Lateinkenntnisse Müntzers, der mit dem »Donat« (dem Lateinlehrbuch aus dem 4. Jahrhundert!) »kaum vor den Arsch geschlagen« sei, und er spottete darüber, daß sich Müntzer vom Geist belehren lasse.

Hatte Müntzer zu Weihnachten seinen Anhang zu Tätlichkeiten veranlaßt oder ihn doch zumindest so aufgeputscht, daß nun – möglicherweise ohne direkte Aufforderung Müntzers – Kot und Steine flogen, so blieb auch die Gegenseite in dieser Beziehung nicht faul und warf Müntzer in der Fastnacht die Fenster ein.

Nachdem Müntzer in den ersten Monaten seines Aufenthaltes

Quittung von Thomas Müntzer für erhaltene Bezüge mit der Unterschrift »Thomas Müntzer, der für Wahrheit in der Welt kämpft«. Zwickau, 16. April 1521

in Zwickau die Unterstützung des Rates in den Querelen mit den Franziskanern und dann im Januar auch noch gegenüber dem Zeitzer Offizial genossen hatte, kühlte sich das Verhältnis zum Rat ab. Schuld daran war nicht allein und auch nicht vornehmlich der Streit mit Egranus. Zwar hatte der Rat ein Interesse daran, Egranus in der Stadt zu halten, und man war aus diesem Grunde Egran immer wieder entgegengekommen, hatte dann aber doch im Dezember 1520 seine Kündigung angenommen, die im nächsten Frühjahr wirksam werden sollte, so daß also die Aussicht bestand, einen der Streithähne loszuwerden. Daß Müntzer allmählich seinen Rückhalt im Rat verlor, hatte seinen vornehmlichen Grund in Müntzers Verhältnis zu den Tuchknappen, die dem Rat opponierten. Unliebsam machte sich Müntzer auch dadurch, daß er sich in Angelegenheiten des Rates bei der Besetzung einer Pfründe an der Marienkirche einmischte.

Wie schon bei der Auseinandersetzung mit dem Minoriten Tiburtius machte sich Müntzer ein Bild auch von Egran dadurch, daß er dessen Meinung in Thesenform zusammenfaßte. Wie Hubert Kirchner nachgewiesen hat, verfuhr Müntzer dabei sehr korrekt, und es lassen sich in den Predigten und Schriften Egrans genug Belege dafür finden, daß Egran tatsächlich die von Müntzer skizzierten Meinungen vertreten hat, wenn er auch wohl vor allem jene notiert hat, die ihm besonders anstößig erschienen. Da es hier nicht um Egran, sondern um Müntzer geht, seien im Folgenden nicht alle »Propositiones« Egrans angeführt; wir wollen vielmehr nur jene herausgreifen, die den Gegensatz der Auffassungen deutlich markieren und denen insofern besonderes Gewicht zukommt, als die darin angesprochene Sachproblematik später von Müntzer immer wieder aufgegriffen und behandelt wird. Das gilt speziell für jene Thesen, die vom Glauben, von der Furcht Gottes und vom Heiligen Geist handeln.

Wie eine direkte Provokation Müntzers und seines Anhanges klingt These 7: »Es gibt keine Erfahrung des Glaubens in der Welt als die, die wir in den Büchern haben. Und daher können auch Laien und Ungelehrte nicht ausreichend über den Glauben befinden ...« (KGA 514) Etwas sublimer, aber von der gleichen intellektuellen Arroganz ist These 17, eine Humanistenmeinung par excellence: »Nichts zwingt dazu, das zu glauben, was der Intellekt nicht begreift. Denn die Vernunft des Menschen ist von sich aus so überaus reich und gibt sich nicht gefangen in Befolgung des Glaubens ...« (Ebenda) Das klingt sehr modern und menschenfreundlich und zeugt gewiß davon, wie sehr das humanistische Denken die Linien des Fortschritts mitbestimmt hat, doch unterliegt es keinem Zweifel, daß sich dies im konkreten Zusammenhang des reformatorischen Kampfes mehr gegen das Mitredenwollen des »gemeinen Mannes« in Glaubens- und Kirchenfragen als gegen die Prärogative einer etablierten Klerisei richtet. These 5: »Die Furcht Gottes muß das menschliche Gemüt nicht bedrängen, weil das Neue Testament von ihr schweigt und die vollkommene Charitas die Furcht austreibt.« (KGA 513) – Zwei Jahre später wird Müntzer viele seiner Briefe mit der Grußformel einleiten »Die reine Furcht Gottes zuvor!«.

Und dann gar erst die Thesen über den Heiligen Geist: These 21: »Nur die Apostel hatten den Heiligen Geist. Anderen Menschen war er nicht nötig, weil die Kirche ausreichend gefestigt ist durch die Arbeit der Apostel.« These 22: »In tausend Jahren hatte kein Mensch den Heiligen Geist, und auch die Kirche wird nicht durch ihn regiert.« (KGA 515)

Egranus hatte sich diese Meinungen zweifellos nicht erst in der Auseinandersetzung mit Müntzer gebildet. Er huldigte ihnen vorher schon, und sie waren auch nicht sein Sondergut, sie stellen vielmehr einen geradezu klassischen Aufriß humanistischer Grundpositionen erasmianischer Prägung dar. Auf Müntzer mußte dies wie ein rotes Tuch wirken und wie offener Hohn. Nicht direkt aus seiner Feder, aber gewiß aus seiner nächsten Zwickauer Umgebung und durchaus in seinem Geiste entstand eine Schmähschrift gegen Egran mit dem Titel »Brief der 12 Apostel und 72 Jünger«. Egran erscheint darin als ein geistloser Lebemann, der sich's bei schönen Frauen wohl sein läßt, sich zu den großen Hansen zählt, nach Geld giert und den Gottesknecht Müntzer verleumdet.

Im Zusammenhang mit dem Hin und Her von Schand- und Schmähschriften spitzte sich Anfang April die Lage zu. Es wurde von Anschlägen und Machenschaften gegen Müntzer gemunkelt, und dieser soll am 10. April früh um drei Uhr »Feuer« aus seinem Haus geschrieen haben. Gewalttat von beiden Seiten war zu befürchten, da schritt wiederum der Schösser Wolf von Weißenbach ein. Er beorderte am 14. April Müntzer und den Rat zu sich, wobei sich Müntzer wegen des Schmähbriefes gegen Egran verantworten sollte. Die Verhandlung endete mit der Entlassung Müntzers.

Daraufhin kam es zu einer erregten Versammlung seiner Anhänger. Der Rat schritt mit bewaffnetem Arm dagegen ein und ließ 56 Tuchknappen verhaften, die man jedoch nach einem Tag schon wieder freiließ. Müntzer verließ Zwickau am 16. April 1521 und quittierte 25 Gulden mit der Unterschrift »Thomas Müntzer, der für die Wahrheit ficht in der Welt«. (KGA 564)

Daß der 16. April, der Tag, an dem Müntzer Zwickau verließ, auch der Tag war, an dem Luther in Worms eintraf, um sich vor Kaiser und Reichstag zu verantworten, ist purer Zufall. Gleichwohl verdeutlicht dieser Zufall, daß Müntzers Aktivitäten, Kämpfe und Schwierigkeiten, so sehr wir sie auch berechtigterweise als Lokalereignis und Gegebenheit eines höchst persönlichen Schicksals auffassen mögen, doch zugleich symptomatisch sind dafür, daß die Luthersache und die reformatorische Bewegung insgesamt einer kritischen Situation zustrebten, in der Entscheidungen fällig wurden. Der Bannandrohungsbulle gegen Luther war ja inzwischen der Bann gefolgt. Die Erregung darüber bekam der päpstliche Gesandte in Worms zu verspüren. Allenthalben erhob sich die Frage, wie es weitergehen sollte. Ohne daß sich eine direkte Bezugnahme auf diese mit dem Bann und dem Wormser Reichstag zusammenhängende Situation in den Wochen nach der Ausweisung aus Zwickau bei Müntzer feststellen ließe, ist es doch bemerkenswert, daß und wie Müntzer jetzt die Frage nach dem weiteren Gang der Reformation stellte und beantwortete. Er lenkte seine Schritte nach Böhmen.

Schon in den Jüterboger Auseinandersetzungen war die Meinung lautgeworden, die Böhmen seien die besseren Christen. Bei der Leipziger Disputation hatte er hören können, wie Eck dem Luther freundliche Worte über die Hussiten entlockte. Und ganz generell lag der Verdacht in der Luft, die Martinianer oder Lutheraner seien eine neue Version des Hussitismus. Katholische Eiferer ließen es sich angelegen sein, mit diesem Vorwurf die neue evangelische Predigt zu verketzern, und Luther hatte nichts dazu getan, dies zu entkräften.

Müntzer unternahm 1521 zwei Reisen nach Böhmen. Von der ersten, die ihn möglicherweise nur bis Saaz führte, war er Anfang Juni zurück. Er hielt sich damals in der Nähe von Elsterberg auf und bereitete sich auf eine neue Reise vor. An Michael Gans in Jena schickte er seine Sachen und Briefe zur Aufbewahrung und stellte ein eigenhändiges Testament für den Fall seines Todes in Aussicht. (KGA 371) Seinen Freund Markus Thomae, genannt Stübner (weil sein Vater eine Badstube besaß), forderte er auf, schnellstens von Elsterberg zu ihm zu kommen und mit nach Böhmen zu reisen. (KGA 369 f.) Gleichzeitig schrieb er am 15. Juni an Nikolaus Hausmann, Pfarrer in Zwickau, warum er ihn denn nicht zu sich riefe, und er sei nicht des Ruhmes oder Geldes wegen in Böhmen gewesen, sondern in der Erwartung seines künftigen gewaltsamen Todes. (KGA 371–373) Er muß also doch wohl im Zusammenhang mit dem Ausgang der Zwickauer Auseinandersetzungen in diesen Wochen um sein Leben gefürchtet haben.

Er scheint am nächsten Tage schon aufgebrochen zu sein und sich spornstreichs nach Prag gewandt zu haben, denn schon für den 21. Juni ist sein Aufenthalt dort bezeugt. In Prag war er erwartet worden, und man hatte ihn dort »eingeholt«, d. h. ihn ehrenvoll durch die Tore in die Stadt geleitet, wie der Prager Humanist Jan Hodejewsky berichtet, der ihn am 23. Juni auch zweimal predigen hörte, lateinisch in der Bethlehems-Kapelle, der berühmten Predigtstätte des Jan Hus, und deutsch in der Fronleichnamskapelle. Dies waren die beiden Universitätskapellen. Die Universität scheint also sein Anlaufpunkt gewesen zu sein, und er wohnte auch einige Zeit am Collegium Carolinum.

Hans Pelt, sein alter Bekannter aus der Braunschweiger Zeit und möglicherweise auch schon vorher, schrieb ihm, er habe gehört, daß er zwei gelehrte Böhmen bei sich habe, die seine Predigten ins Tschechische übersetzten. (KGA 377) Dies war auch nötig, denn mit Latein und Deutsch konnte er nur die Universitätsangehörigen, die Studentenschaft und einen Teil der wohlhabenderen Bürgerschaft erreichen.

In Prag hatte man zu dieser Zeit durchaus Interesse an refor-

Prag
Kupferstich aus »Beschreibung und Contrafactur von den vornembsten Stetten der
Welt«, Köln 1576

matorischer Predigt. Die Nachrichten über Luther und insbesondere darüber, daß sich dieser anerkennend über Hus geäußert
hatte, waren gern aufgenommen worden, und es gab lebhafte
Diskussionen über kirchliche und religiöse Fragen. Immerhin
gab es in Böhmen schon nahezu drei Generationen lang in Gestalt der Utraquisten und der Böhmischen Brüder Kirchen, die
nicht mehr voll an Rom gebunden waren, so daß Müntzer nicht
ohne Grund damit rechnen konnte, hier Aufmerksamkeit und
vielleicht auch ein erfolgversprechendes Betätigungsfeld zu finden.

Müntzer galt in Prag als lutherischer Prediger. Man hatte ihn
freundlich aufgenommen und auch mit einigen Erwartungen.
Doch das gute Einvernehmen hielt nicht lange vor. Er mußte das
Collegium Carolinum verlassen und hatte schließlich Schwierig-

keiten, überhaupt noch eine Stelle zu finden, wo er predigen
durfte. Die Gründe dafür sind leicht einzusehen, wenn wir uns
das wichtigste Dokument seiner Prager Zeit betrachten, das soge-
nannte »Prager Manifest«. Er zieht darin das Fazit seiner Zwik-
kauer Erfahrungen, insbesondere der Auseinandersetzung mit
Egranus. Daß er damit die Gelehrten der Universität und bald
auch utraquistische Adlige und Bürger in ganz ähnlicher Weise
wie schon die entsprechenden Kreise in Zwickau vor den Kopf
stieß, nimmt nicht wunder.

Das »Prager Manifest« (KGA 491–511) liegt in drei Fassungen
vor. Am 1. November brachte Müntzer seine Gedanken in ganz
gedrängter Form deutsch zu Papier, darauf folgte dann eine etwas ausführlichere lateinische Fassung, und am 29. November
fertigte er nochmals einen wiederum breiteren Text in Deutsch

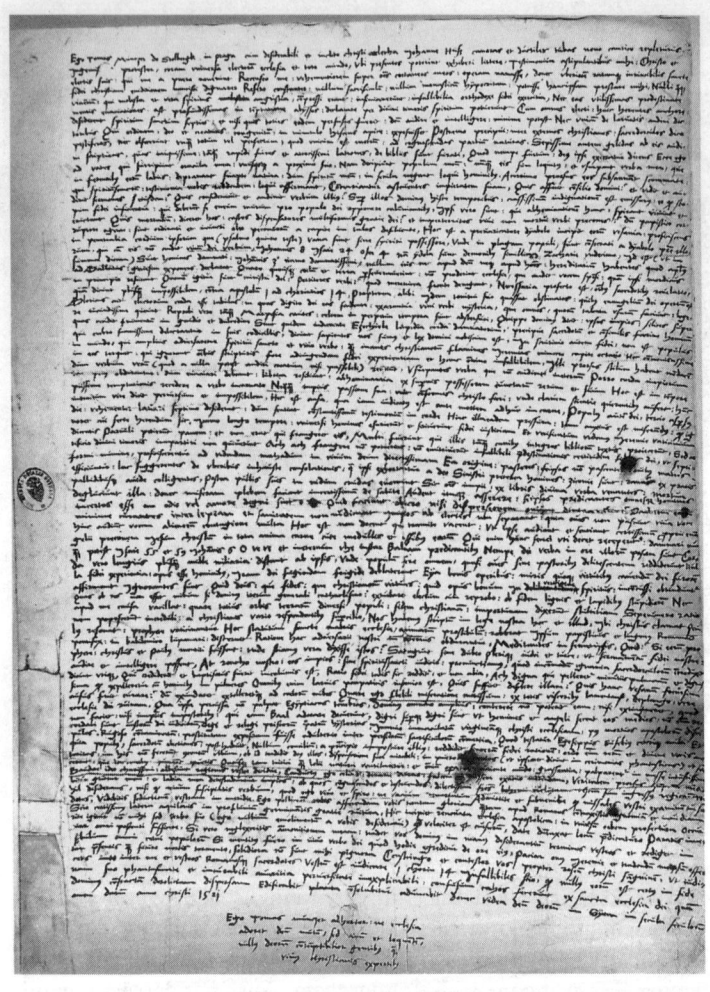

»Prager Manifest«, lateinische Fassung, November 1521

an. Außerdem gibt es eine nicht zu Ende geführte tschechische Übersetzung der erweiterten deutschen Fassung vom 29. November.

Zwar ist nicht bekannt, ob Müntzer dieses »Manifest« tatsächlich in Plakatform angeschlagen hat, doch sind darin zweifellos jene Grundgedanken zusammengefaßt, die er in seinen Predigten in Prag vorgetragen hat. Eine Überschrift trägt nur die zweite deutsche Fassung vom 29. November: »Der Böhmen Sache betreffende Protestation«. (KGA 495)

»Thomas Müntzer will keinen stummen, sondern einen redenden Gott anbeten« (KGA 505) – mit dieser Schlußformel zur zweiten deutschen Fassung drückt er in epigrammatischer Schärfe das Motiv seines Denkens, Suchens und Kämpfens aus. Von hier aus erschließt sich die Logik seiner schon deutlicher erkennbaren Lehre, und vor allem wird klar, was er den Gegnern hauptsächlich vorwirft: sie haben eine falsche Vorstellung von Gott, vom Gotteswort, von der Bibel und vom Glauben. Sie halten Gott für stumm und glauben nicht, daß er heute noch redet; sie meinen, nur die Buchstaben in der Bibel seien das Gotteswort, und begreifen nicht, daß das Gotteswort aus dem Munde des lebendigen Gottes kommt und nicht aus papierenen Schriften; sie begreifen nicht, daß die Bibel nichts beweist, sondern selbst bewiesen werden muß; und sie wollen vor allem nicht einsehen, daß aus der Bibel kein wahrer Glaube kommt, sondern nur Buchstabengelehrsamkeit, und daß der rechte und bewährte Glaube nur nach Anfechtung und Leid durch den Finger Gottes im Herzen entsteht.

Müntzer legt dies dar als Summe seiner eigenen Erfahrung, nicht als etwas Angelerntes, sondern als etwas Durchlittenes. Und er trumpft gleich eingangs (der ersten deutschen Fassung) mit einem unerhörten Anspruch auf: »Ich, Thomas Müntzer von Stolberg, bekenne vor der ganzen Kirche und der ganzen Welt, wo diese Briefe gezeigt werden mögen, daß ich mit Christo und allen Auserwählten, die mich von Jugend auf gekannt haben, bezeugen mag, daß ich meinen allerhöchsten Fleiß vorgewandt habe vor allen anderen Menschen, die ich gekannt habe, auf daß ich möchte einen höheren Unterricht gehabt oder erlangt haben des heiligen unüberwindlichen Christenglaubens.« (KGA 491)

»Kein pechgesalbter Pfaffe, kein gar geistscheinender Mönch hat den Grund des Glaubens im allergeringsten« sagen können. (KGA 491) Das Herz ist das Papier und Pergament, darauf Gott mit seinem Finger schreibt, Cor, 2,3. Das ist dann die rechte Heilige Schrift, »die die äußerliche Biblien recht bezeugt«. (KGA 498) Diese Schrift können alle auserwählten Menschen lesen, »die da wuchern mit ihren Pfunden«. (Ebenda) Die Mönche und Pfaffen jedoch meinen, »es sei genug, daß es in Büchern sei geschrieben und sie es so roh mögen raußer speien wie der Storch die Frösche den Jungen ins Nest«. (KGA 492)

Schon in den Zwickauer Thesen über Tiburtius war das Thema der Praedestination kurz aufgeklungen. Jetzt konkretisiert er dies in Aussagen über die Auserwählten und die Verdammten. Die Auserwählten sind die, denen Gott mit dem Finger im Herzen schreibt. Die Verdammten jedoch haben ein Herz aus Stein: »ihr Herz ist härter denn kein Kieselstein, welcher den Meißel des Meisters von sich abschupft in Ewigkeit«. (KGA 499)

In dem Zusammenhang tauchen noch undeutlich erste Anzeichen für eine annähernde gesellschaftliche Kenntlichmachung der Verdammten auf. In einem Atemzug mit den Verdammten werden genannt: Studenten, Pfaffen und Mönche, »die mit herzlichen Schmeicheleien und Gepränge die Wahrheit aufnehmen aus den Büchern«. (KGA 499) Weiter: »Es sind die Herren, die nur fressen und saufen und pastalen (? unleserlich), suchen Tag und Nacht, trachten, wie sie sich ernähren und viel Lehen kriegen.« (KGA 500) Und noch eine andere Kategorie gehört dazu: »Ich bekräftige und schwöre bei dem lebendigen Gott: wer da nicht höret aus dem Munde Gottes das rechte lebendige Wort Gottes, was Bibel und Babel, ist nicht anders denn ein tot Ding. Aber Gottes Wort, das durch Herz, Hirn, Haut, Haar, Gebein, Mark, Saft, Macht, Kraft durchdringet, darf wohl anders hertraben, denn unser närrischen hodensäckischen Doktores dallen« (dallen = läppisch daherreden). (KGA 501)

Weniger klar, aber durch die Gegenüberstellung mit den Verdammten doch auch gesellschaftlich erkennbar werden die Auserwählten kenntlich gemacht. Die Verdammten sind »gesandt in den Abgrund des Pfuhls. Aber am Volk zweifel ich nicht. Ach du rechts, armes erbärmliches Häuflein, wie durstig bist du nach dem Worte Gottes ... Die wollen gerne tun das Allerbeste und können doch (das) selbige nicht wissen ... Es sind der gelddurstigen Buben viel dagewest, die dem armen, armen, armen Völklein die dampatischen (verstümmelt, laut tschechischer Fassung: die päpstlichen) unerfahrenen Texte der Biblien vorgeworfen haben, wie man den Hunden das Brot pflegt vorzuwerfen.« (KGA 500)

Sicher ist mit »Volk« hier in erster Linie das »Volk Gottes« gemeint, also die Auserwählten. Auch das dreifache »armen, armen, armen« bei »Völklein« ist durchaus zunächst einmal in dem Sinne zu interpretieren, daß es sich dabei um diejenigen handelt, die nicht recht über das Gotteswort unterrichtet sind, »denn sie wissen sich nicht zu schicken oder zu fügen in die Zeugnisse, die der Heilige Geist rät in ihren Herzen«. (Ebenda) Doch zeigt die gleichzeitige Konfrontierung mit den »gelddurstigen Buben« wie auch der Blick auf die Kennzeichen der Verdammten, daß hier »Volk« durchaus auch im Sinne von Nichtherrschende, Beherrschte, Betrogene und Ausgebeutete gemeint ist. Damit erhält die hier in ersten Umrissen greifbare selbständige müntzerische Theologie eine Inklination in Richtung Volk, Volk als »gemeiner Mann«, Volk als Nichtobrigkeit. Und diese Inklination in Richtung Volk bleibt auch dann bestehen, wenn wir das vorgeschaltete und einrahmende theologische Anliegen und Interesse Müntzers konsequent mitdenken. Daß Müntzer im übrigen in dieser Zeit nach wie vor mehr persönliche Kontakte mit Pfarrern, Doktoren, Bildungsbürgern, Amtsleuten und Angehörigen der gehobeneren Schichten hat als mit dem direkten »Niedervolk«, tut dem keinen Abbruch. Im Gegenteil: gerade mit diesen Kreisen hatte er ja schlechte Erfahrungen gemacht; dort eben waren ihm Widersacher erstanden; in diesen Kreisen hatte er Enttäuschungen erfahren, und ihrem Machtanspruch hatte er weichen müssen.

Müntzer gibt eine geschichtliche Erklärung des Schadens der Kirche und eine Deutung der Gegenwart. Den Schaden hat er erkannt durch das Lesen der alten Kirchenväter: nach dem Tode der Apostelschüler ist die Kirche zur Hure geworden, und zwar durch die Gelehrten und Pfaffen, »die da immer obenan sitzen wollen«. (KGA 494) In der ersten deutschen Fassung macht er die Gelehrten, in der zweiten deutschen Fassung die Pfaffen verantwortlich für den Schaden. Nicht zuletzt sei der Schaden auch dadurch entstanden, daß die Priesterwahl aus der Übung gekommen sei. Bei Euseb im 4. Buch habe er dies gelesen.

Der Kernsatz seiner Gegenwartsdeutung heißt: »Die Zeit der Ernte ist da! Darum hat mich Gott selber gemietet in seine Ernte. Ich habe meine Sichel scharf gemacht, denn meine Gedanken sind heftig auf die Wahrheit und meine Lippen, Haut, Hände, Haar, Seele, Leib, Leben vermaledeien die Ungläubigen.« (KGA 504) Hierin äußert sich zweifellos eine apokalyptische Tendenz, jedoch mit einer signifikanten Besonderheit: dieses Denken ist noch nicht auf Weltenende, Weltuntergang und Jüngstes Gericht abgestellt, sondern (zunächst jedenfalls) auf Reformation; denn der nächste Schlag, der da kommen soll, ist eine neue apostolische Kirche, und die soll in Böhmen beginnen! »Denn in eurem Lande wird die neue apostolische Kirche angehen, danach überall.« (KGA 504) Die weitere Entwicklung seines Denkens dürfte also wesentlich davon mitbestimmt werden, wie sich seine Gedanken über die »Zeit der Ernte« konkretisieren. Seinen »allerliebsten Böhmen« aber sagt er erst einmal, daß sie schon nächstes Jahr vom Türken erschlagen werden, wenn sie seine Worte nicht beherzigen und sich danach richten. Die aber zogen es vor, ihn zu verhaften und auszuweisen.

Zweimal innerhalb eines Jahres aus großen Städten ausgewiesen, das war hart. Wohin sollte er nun? Auf Wochen und Monate hinaus verwischen sich die Spuren. In Jena hatte er seine Sachen zur Aufbewahrung hinterlassen. Also wird er sich wohl dorthin gewandt haben. Auf dem Wege dorthin dürfte Elsterberg oder eine Ortschaft in der Nähe von Elsterberg eine seiner Stationen gewesen sein. Schon im Sommer 1520 hatte es ein Angebot von den Benediktinern auf dem Petersberg in Erfurt gegeben, zu ihnen zu kommen. Damals hatte er dieses Angebot nicht angenommen, aber der Rat hatte sich dafür eingesetzt, daß ihm diese Stelle freigehalten wurde. Aus dem Jahre 1521 ist ein nicht näher datiertes Schreiben von vier Mönchen von St. Peter in Erfurt erhalten, die ihm ein Einkommen von dreißig Gulden in Aussicht stellten, falls er zu ihnen käme. (KGA 378) In einem Brief an Melanchthon vom 27. März 1522 äußert er sich abfällig über Johannes Lang, den Freund Luthers und Vorsteher der Erfurter Augustiner; ein Anzeichen dafür, daß er zu dieser Zeit oder kurz vorher in Erfurt gewesen sein muß und also wahrscheinlich das Angebot der Benediktiner für einige Zeit genutzt hat. (KGA 379–382)

Für Juni–Juli 1522 ist ein Aufenthalt in Nordhausen nachgewiesen. Vorher hat er möglicherweise eine Reise nach Süddeutschland unternommen. In Nordhausen geriet er in Streit mit Lorenz Süße, dem lutherischen Pfarrer von St. Peter, den er später bezichtigte, Mordpläne gegen ihn geschmiedet zu haben. Im September bewarb er sich erfolglos um eine Stelle in Allenstein-Sooden.

Ende November, Anfang Dezember war er in Weimar und hatte ein Gespräch mit dem dortigen Hofprediger Wolfgang Stein. Eine kurze Notiz Spalatins darüber, wohl auf Grund von Berichten aus Weimar gefertigt, zeigt, daß Müntzer ganz und gar in der Linienführung des »Prager Manifestes« weiterdenkt und sich von den Wittenbergern distanziert. »Ha, lieber Gesell, ich schiß dir ein Werk in die Schrift, in das Evangelium und in Chri-

stus, wenn du nicht hättest die Kunst und Geist Gottes«
(KGA 565), soll er, der Diktion nach durchaus glaubhaft, gesagt
und übel geredet haben über Luther, Karlstadt, Melanchthon
und Lang.

Schon im März, vermutlich aus Erfurt, hatte er in einem Brief
an Melanchthon erstmals deutliche Kritik an den Wittenbergern
geübt. Zwar hatte er das Schreiben noch mit der Versicherung
begonnen, daß er ihre Theologie von ganzem Herzen umarme,
doch dann belehrte er sie sofort, wie sie es mit der Ehe halten
sollten. Daß »Eure Presbyter« Frauen nehmen, heißt er gut, weil
sie dadurch nicht mehr von den römischen Larven bedrängt
würden, aber man müsse doch erst wissen, ob die Auserwählten
oder die Verworfenen fortzupflanzen seien. »Zwei liegen in
einem Bett und verrichten ein Werk der Ergötzung.« Aber dies
gerade soll so nicht sein. »Gebraucht der Frauen, als ob ihr sie
nicht hättet. Tut die Pflicht nicht wie die Heiden, sondern im
Wissen darum, daß Gott es euch sagt, befiehlt, ermahnt, damit
ihr sicher weißt, wieviel von dem auserwählten Geschlecht gefordert wird, auf daß die Furcht Gottes und der Geist der Weisheit die bloße Lust verhindere, damit ihr nicht verschlungen werdet.« (KGA 381)

Daß die Wittenberger das papistische Opfer bei der Messe ab-
schaffen, lobt er, doch müsse dabei der apostolische Ritus einge-
halten werden. Und der erfordere es, daß man nur denen Brot
und Wein austeilt, die nachweislich den rechten Geist der Furcht
Gottes besitzen. Offensichtlich bewegt ihn das Problem, wie man
mit dem rechten Gottesdienst die rechte Kirche wiederherstellen
könne. In dem Zusammenhang schilt er Luther ignorant, weil
dieser den kleinen Kindern nicht wehre, was in dem gegebenen
Kontext doch wohl heißen soll, daß Luther fälschlicherweise die
Kinder zum Abendmahl zulasse. Ein Zeichen dafür, daß er im
gedanklichen Vorfeld des Anabaptismus zu operieren beginnt.

Und gleich im Anschluß an die Schelte gegen Luther wegen
der Kinder fährt es ihm mitten im lateinischen Text deutsch aus
der Feder: »Liebe Brüder, laßt euer mähren, es ist Zeit!« Und
dann weiter lateinisch: »Tut euch nicht zusammen mit den Verworfenen, sie verhindern, daß das Wort mit großer Kraft wirke.
Kriecht nicht vor euren Fürsten, ihr werdet sonst euren Untergang sehen, den der gebenedeite Gott abwendet.« (KGA 381)

So war das Jahr 1522, das ihn unstet von Ort zu Ort auf der Suche nach einem Wirkungsfeld und einer Bleibe umherirren sah,

in seiner geistigen Entwicklung dadurch gekennzeichnet, daß ihm die Entfremdung von der lutherischen Reformation bewußt wurde. Noch war freilich kein irreparabler Bruch eingetreten.

Im Dezember 1522 taucht seine Spur in Halle an der Saale auf. Zu Karlstadt, über den er sich wenige Wochen vorher abfällig geäußert hatte, will er wieder Verbindung aufnehmen, er hat ihn vermutlich in Wörlitz besucht. Und wieder einmal bot ihm ein Kloster Zuflucht über den Winter, diesmal das St. Georgskloster zu Glaucha bei Halle. Dort ergab sich jene wichtige Verbindung, die ihm ein neues Betätigungsfeld eröffnete.

KAPITEL 3

Offenbarlich Amt zu treiben,
ist einem Knecht Gottes gegeben

Jm zeitigen Frühjahr 1523 war die Not seines Vertrei-
bens zu Ende. Wenige Tage vor Ostern trat Thomas
Müntzer die Stelle als Pfarrer an der Neustädter St. Jo-
hanniskirche in Allstedt an. Eine wenige Monate zuvor ange-
knüpfte persönliche Beziehung zu einer Frau mit Verbindungen
nach Allstedt und Wittenberg und Einfluß hatte ihm dazu verholfen. Am Heiligabend 1522 hatte er im Kloster zu St. Georgen
in Halle Frau Felicitas von Selmenitz* das Abendmahl unter beiderlei Gestalt gereicht – der damals wichtigste symbolische Akt,
mit dem jemand öffentlich bezeugen konnte, daß er zur Reformation hielt und sich von der römischen Papstkirche abwenden
wollte. Felicitas war die Tochter des ehemaligen Amtmannes von
Allstedt Hans Mönch, der diesen Posten bis 1502 innehatte. Sein
Nachfolger in Allstedt war Wolff von Selmenitz. Dessen Frau
starb 1506 bei der Geburt des dritten Kindes. Ein Jahr später hei-
ratete Wolff von Selmenitz die damals achtzehnjährige Felicitas
Mönch. Kurfürst Friedrich der Weise bestritt die Kosten der
Hochzeit. Herzog Johann von Sachsen, Herzog Philipp von
Braunschweig und Graf Günther von Mansfeld bezeugten das
Beilager. Die Selmenitzens standen also hoch in Gunst, und ihr
Wort konnte einiges bewirken.

Von den engen Beziehungen zu dem kurfürstlichen Hofe
zeugt auch der Umstand, daß Friedrichs des Weisen Schwester
Margarete 1512 die Patenschaft über das dritte Kind von Felicitas
übernahm. Felicitas brachte sieben Kinder zur Welt, drei davon
überlebten. 1513 übersiedelte Wolff von Selmenitz nach Vitzen-
burg, 1516 schließlich nach Halle, wo ihn im Januar 1519 die
späte Rache der Söhne eines beleidigten Edelmannes ereilte.
Während einer Schlägerei auf dem Allstedter Schloß hatte der

---

* Karl Honemeyer: Müntzers Berufung nach Allstedt. In: Harz-Zeitschrift, 16. Jg.,
1964, s. 103–111.

Amtmann Selmenitz schlichtend eingegriffen, wobei ein Edelmann Tile Knebel verletzt worden war. Knebel sah in Selmenitz den Schuldigen, schwor Rache und gab noch auf dem Todeslager den Schwur an seine Söhne weiter. Sein Sohn Moritz löste den Schwur ein, lauerte am frühen Morgen des 9. Januar 1519 den von einem Gelage kommenden Wolff von Selmenitz auf und brachte ihn um. Selmenitz wurde in St. Georg in Halle begraben.

Die Bekanntschaft mit der 34jährigen Witwe Felicitas von Selmenitz erleichterte Müntzers Anstellung in Allstedt. Patronatsherr für die Allstedter Kirche war der Kurfürst, und eigentlich hätte die Anstellung eines neuen Pfarrherren in Allstedt seiner Zustimmung bedurft. Diese Zustimmung wurde nicht eingeholt, vielmehr verstand sich der Rat von Allstedt darauf, Müntzer zur Probe einzustellen. Möglicherweise war dies eine Vorsichtsmaßnahme, weil man sich nicht ganz sicher sein konnte, ob eine Zustimmung erfolgen würde. Wie dem auch sei, jedenfalls finden wir Müntzer seit Ostern 1523 in Allstedt.

Allstedt in der Goldenen Aue war eine kursächsische Exklave, umgeben von albertinischen und mansfeldischen Territorien. Verwaltet wurde das Amt Allstedt, zu dem neben der Stadt Allstedt noch zehn Dörfer gehörten (Einsdorf, Einzingen, Heygendorf, Mittelhausen, Rieht, Röblingen, Winkel, Wolferstedt und Schafsdorf), zusammen mit den thüringischen Besitzungen der Ernestiner von Weimar aus. Drei der Dörfer waren an die Herren von Kalb und von Geusau verliehen, so daß der Kurfürst dort nur die Oberlehnsherrschaft besaß; gleichwohl zählten diese Dörfer zum Amt Allstedt.

Die Stadt Allstedt war ein kleines Ackerbürgerstädtchen von durchaus ländlichem Zuschnitt, ohne nennenswerte Gewerbe oder weiterreichenden Handel und so ganz und gar nicht zu vergleichen mit Halle oder Braunschweig, Leipzig, Zwickau oder Prag, den Städten, die Müntzer bisher berührt hatte, auch nicht mit der Reichsstadt Nordhausen, am ehesten noch mit Jüterbog, wo er vier Jahre vorher seine ersten Sträuße für die Reformation durchfochten hatte. Ganze 107 steuerbare Haushalte zählte man 1521/22 in Allstedt. Eine Vermögenspyramide, von Manfred Straube* errechnet, zeigt eine starke soziale Differenzierung zwi-

---

* Manfred Straube: Die politischen, ökonomischen und sozialen Verhältnisse des Amtes Allstedt in der ersten Hälfte des 16. Jahrhunderts. In: Allstedt – Wirkungsstätte Thomas Müntzers. Ein Beitrag zum 450. Jahrestag des deutschen Bauernkrieges 1975, Hrsg. Rat der Stadt Allstedt, S. 28–44.

schen einer Handvoll reicher Bürger, die an die 600 Gulden an Vermögenswerten versteuerten, und einer leichten Basis minderbemittelter Bürger, die jeweils kaum ein Zehntel jenes Vermögens aufzuweisen hatten, mit dem die Reichsten aufwarten konnten. Zwischen dem Gros der Bürger und der hauchdünnen Spitzengruppe verteilten sich etwa 15 Haushalte auf der Vermögens- bzw. Steuerleiter. Die reichsten und wohlhabenderen Bürger saßen im Rat. Die zwanzig Jahre später angefertigten Türkensteuerregister zeigen kein wesentlich anderes Bild, nennen aber doch schon 132 Haushalte, von denen 91 Ackerland, Wiesen, Hopfen- und Weingärten besaßen, und geben Auskunft über den Viehbestand in der Stadt: 327 Rinder, 283 Schweine, 72 Kälber, 29 Fohlen. Etwa 40 % der Haushalte hatten nur Haus und Hof und keinen weiteren Grundbesitz. 34 weitere Haushalte galten als Hausgenossen und damit als vermögenslos. Insgesamt also bietet sich das Bild einer agrarisch bestimmten Siedlung mit einer ausgeprägten sozialen Differenzierung zwischen grundbesitzenden und landlosen Einwohnern.

Dies also war das neue Wirkungsfeld von Thomas Müntzer, das seinem gesamten Habitus nach eher zu geruhsamer Seelsorge einlud, als daß es zu revolutionären Aktionen Anlaß gab. Müntzer fand hier genau das, was er in den letzten Monaten entbehren mußte: Muße und ein festes Ein- bzw. Auskommen. Einem geistigen Reifen und der Abklärung all jener inneren Probleme, die in Müntzer – verfolgbar zumindest ab 1519 – aufgebrochen waren, konnte dies nur zuträglich sein. Wenn wir im folgenden sehen werden, daß Müntzer gerade jetzt in Allstedt literarisch unvergleichlich fruchtbarer als auf seinem bisherigen Lebensweg wird, so dürfte dies wohl in erster Linie eben diesem Umstand der vergleichsweisen Ruhe und Abgeschiedenheit zu danken sein und nicht etwa nachhaltigen neuen Eindrücken und Impulsen, die er gerade hier weniger als auf seinen früheren Stationen empfangen konnte. Es war vielmehr gerade die Summierung, Zusammenfassung und Abklärung angestauter Gedanken, Erwägungen und Probleme, was ihn weitertrieb und ihn zu einem Initiator neuen geistigen Lebens in diesem abgeschiedenen Winkel werden ließ. Nicht Allstedt beflügelte Müntzer, sondern im Gegenteil: es war Müntzer, der die brodelnde Bewegung der Reformation nach Allstedt brachte und diesem Ort binnen eines Jahres eine Bedeutung verlieh, die zwar nicht gerade an die Wittenbergs heranreichte, das die Blicke von halb

Europa auf sich zog, so aber doch zu einem regionalen Zentrum der Reformation in Nordthüringen wurde.

Was tut ein Pfarrer und Theologe, den es seit zwei Jahren ohne feste Anstellung von Ort zu Ort durch das Land getrieben hat und der nun endlich ein Zuhause und einen festen Posten hat? Er tut das, was er gelernt und wonach er sich all die Monate über gesehnt hat: er geht seinem Beruf nach, hält Gottesdienst und übt Seelsorge. Und wenn er auf seinen mehrfachen Berührungen mit Nonnenklöstern und Frauenstiften eine Jungfrau kennengelernt hat, die wie viele just in dieser Zeit der ersten großen Welle der Klosteraustritte des Nonnendaseins überdrüssig ist und die zu ihm halten will, dann heiratet er.

Kurz nach Ostern 1523 heiratete Thomas Müntzer die ehemalige Nonne Ottilie von Gersen, die ihm übers Jahr einen Sohn gebar. Nur der Name ist von ihr bekannt und daß sie eine Nonne war, sonst nichts. Getraut hat sie vermutlich Müntzers Amtskollege von der Wigberti-Kirche in Allstedt, Simon von Haferitz. Alldieweil die drei Jahre später erfolgte Heirat Martin Luthers mit der Nonne Katharina von Bora und das sich daraus ergebende Familienleben des Wittenberger Reformators immer wieder zur bevorzugten Darstellung der Eheproblematik im Reformationszeitalter wie auch zum Vor- und Urbild des evangelischen Pfarrhauses gemacht worden ist, wäre es freilich höchst reizvoll, die Familie Müntzer damit zu vergleichen, da sich bei dem Thema »Müntzer« ohnedies immer wieder mit innerer und äußerer Notwendigkeit Vergleiche zu Luther anbieten und aufdrängen. Doch wir haben keinerlei Quellen, die uns auch nur den mindesten Aufschluß über Charakter und Eigenarten von Frau Ottilie, ganz zu schweigen vom Familienleben der Müntzers geben. So müssen wir uns wohl oder übel mit dem Namen der Frau begnügen und mit dem bloßen Fakt, daß eine Eheschließung stattfand.

Desto reichlicher fließen statt dessen nunmehr die Quellen über das, was Müntzer beruflich in Allstedt unternahm: eine Reform des Gottesdienstes. Damit stoßen wir auf den personalen Kern seines Strebens und Trachtens. Schon rein umfangmäßig stellt seine literarische Produktion überwiegend liturgisches Schrifttum dar: Übersetzungen der Psalmen für das Stundengebet und die Messe, teils eigenständig übersetzt, in einigen wenigen Stücken eng an die frühe lutherische Übersetzung angelehnt; Cantica und Hymnen, Antiphonen, Responsorien und

Versikel für das Stundengebet; Anleitungen für die Messe mit Begründungen für den Aufbau und Erläuterungen des Sinngehaltes einzelner Stücke und liturgischer Schritte und als Krönung schlicht ein eigenes Missale, die Deutsch-Evangelische Messe, gestaltet als Singemesse mit Noten für den einstimmigen Choralgesang, eine Missa Cantata.

Mit dieser Reform legt Müntzer wie schon vor ihm die Wittenberger Hand an das Herzstück jeder Religion, an den Kult. Kult stiftet und symbolisiert religiöse Gemeinschaft. Sichtbare Gesten und hörbare Worte sollen mit Gott verbinden, ihn vergegenwärtigen und verlebendigen, beschwören, beeindrucken und herbeirufen, vielleicht sogar herbeizwingen oder aber – was nur scheinbar bescheidener, viel eher jedoch der Gipfel mystischer Unverfrorenheit ist – ihn sachte im Herzen der Kultgemeinde aufkeimen lassen.

Historisch ist christlicher Gottesdienst ein Derivat des jüdischen Tempelkultes von Jerusalem und der Gedächtnisfeiern der Jünger Jesu für ihren gekreuzigten Meister. Die lexikalische Masse dessen, was da gebetet und geflüstert, gesungen oder skandiert wird, stammt überwiegend aus dem alttestamentlichen Tempelkult. Es sind die Psalmen, die schon Jahrhunderte vor Jesus entstanden sind und von denen viele König David zugeschrieben werden, der etwa rund tausend Jahre vor Jesus regierte und Jerusalem eroberte. Der religiöse Grundgedanke des Jerusalemer Tempelkultes bestand in der Versöhnung des Volkes Israel mit seinem Gott Jahwe, dessen Name nicht ausgesprochen werden durfte, durch die Darbringung und Verbrennung von Tieropfern. Sein politischer Sinn bestand in der Zentralisierung der das Volksganze zusammenfassenden und repräsentierenden Kulthoheit, da es verboten war, an anderen Plätzen zu opfern.

Die Jünger- und Apostelgemeinde Jesu hatte im strengeren Sinne des Wortes noch keinen eigenen Kult. Es waren Juden, die mit Selbstverständlichkeit an Kult und Brauchtum ihres Volkes teilnahmen. Das erste Ritual, mit dem sie sich von ihrer Umgebung schieden, war die Taufe, übernommen von Johannes dem Täufer, dem unmittelbaren Vorläufer Jesu. Die Taufe war auch die einzige Kulthandlung älterer Tradition, die Jesus zusammen mit dem Befehl, alle Völker zu lehren, den Aposteln als Auftrag hinterlassen hatte. Dieser Taufbefehl und das Gebot, alle Völker zu lehren, mußte die Apostelgemeinde konsequenterweise schließlich aus dem Judentum herausführen, denn das Judentum kennt keine Missionierung anderer Völker oder Glaubens- bzw. Kultgemeinschaften, da die religiöse Qualität der Zugehörigkeit oder Nichtzugehörigkeit zu diesem auserwählten Volk mit der fleischlichen Herkunft aus dem Samen Abrahams gegeben ist und von Menschen anderen Fleisches nur in Ausnahmefällen qua Beschneidung erworben werden kann.

Das eigentlich neue Ritual, das Jesus in Anlehnung an das jüdische Passahmahl hinterlassen hatte, war das Brotbrechen und Weintrinken mit dem Bemerken, dieses sei sein Fleisch und sein Blut, und man solle dies zu seinem Gedenken tun. Also ein Gedächtnismahl. Doch der den Tempelkult tragende Opfergedanke war dabei nicht gänzlich verschwunden; er war durchaus präsent, nur eben in gewandelter Gestalt und in neuem Sinne: Jesus hatte das Abendmahl ja eingesetzt in dem Gedanken an seinen bevorstehenden Opfertod und hatte den Worten »Dieses ist der Kelch meines Blutes« noch hinzugefügt »des neuen und ewigen Bundes, das für euch und für viele vergossen wird zur Vergebung der Sünden«.

Aus der Frage, wie diese Jesusworte und die ganze Einsetzungsszene des Abendmahles zu verstehen, zu deuten, aufzufassen und auszulegen sei und was sich daraus für den Gottesdienst ergebe, kamen sowohl die Impulse für die allmähliche historische Ausgestaltung der katholischen Messe als auch dann anderthalbjahrtausend Jahre später Grundprobleme der Bemühungen um eine Reform des Gottesdienstes und schließlich neuer konfessioneller Zwist und Hader.

Ein eigener christlicher Kult bildete sich erst sehr allmählich heraus. Die ersten Zusammenkünfte der auf den Missionsreisen der Apostel entstandenen Gemeinden dienten der Anhörung der Predigten, gelegentlich begleitet von einem abschließenden gemeinsamen Mahl. Die Regelmäßigkeit der Zusammenkünfte, der gleichbleibende Grundkanon der Predigtaussagen wie auch die territoriale Ausbreitung und das quantitative Wachstum der Gemeinden begünstigten die Ritualisierung: wenn man sich immer wieder dasselbe sagt und stets des gleichen versichert, so daß man sich bald nichts (Neues) mehr zu sagen hat, dann wird Gedankenaustausch nur noch gemimt und in feststehenden Redewendungen zelebriert. Die Predigt wird umgeben mit allerlei Bei- und Rankenwerk von einleitenden Gebeten, Gebärden und Gesängen und unterstützt von Lesungen aus schriftlichen Mitteilungen über das, was als Botschaft überliefert wurde, anzuhören und zu befolgen und weiterzugeben ist. Je mehr die zeitliche Distanz von Ursprungsgeschehen und aktueller Zusammenkunft der Gläubigen zunimmt, desto mehr gewinnt das Beiwerk an Eigengewicht und Eigenleben, die Rede wird gebunden und dient mehr der Erbauung und der Vorbereitung auf das abschließende Mahl als der Propaganda eines längst feststehenden und keinesfalls mehr neu einzuführenden Glaubens.

Das traurigste Schicksal jedoch erleidet das Abendmahl. Es degeneriert von einer echten Speisung, die alle sättigt, zu einer symbolischen Ersatzhandlung auf dem Altar, die vom Priester vollzogen wird und an der durch vorherige Beichte besonders präparierte Gemeindemitglieder nur stückchen- und schlückchenweise teilhaben. Das Abendmahl wird zur Kommunion, geistige Nießung statt leiblichen Essens, nicht abends vollzogen, sondern sonntags vormittags. So wird die Messe geboren, die das ursprüngliche Geschehen rituell nachvollzieht, kultisch am Leben erhält und es zugleich in höhere Sphären entrückt.

Mit dem symbolischen Nachvollzug dessen, was Jesus mit seinen Aposteln bei der Einsetzung des Abendmahles tat, wird auch der uralte Opfergedanke neubelebt: der Wein, der da mit Wasser vermischt getrunken wird, sollte ja das Blut sein, das zur Vergebung der Sünden vergossen wird, ganz analog dem, wie die Tempelpriester von Jerusalem das Blut der Opfertiere auf die Erde gossen; denn auf das Blut kam es an, es war ja nach altorientalischer Auffassung der Sitz des Lebens, und eine sinnvolle Transformierung des »Auge um Auge, Zahn um Zahn« steckte in dieser heiligen Handlung des versöhnenden Blutvergießens.

Die Wiederbelebung des Opfergedankens und die volle Installierung der Messe ging einher mit einer kleinen sozialen Revolution innerhalb der Christengemeinden, die diese Gemeinden zur frühkatholischen Kirche machte: aus den Predigern, Vorsängern und Vorbetern, die sich bislang von ihrer eigenen Hände Arbeit ernährt hatten, wurden geweihte Priester, die sich voll auf die Vorbereitung, Durchführung und Nachbereitung der Kulthandlungen konzentrieren konnten und die von der Gemeinde und zunehmend auch von kirchlichem Besitz ernährt wurden. Gottesdienst war jetzt de facto vornehmlich *ihr* Tun und Werk und nicht mehr das der Gemeinde, die fortan mit der Hierarchisierung des Klerus in den Hintergrund trat und nur mehr die Kulisse für die Handlungen des Priesters vor und auf dem Altare bot.

Mit der Ausbreitung der Kirche in die nichtromanisierten Gebiete Europas, wo weder Volgare noch Latein zur Umgangssprache gehörten, trat ein weiterer Ent- und Verfremdungseffekt zwischen Altarkult und Gemeinde hinzu: das Latein als Kultsprache. Der Gottesdienst wurde nun vollends zum Mysterium, und das Priestertum geriet in verzweifelte Analogie zu Magie und Zauberei, zu eben jenen finsteren Mächten, die ein Jesus aus Nazareth ein für allemal hatte bannen und bändigen wollen.

Noch jede Bewegung zur Reformierung, zum Um- und Neubau von Kirche mußte über kurz oder lang, wenn sie nur einigermaßen tief greifen wollte, sich mit dem Wesen des Priestertums auseinandersetzen und von da aus schließlich mit Notwendigkeit sich auch der Frage zuwenden, ob der herkömmliche Gottesdienst so wie bisher beizubehalten sei oder ob daran etwas zu bessern und zu verändern wäre. Zwei Probleme und Forderungen traten dabei mit Selbstverständlichkeit immer wieder in den Vordergrund: erstens das der Sprache, in der der Gottesdienst zu vollziehen sei, und zum andern das der Vollkommunion für alle Teilnehmer am Gottesdienst, also die Forderung nach dem Laienkelch, d. h. das Verlangen der Gläubigen, genauso wie der Priester Wein aus dem Meßkelch zu trinken. Hygienisch ist die daraus erwachsende Praxis des Kelchreichens von Mund zu Mund freilich nicht, aber wenn man darauf versessen ist, mitzupriestern, spürt man wohl den Ekel nicht. Die Hussiten erhoben den Kelch zu ihrem Feldzeichen und setzten diese Praxis bei sich durch. Auch die deutsche Reformation beeilte sich, als sie praktisch wurde, die communio sub utraque einzuführen und zum ersten bleibenden Erkennungszeichen dafür zu machen, daß nun Reformation sei, und dies malatia francesca grassante! Doch Hygiene hin, Hygiene her, daß es damit ohnedies nicht sonderlich gut bestellt war, empfand damals keiner, wie ja auch noch niemand Infusorien durch ein Mikroskop beobachtet hatte.

Wider Erwarten, genauer gesagt wider heutige Vermutung, ließ sich die Reformation jedoch bei der Einführung der deutschen Sprache in den Gottesdienst mehr Zeit als bei der Darreichung des Laienkelches. Dieser Umstand verdient schon deshalb hervorgehoben zu werden, weil die Sprachleistung der Reformation und insbesondere Luthers und das Deutsch im Gottesdienst zusammen mit der Bibelverdeutschung gemeinhin – und durchaus nicht zu Unrecht – als eines der bedeutendsten Ergebnisse der Reformationszeit für die deutsche Geschichte gilt.

Das Sich-mehr-Zeit-lassen für die Einführung der deutschen Sprache in den Gottesdienst hat sowohl einen recht einfachen und praktischen als auch einen schwer greifbaren und unpraktischen Grund. Was beim Gottesdienst außer der Predigt sonst noch zu hören ist, besteht seinem lexikalischen Bestand nach, wie schon erwähnt, überwiegend aus den Psalmen. Wenn die deutsch dargeboten werden sollen, muß man sie übersetzen; und das braucht Zeit. Den Laienkelch zu reichen erforderte hingegen keine besondere Vorbereitung, es sei denn, daß eine Flasche Wein und ein Krug Wasser mehr bereitzustellen waren. Der andere und kompliziertere Grund hängt wohl damit zusammen, daß bei allen lauten Worten doch eine stille Scheu bestand, Hand anzulegen an die (dem Priester) nun einmal vertrauten und heiligen Texte.

Es war schon ein Unterschied, ob man sich einen Psalm zu Übungs-, Lehr- oder Erbauungszwecken verdeutschte und es dabei beließ oder ob man dann auch noch mit frecher Stirn deutsch vor dem Altare psallierte. Gottesdienst deutsch? Ob's dann noch so hilft? Es soll in deutschen Reichsstädten während der Reformationszeit vorgekommen sein, daß völlig unerwartet nach der Ankündigung, morgen werde zum letzten Mal Messe nach dem alten Ritus gehalten, die Kirche bis auf den letzten Platz voll war und die Besucher nicht fassen konnte. Rituale und Liturgien sind ihrer Natur nach konservativ; sie werden ja dazu geschaffen, weil etwas Bestand haben soll, oder sie stellen sich fast wie von selbst ein, wenn eine Gemeinschaft nur lange genug besteht und sich über Zeiten hinweg als stabil und dauerhaft erweist. Sie werden ge- und vererbt und wirken als Kulturtradition in den Populationen nicht unähnlich dem wie Instinkte im Tierreich. Ihre Änderung mag zwar bloß als leichtes Gekräusel an der Oberfläche der Kultur erscheinen, indiziert aber Verschiebungen und Umschichtungen im Wert- und Normengefüge der Gesellschaft und der kollektiven Deutungen ihrer Situation. Änderungen dieser Art ergeben sich nicht mutwillig und im Spiel; sie brechen aus innerem Zwang hervor und kosten dem, der sie unternimmt, vorher und auch noch mittendrin Skrupel und Zweifel. Im Gang der Reformation ist dies deutlich genug zu spüren.

Schon 1519 und 1520 hatte Luther davon geschrieben, daß die deutsche Sprache für den Gottesdienst nicht schlechter sei als die lateinische, und hatte auch Erwägungen darüber angestellt, daß

jeder aus der Taufe gekrochene Christ qua Taufe schon Priester
sei und ihm folglich der Kelch beim Abendmahl nicht minder gebühre als dem geweihten Priester vor dem Altare. Doch mit der
praktischen Realisierung dieser Gedanken im Gottesdienst zögerte er und beeilte sich nicht, gemäß seiner wohlbegründeten
Devise, daß die Schwachen im Glauben erst zu unterrichten und
zu stärken seien und daß dies alles in evangelischer Freiheit zu
geschehen habe und keinesfalls zu einer neuen Gesetzlichkeit
führen dürfe, die ja die Menschen doch nur wieder zu Lippen-
diensten verleiten oder gar in falschen Sicherheiten verkommen
lassen könnte. Erst als er fern vom Schuß auf der Wartburg
weilte, faßten sich die Wittenberger ein Herz. Am 29. September
1521 nahm Philipp Melanchthon zusammen mit einigen Studenten in der Wittenberger Stadtkirche zum ersten Mal das Abendmahl in beiderlei Gestalt. Damit war der Bann gebrochen. In ra-
scher Folge und mit innerer Konsequenz strebten nunmehr die
Ereignisse dem zu, was bald als die Wittenberger Bewegung, die
Wittenberger Unruhen oder auch als der Bildersturm von Wittenberg bekannt wurde. Gabriel Zwilling, ein zungenfertiger
Deutschböhme und Augustinermönch, wetterte so emphatisch
gegen die Messe, daß die Augustiner sie bald ganz einstellten
und nicht mehr zelebrierten. Der Skandal war da. Kommissio-
nen wurden gebildet und arbeiteten Stellungnahmen, Gutachten
und Berichte aus. Zwischen Wittenberg und Torgau und Lochau,
wo der Kurfürst sich aufhielt, flogen die reitenden Boten mit Berichten und Stellungnahmen, Instruktionen, Hinweisen und Anleitungen hin und her.

Klar und präzise, weil regierungs- und lebenserfahren, erfaßte
der Kurfürst, was hier gespielt wurde: wenn die Messe fällt,
dann fallen auch die Einkünfte für die Pfaffen, denn die Pfründen sind fürs Messehalten gestiftet. Und wenn die Mönche sich
nicht eines Besseren besännen, dann würden Küche und Keller
bald leer sein, und das würde die aufmüpfigen Kutten schon zur
Räson bringen.

Doch die Räson des einmal eingeschlagenen Weges war eine
andere. Bevor Küche und Keller sich leerten, leerte sich das Kloster. Dreizehn Augustiner verließen das Schwarze Kloster und
suchten das Weite. Das Beispiel machte Schule. Dieser ersten
massenhaften Klosterflucht folgten bald weitere.

Die Initiative der Mönche stachelte die Studenten an, nunmehr die Messe in der Stadt gänzlich zum Erliegen zu bringen

und nicht nur in der kleinen hölzernen Mönchskapelle. Sie bedrohten die Meßdiener in der Stadtkirche mit blanken Messern. Luther verfolgte die Ereignisse von der Wartburg her mit gespannter Aufmerksamkeit, fand alles vortrefflich, schrieb Pamphlete zur rechten Begründung dessen, was da geschah, und eilte Anfang Dezember für wenige Tage selbst nach Wittenberg. Er dachte gar nicht ans Abwiegeln, sondern goß erst recht Öl ins Feuer mit dem Rat, die Kleinodien, Wertsachen und Gelder der Kirche in einen »gemeinen Kasten« zu tun und für den Gemeinnutz zu verwenden. Daraus erwuchs die berühmte Wittenberger Kastenordnung, ausgearbeitet von einer Kommission der Universität und des Rates der Stadt, Vorläufer und weiterhin auch Vorbild für Dutzende ähnlicher Kastenordnungen, die im Laufe der nächsten Monate und Jahre allenthalben zum Kernstück der sozialen Maßnahmen der Reformation wurden.

Die Messe jedoch wurde nicht eingestellt, wohl aber umgestaltet. Neben der Verabreichung des Abendmahles in beiderlei Gestalt bestanden die wichtigsten Neuerungen darin, daß die Einsetzungsworte nicht mehr leise und lateinisch, sondern laut und deutsch gesprochen wurden, daß die Elevation der geweihten Hostie unterblieb und daß der Meßpriester auf den feierlichen Ornat verzichtete und sein Geschäft im schlichten Bürgergewande verrichtete. Außer einigen deutschen Kirchengesängen blieb jedoch im übrigen alles beim alten. Deutsch und Latein wechselten einander bei diesem neuen Gottesdienste ab. Die einschneidendste Veränderung freilich, die mehr Staub aufwirbelte und die Gemüter stärker in Wallung brachte als die Einsetzungsworte Deutsch und die Unterlassung des Emporhebens der geweihten Hostie, erfolgte am Kirchengebäude: die Heiligenbilder und Statuen wurden entfernt; treibender Kopf dabei war Andreas Bodenstein von Karlstadt.

Aus dieser gerafften Skizze der Wittenberger Ereignisse von Herbst 1521 und Winter 1521/22 werden die Konsequenzen deutlich, die sich ergeben, wenn an der bestehenden gottesdienstlichen Ordnung gerüttelt und diese verändert oder aber die Messe ganz und gar abgeschafft wird: von der communio sub utraque, die in der Idee vom Priestertum aller Gläubigen begründet ist, führen die Fäden zu deutlich vernehmbaren und jedermann verständlichen, das heißt aber deutschen, Einsetzungsworten. Von beiden Topoj zusammen und letztlich aus der gleichen Begründung herrührend, stellt sich die Frage nach dem Verwendungszweck und der Verwaltungsart kirchlichen Vermögens und Einkommens. Die mit den deutschen Einsetzungsworten gegebene Verlebendigung des historischen Ursprungs des Abendmahles (und letztlich damit auch der ganzen Messe) im Willen Jesu läßt die ohnedies schon von der reformatorischen Lehre und Agitation diskreditierten Heiligenbilder und Statuen vollends unerträglich erscheinen. All dies muß die weltlichen Obrigkeiten auf den Plan gerufen haben, die per Landes- und Reichsrecht zu Schutz und Schirm der Kirche verpflichtet sind. Liturgiereform – Kastenordung – Bildersturm – Obrigkeit: dies ist ein klar erkennbarer Zusammenhang; verallgemeinert ergibt sich eine Interessenverflechtung von Gottesdienst, Eigentum und Macht. Mit der Veränderung des Gottesdienstes gerät also ein ganzes System gesellschaftlicher Beziehungen und Zusammenhänge in Schwingung und Bewegung.

Der Blick auf die Entstehungsgeschichte des christlichen Gottesdienstes generell und die kurze Referierung des Wittenberger Musters für die Verflechtungen von Gottesdienst und Gesellschaft speziell vermitteln uns die Dimensionen und Kriterien, um das zu beurteilen, historisch einzuordnen und in seinen Wirkungen zu erfassen, was Thomas Müntzer mit der Allstedter Liturgiereform frei- und in Bewegung setzte. Es wird sich auch zeigen, dies sei vorgreifend schon gesagt, daß sich das Geschehen in Allstedt – wenn auch zeitverzögert und mit lokalen Sonderheiten behaftet – durchaus nach der gleichen Logik entfaltet, von der die Wittenberger Bewegung vorangetrieben wurde, ohne sie im einzelnen direkt zu kopieren.

In den Ostertagen 1523 hielt Thomas Müntzer seine ersten Gottesdienste in Allstedt. Wir wissen nicht, ob diese ersten Gottesdienste schon ganz genau nach dem Schema abliefen, das er einige Monate später dann bei Widemar in Eilenburg unter dem Titel »Deutzsch kirchen ampt« veröffentlichte. Möglicherweise ist bei der Drucklegung der Texte einiges präzisiert, korrigiert und zu abschließender Gestalt gebracht worden, was bei den ersten praktischen Durchführungen noch nicht ganz so geklungen hat und zunächst als Provisorium oder Zwischenlösung ausprobiert wurde. Urteilen können wir nur an Hand der gedruckten Texte und uns dabei von der wohl berechtigten Annahme leiten lassen, daß sie im wesentlichen das tatsächliche gottesdienstliche Geschehen widerspiegeln und daß sie nicht der Eingebung des Augenblicks folgen, sondern das summieren und zusammenfassen, was ihm schon monatelang durch den Kopf gegangen ist und was er auf den vorausgegangenen Stationen seines Weges zumindest ansatzweise schon praktiziert hatte.

Was zuvörderst in die Augen springt, ist, daß es sich durchgängig um einen deutschen Text ohne jedwede lateinische Einschiebsel und nicht um eine Messe bzw. einen Abendmahlsgottesdienst handelt, was er als erstes drucken läßt, sondern um einen Auszug aus den Horen, dem Stundengebet; also mehr um Andacht, Gebet und Erbauung denn um Opferdienst und Gedächtnismahl. Dies besagt freilich nicht, daß er etwa keine Messe gehalten hätte, was gerade für Ostern schier undenkbar und höchst skandalös gewesen wäre. Es deutet aber darauf hin, daß es ihn nach öffentlicher Wirksamkeit drängte und er es eilig hatte, etwas im Druck ausgehen zu lassen – noch war ja bis dato nichts von ihm erschienen –, und daß dies mit den Horen eben leichter und schneller zu bewerkstelligen war als mit so einem komplizierten liturgischen Gebilde wie der Messe.

Gewichtiger als diese von der Tagespragmatik mitbegünstigte Entscheidung sind jedoch die treibenden theologisch-politischen Motive, die zu eben diesem Vorgehen führten. Sie werden erkennbar, wenn wir uns in den vollen Titel dieser ersten Schrift vertiefen. Und der lautet: »Deutsches Kirchenamt, verordnet, aufzuheben den hinterlistigen Deckel, unter welchem das Licht der Welt verhalten (verborgen) war, welches jetzt wiederum erscheint mit diesen Lobgesängen und Göttlichen Psalmen, die da erbauen die zunehmende Christenheit nach Gottes unwandelbarem Willen zum Untergang aller prächtigen Gebärde der Gottlosen.« (KGA 25)

Das ist in der Tat ein ganzes Programm, die zusammenfassende und weiterführende Formel dessen, was er mit dem (ja unveröffentlichten und wirkungslos gebliebenen) »Prager Manifest« schon anvisiert hatte. Die Gesamtschau, die dieser Programmatik zugrunde liegt, wird deutlich, wenn wir die einzelnen Bestimmungsstücke des Titels von hinten nach vorn lesen:

– der Untergang der Gottlosen steht bevor;
– er ist beschlossene Sache und vollzieht sich nach Gottes unwandelbarem Willen;
– die Christenheit nimmt zu;
– sie wird erbaut mit diesen Lobgesängen und Göttlichen Psalmen;

– in ihnen erscheint jetzt wieder das Licht der Welt;
– das Licht der Welt war verborgen unter einem hinterlistigen Deckel;
– dieser Deckel wird jetzt aufgehoben,
– und zwar durch das Deutsche Kirchenamt!

Es ist die Grundformel seiner theologischen Geschichtsschau und Gegenwartsdeutung. Sie nennt das Ziel (den Untergang der Gottlosen) und dessen Grund (den unwandelbaren Willen Gottes); deutet die reformatorische Gegenwart mit ihrer zunehmenden Christenheit als Zeichen für den Anfang vom Ende; eröffnet mit der Erbauung durch Lobgesänge den Weg zum Ziel und will das Licht wieder scheinen lassen, das diesen Weg erleuchten soll; und sie bezeichnet den Schritt, der getan werden muß, um auf diesen rechten Weg einzuschwenken, nämlich in einem Deutschen Kirchenamt die Psalmen deutsch zu hören.

So himmelweit verschieden von dem, wie ein Luther sich in den ersten Jahren der Reformation den Gang der Dinge dachte, ist dies in dieser allgemeinen Gestalt nicht. Der Teufel steckt im Detail, vor allem in der Frage nach dem Ziel: was verbirgt sich unter dem Untergang der Gottlosen, was ist darunter zu verstehen, und wie ist das gemeint? Der Weg scheint weithin der gleiche zu sein, zumindest vereinbar oder kompatibel. Doch wenn sich die Ziele klären und als unvereinbar erweisen, werden sich auch die Wege trennen, und beim Wegestreit allein wird es nicht bleiben. Und was die Schritte für die rechte Wegfindung oder das vornehmliche Mittel für die Erbauung (lies: das Wachstum) der Christenheit betrifft, so ergibt sich eine geradezu verblüffende, aber in ihrer Logik einsichtige und das Wesen der Sache erhellende Duplizität des Beginnens: auch Luthers allererste im Druck erschienene Schrift war ja nichts anderes gewesen als die Übersetzung einiger Psalmen, und zwar ausgerechnet der sieben Bußpsalmen – sein erster großer Bucherfolg. Und nicht ganz müßig dürfte in diesem Zusammenhang die Erinnerung daran sein, daß Luthers erste Vorlesung ja den Psalmen galt, daß er eben aus der täglichen Übung mit dem Stundengebet (was Priesterpflicht war und Mönchsobliegenheit obendrein) auf diesen Stoff gestoßen war und daß er eben an, in und mit diesem Stoff sich an seine reformatorischen Durchbruchserlebnisse heranarbeitete. Die Psalmen scheinen für ein priesterliches Gemüt in der Tat voller Sprengstoff zu stecken.

Die Brisanz der Psalmen für ein priesterlich Gemüt steckt in der Art und Weise, wie sie den Menschen vor Gott hinstellen: als einzelner, allein auf sich gestellt und ganz ohne Mittler tritt der Psalmist vor seinen Gott, klagt und fleht und schreit um Hilfe. Das dem Kultversessenen Verdächtige daran ist, daß der Psalmist sich damit eine Stellung vindiziert, die sonst eigentlich nur dem bestallten Priester gebührt. Mit anderen Worten: hier verfließen die Grenzen zwischen Priester und Laien. Im Psalmisten werden Priester wie Laie zurückgeführt auf das, was sie vor Gott sind: Menschen ohne Unterschied von Rang und Namen. Hierarchien gelten da nicht.

Und eben um die Beseitigung der Barrieren zwischen Priester und Volk geht es Thomas Müntzer in der Allstedter Gottesdienstreform. Eine kräftige Brise von erzketzerischem Hussitismus und alttestamentlichem Geist der Auserwähltheit eines ganzen Volkes weht in diese Gedankenwelt hinein. Am Stundengebet setzt Müntzer an. Er verkürzt es, verdeutscht es und macht es aus einem Winkelgeflüster zu einem öffentlichen Wechselgespräch zwischen Priester und Gemeinde.

Das Stundengebet der Priester der römischen Kirche, selbstverständlich in Latein zu halten, war in einem jahrhundertelangen liturgischen Schaffen gewachsen und ausgereift. Generationen von Bischöfen, Äbten und Päpsten hatten daran gearbeitet, gefeilt und gebessert; sie hatten die Psalmen für die hohen Festtage, die Tage der Märtyrer und Heiligen der gesamten Kirche und die Lokalheiligen der Distrikte und Sprengel wie auch für die gemeinen Werktage ausgewählt und festgelegt, Hymnen dazugedichtet und die Cantica des Alten und des Neuen Testaments mit eingebaut; den Psalmen eine Antiphon vorangesetzt, um mit ihnen den Ton anzugeben, nach dem zu singen bzw. zu psallieren war; kleine Verszeilen ausgesucht, die als Responsorien zu wiederholen waren und sich im Kloster vortrefflich für Wechselgesang oder Wechselgebet zwischen Vorbeter und Beterkreis eigneten; kleine Verse oder auch nur Zeilen bestimmt, die als Versikel den einen Psalm oder die eine Psalmengruppe abschlossen und von den nachfolgenden Stücken schieden; und nicht zuletzt hatten sie Kapitel aus der Heiligen Schrift ausgewählt, die zu lesen waren und das besondere Gedenken des jeweiligen Tages untermauern sollten. So wie der Stoff über das ganze Kirchenjahr verteilt war, verteilte er sich auch geordnet über die Stunden des Tages. Neun Gebetszeiten waren über die 24 Stunden des Tages verteilt. Tagsüber, beginnend um sechs Uhr, die nach römischer Rechnung als die erste Stunde des Tages galt, folgte alle drei Stunden eine Gebetszeit: um sechs die Prim, um neun die Terz, um zwölf die Sext, nachmittags um drei die Non und abends gegen sechs, wenn der Abendstern sich zeigt, die Vesper. Vor der Prim, mitunter auch nach ihr – je nach Gelegenheit –, stand noch die Laudes, das große Morgenlob, und abgeschlossen wurde der Tageslauf mit der Complet. Die umfangreichste, volle neun Psalmen umfassende Gebetszeit fiel mitten in die Nacht, die Matutin oder Mette. Mönche wurden dazu mit einer Klingel vom Stroh gescheucht, Weltgeistlichen hingegen war es vergönnt – oder sie erlaubten es sich selber –, die Mette vorzuziehen oder nachzuholen, je nach Skrupulosität oder Schneid. Eine Gehirnwäsche sondersgleichen; fragt sich nur, woher der Priester da noch Zeit hernehmen sollte für alle anderen Verrichtungen des Tages. Einem Luther war just um dieselbe Zeit, da Müntzer sich an sein »Deutsches Kirchenamt« machte, die Lust an diesem Lippendienst vergangen, und er gab die Horen ein für allemal auf. Ob Müntzer sie bis dato noch für sich selber und in der Stille gepflogen hat, wissen wir nicht. Da er jedoch immer wieder mit Klöstern zu tun hatte und die Horen zum ersten Gegenstand seiner liturgischen Anstrengungen machte, liegt der Schluß nahe, daß er sie nicht nur von Berufs wegen – wie namentlich im Kloster – anwenden und pflegen mußte, sondern daß sie ihm zu einem Quell der Inspiration geworden waren, den er jetzt für seine neue Gemeinde und darüber hinaus generell für den weiteren Gang der Reformation erschließen wollte.

Müntzer strich das Kirchenjahr rigoros zusammen. Er beseitigte alle Offizien für die Heiligen, die Märtyrer, die Jungfrauen und die Lehrer der Kirche und beließ nur die Offizien oder »Ämter« für Advent, Weihnachten, Passion, Ostern und Pfingsten, also für alle die hohen Feste, die unmittelbar den Glauben an die Inkarnation und an das Heilswerk Jesu Christi betreffen. Damit verwirklichte er ein Grundanliegen der Reformation.

Ähnlich verfuhr er mit den Gebetszeiten des Tages. Er beließ nur Matutin, Laudes und Vesper. An den hohen Festen wurden sie seit langem schon als öffentliche Andachten begangen; die übrigen Zeiten waren den Laien von der römischen Kirche ohnedies nie zugemutet worden, schließlich wollten und mußten diese ja arbeiten. Auch Müntzer mutete dies niemand zu. Doch eine Zumutung hatte er zwischen den Texten: daß die Offizien nicht nur für den jeweiligen Festtag, sondern für den ganzen betreffenden Festkreis gelten, nach Möglichkeit nicht nur sonntags, sondern öfter gehalten werden sollten. Die zarten Pfaffen müssen dem armen Volke zugute ihre Köpfe nicht sparen. »Sollten sie also faulenzen und allein am Sonntag eine Predigt tun und die ganze Woche über Junker sein? Nein, nicht also!« – begehrt Müntzer in der »Vorrede«. (KGA 164)

Die schon im Titel des »Deutschen Kirchenamtes« gegebene Grundformel seiner Geschichtsschau ergänzt und konkretisiert Müntzer in der Vorrede mit wichtigen Stücken. Hatte er in Jüterbog 1519 noch davon gesprochen, daß das Evangelium seit vierhundert Jahren unter der Bank gelegen und daß noch viele ihren Hals hinrecken müßten, um es wieder an den Tag zu bringen, so sind seine Vorstellungen darüber, wann die Zeit der Verderbnis eingetreten ist, beträchtlich erweitert und nehmen die gesamte Kirchengeschichte in den Blick. Bei Hegesipp und Eusebius hat er es gelesen, »daß die heilige Braut Christi eine Jungfrau geblieben ist bis nach dem Tode der Apostelschüler und darnach alsobalde zu einer unzüchtigen Ehebrecherin worden. In solchen klaren und dergleichen Geschichtsbüchern ist nicht alleine zu merken, sondern zu greifen, wie die Christenheit geschickt gewesen ist, als unsere Eltern vor sechshundert Jahren zum Glauben gekommen sind. Die frommen, gutherzigen Väter, die unser Land bekehrt haben, taten, was sie nach Gelegenheit der Leute wußten. Sie waren welsche und französische Mönche. Zur Besserung war ihre Ankunft zu dulden, denn es ist wohl leichtlich zu betrachten, daß sie Lateinisch gesungen haben, darum daß die deutsche Sprache ganz und gar ungemustert war und daß die Leute zur Einigkeit gehalten wurden, denn auf dasmal fiel ganz Asia ab.« (KGA 161/162)

Hier haben wir die klassische Ausprägung der Deszendenztheorie vor uns, die die Verderbnis der Kirche schon kurz nach der Apostelzeit eintreten läßt und die nicht erst in der Reformationszeit – in ihr jedoch durchgängig –, sondern schon lange vorher das Denken der Gebildeten als heimlicher Verdacht oder aber auch schon als kaum noch zu verheimlichende Gewißheit bedrängt hatte. Zugleich bietet Müntzer in eben dem Zusammenhang eine im wesentlichen durchaus zutreffende Aussage zur Erklärung dessen, warum der Gottesdienst bei den deutschen Stämmen lateinisch eingeführt wurde. Doch dabei muß es ja nicht bleiben. Und zur Begründung dafür, daß auch in Sachen Gottesdienst Besserung möglich sei, führt Müntzer eine ganz rationalistische und frühaufklärerische Meinung ein: »Daß aber solche Ankunft nicht gebessert sollt werden, sollte wohl ein wunderlich Spiel sein; denn aller vernünftiger Wandel der Menschen sich von Tag zu Tag gedenkt höcher zu bessern, und Gott sollt so ohnmächtig sein, daß er sein Werk nicht sollte darüber hervorer bringen. Es wird sich nicht länger leiden, daß man den lateinischen Worten will eine Kraft zuschreiben, wie die Zauberer tun, und das arme Volk viel ungelehrter lassen aus der Kirchen gehen denn hinein ... Darum hab ich zur Besserung nach der Deutschen Art und Musterung jedoch in unverrücklicher Geheim des Heiligen Geists verdolmetscht die Psalmen, mehr nach dem Sinne denn nach den Worten. Es ist eine unflätige Sache, Männlein gegen Männlein zu mahlen, nachdem wir zum Geist noch zur Zeit viel Musterns bedürfen, bis daß wir entgröbet werden von unserer angenommenen Weise.« (KGA 162)

Das »entgröbet« in der letzten Zeile des Zitats ist ein Schlüsselwort Müntzers. Es entstammt dem Sprachschatz und der Vorstellungswelt der Mystik, ein Pendant zu Läuterung und Erbarmung, Erbauung nicht im Sinne beschaulicher Meditation, sondern in der wortschärferen Fassung von Aufbau und Erstellung. Was da aufgebaut werden soll und erstellt, ist nicht weniger als Glauben und Gewissen. Sie sollen durch Gesänge und Psalmen weggerissen werden von den Larven der Kirche und zum Wort Gottes, in der Bibel verfaßt, gezogen werden »und nicht so grob und unverständig wie ein Hackeblock bleiben«. Was von Menschen gesetzt ist, davon mag ein jeglicher zunehmen oder abnehmen, aber nicht, was Gott gesetzt und befohlen hat. Ein jeder mag von einem Fest so viel singen, wie es ihm gutdünkt, »allein daß die Psalmen den armen Laien wohl vorgesungen und gelesen werden. Denn darin wird gar klärlich erkannt die Wirkung des Heiligen Geistes, wie man sich gegen Gott halten soll und zur Ankunft des rechten Christenglaubens kommen. Ja wie auch der Glaube soll bewährt sein mit viel Anfechtung, dies alles ist vom Heiligen Geist gar klärlich in den Psalmen verfasset.« (KGA 164)

Die »Deutsch-Evangelische Messe«, praktiziert im wesentlichen wohl schon zur gleichen Zeit wie die Ausarbeitung des »Deutschen Kirchenamts«, erschien etwas später im Druck, versehen mit der Jahreszahl 1524. Als Vorlage diente Müntzer, der ja in der Diözese Halberstadt zum Priester geweiht worden war, das Missale Halberstadiense. Wie schon beim »Deutschen Kirchen-

Deutſch Euangeliſch Meſſe ermant

Durch die Sophiſtiſchē pfaffen im latein zu groſſem
nachteyl des Chꝛiſten glaubens voz ein opffer
gehandelt/ vnd itzt voꝛoꝛdent in dieſer
ferlicßé zeyt zu entdecken den grewel
aller abgötterey durch ſolcße
mißbraucße der Weſſen
lange zeit getriben.

Thomas Müntzer

Allſtdt

W. D. XXIIIj.

Thomas Müntzer: »Deutsch Evangelisch Mesze«. Titelblatt der Flugschrift,
Allstedt 1524

amt«, so entwickelt er auch hier die Varianten für Advent, Weihnachten, Passion, Ostern und Pfingsten. Das Grundmuster legt er
an der Adventsmesse dar, die er das »Amt von der Menschwer-
dung Christi, unseres Heilands« nennt.

Wie seit eh und je, und wie man dies bis heute noch tut, nimmt
er den Eingang bzw. den Introitus mit Psalm 43, verzichtet jedoch darauf, die Verszeile »Introibo ald altare Dei, ad Deum qui
laetificat juventutem meam« als Antiphon voranzustellen. Er
setzt gleich ein mit seinen deutschen Worten für das »Judica me,
Deus, et discerne causam meam de gente non sancta, ab homine
iniquo et doloso erue me«, nämlich so: »O Gott, urteyl mich und
sunder mich ab von der gotlosen arth und erette mich von dem
hinterlistigen Schalcke«. (KGA 165) Bemerkenswert ist besonders
die Art seiner Übersetzung und Wortwahl, für die auch sonst
noch allerhand interessante Beispiele aufzuführen wären. Wir
wollen es aber bei diesem einen Beispiel belassen, weil es hinrei-
chend das belegt, was daran als beachtenswert aufzuzeigen ist:
er übersetzt nicht nur sinngemäß, wie jeder gute Dolmetscher,
und nicht unbedingt wortgetreu, sondern er wählt genau jene
Worte, die seine theologische Intention am schärfsten ausdrük-
ken, ja, die theologische Deutung und Aussageabsicht ist dem
Text gewissermaßen vorgeschaltet und überlagert ihn. Kenntlich
ist dies hier an der Übersetzung von »de gente non sancta«, wört-
lich »trenne meine Sache (oder unterscheide sie) von einem un-

heiligen Volk«. »Unheiliges Volk« ist ihm offensichtlich zu schal und nichtssagend, statt dessen sagt er klar das, worauf es ihm seit langem schon ankommt und worüber er sich bereits im »Prager Manifest« ausgelassen hatte: »sondere mich ab von der Gottlosen Art«, oder auch von der »gottlosen Art«.

Der Unterschied ist beträchtlich und geht in seiner Brisanz weit über das hinaus, was etwa ohne weiteres in der ja jederzeit unbestreitbaren Freiheit des Übersetzers gelegen hätte. Ein unheiliges Volk braucht ja ganz und gar nicht eo ipso schon ein gottloses Volk zu sein. Köstlich hingegen, was er aus dem »ungeraden und trügerischen Menschen« macht: einen »hinterlistigen Schalk«! Bissigkeit und Treffsicherheit der Volkssprache verbindet sich bei Müntzer mit der zupackenden Zurechtrückung des Textes und der Worte für die eigenen Zwecke.

Nach dem Introitus folgt sogleich das Confiteor als Beicht, doch arg zerzaust und ohne »kulpen«. Bekannt wird nur dem Vater, dem Sohne und dem Heiligen Geist, daß der Meßteilnehmer gesündigt hat, doch nicht mehr der allzeit reinen Jungfrau Maria, dem Erzengel Michael, auch nicht Johannes dem Täufer, den heiligen Aposteln Petrus und Paulus und allen Heiligen. Die alten Heiligen sind weg und ab und nicht mehr da. Und er bittet auch nicht diese Heiligen schlicht wie im alten Confiteor, für ihn zu Gott unserem Herrn zu beten. Statt dessen mahnt er »euch umstehenden auserwählten Freunden Gottes, helfen zu bitten für mich mit ganzem Herzen, Gemüt und Kräften«. (KGA 165) Und wofür sollen sie bitten? Nicht etwa um Vergebung der Sünden, sondern nicht mehr und nicht weniger darum, »daß die Geheim göttliches Bundes eröffnet werden …« Und wodurch sollen diese Geheimnisse des göttlichen Bundes eröffnet werden? »…durch meine Rede und durch euer Gehöre«. (KGA 166)

Es lohnt sich schon, sich einmal Müntzers Messe genau anzusehen und sich nicht nur auf die nichtliturgischen Schriften zu konzentrieren. Denn hier spricht er sich gerade an den Stellen, wo er vom überlieferten Text abweicht und nach eigenem Ermessen neue Texte schafft, im Grunde genommen klarer, weil weniger weitschweifig aus als in den anderen Schriften. Hier wird in dem, was er mit seinem Gemeindevolk zusammen gemeinsam zelebrierte, deutlich, was er eigentlich will, wie er sich und seine Gemeinde sieht und wo die Triebfedern seines Wirkens liegen.

Seine Gemeinde ist an die Stelle der alten Heiligen getreten, auch an die Stelle des Erzengels Michael, der Gottesmutter, Johannes des Täufers, der Apostel Petrus und Paulus. Seine Gemeinde sind die auserwählten Freunde Gottes, das auserwählte Volk. Seine Rede und das Zuhören seiner Gemeinde sind es, die die Geheimnisse des göttlichen Bundes eröffnen oder ergründen sollen. Von hier ist es nicht mehr weit zu dem schon implizierten und mitschwingenden Gedanken, daß diese Gemeinde über kurz oder lang diese Geheimnisse auch verwirklichen soll oder vielleicht selbst schon der Anfang eines neuen Bundes ist. Sie verkörpert das, was Ernst Werner schon zu Beginn der sechziger Jahre »kollektiven Messianismus« genannt hat.[*]

Verweilen wir noch einen Augenblick bei Müntzers »Confiteor«, genauer bei seiner Beicht. Sie ist außerordentlich erhellend und muß wohl auf konservative Gemüter, die nach jahrzehntelanger Übung die lateinische Messe gut im Ohr hatten, entlarvend geklungen haben wie eine haarsträubende Blasphemie.

Neben den schon genannten Bestimmungsstücken ist vor allem das erhellend, wie Müntzer die Sünde traktiert und wem er seine Verfehlungen rituell gesteht. Neben dem Vater, dem Sohne und dem Heiligen Geist (dem Tröster, wie er ihn durchaus herkömmlich apostrophiert) und unter Ausklammerung aller Heiligen bekennt er seine Verfehlungen ausdrücklich »vor allen Gottesfürchtigen«, worunter offensichtlich wiederum seine Gemeinde zu verstehen ist.

Das herkömmliche Confiteor läßt den Priester bekennen, daß er »viel gesündigt habe in Gedanken, Worten und Werken«, und läßt ihn dann (zusammen mit der Gemeinde) dreimal an die Brust schlagen: mea culpa, mea culpa, mea maxima culpa. Nichts von mea culpa bei Müntzer. So billig mag er es nicht. Bei ihm kommt es gewundener und hintergründiger heraus. Er bekennt, »daß ich elender Sünder mein Lebenlang wider deinen Willen (der durchs Gesetz erklärt wird) gehandelt habe, mit hinlässiger Zuversicht und mit ungeübtem Glauben und mit unbeflissener Liebe stattgegeben hab den Sünden, dieselbigen mit Begier, Worten und Werken nicht abgewandt durch Gottes Werk und Wort.« (KGA 166)

Und auf eben dieser Linie läßt er die Gemeinde (das gemeine Volk nennt er es) darauf sagen: »Gott sei dir gnädig, lehre dich

---

[*] Ernst Werner: Messianische Prophetie für eine zukünftige Klasse: Thomas Müntzer und die Revolution der Armen. In: Zeitschrift für Geschichtswissenschaft 1962, H. 3, S. 606 ff.

von Tag zu Tage alle seines Willens und Werks uns zugute wahrnehmen mit Tun und Lassen.« Das alles, was hier in seinem Confiteor oder in seiner Beichte über Sünde, Gemeinde, gemeines Volk und Priester gesagt ist und zum Klingen kommt, ist weder katholisch noch lutherisch; es ist schlicht müntzerisch – und nichts anderes sonst. Assoziationen zu mystischen und apokalyptischen Verständnissen einzelner Vokabeln, Schlüsselwörter und zur Gesamtschau auf die Situation des sündigen Menschen vor Gott stellen sich ein. Gleichwohl zeigt der gesamte Duktus des Gedankens ein derart unverwechselbar eigenes Gepräge und eine Eigenart, die als solche konstatiert und erfaßt sein will und die auch dann noch erhalten bleibt, wenn anzulegende geistesgeschichtliche Folien auf Analogien und Ähnlichkeiten hindeuten.

Demgegenüber folgen Kyrie, Gloria, Graduale und Epistel dem herkömmlichen Schema, mit einigen Straffungen und Raffungen zwar, wie beim Kyrie, das von einem neunfachen auf einen viermaligen Ruf reduziert wird, doch ohne sonderliche Provokation. Beim Credo freilich kann er nicht anders, als das Bekenntnis zur unam catholicam et evangelicam ecclesiam schlicht umzumodeln zu einem Ja zur »christlichen Kirche«, darin gemeinreformatorischem Trend folgend. Im übrigen jedoch übersetzt er das Nicaeanum gewissenhaft, wobei ihm eine bemerkenswerte Verdeutschung von Symbolum gelingt. Er nennt es in der dem Meßtext nachgeschickten »Ordnung und Berechnung des Deutschen Amtes zu Allstedt« sinnigerweise das »zusammengetragene Übereinkommen aller Hauptartikel des Glaubens«. (KGA 210)

An der Stelle freilich, wo es um die Inkarnation geht, rutscht ihm ein kleiner Schlenker in die Übersetzung, der aufhorchen läßt und den wir uns merken sollten für alle die Fälle, wo in seinen künftigen Schriften die Rede sein wird vom »Christförmigwerden« der Menschen. »Qui propter nos homines et propter nostram salutem descendit de caelis et incarnatus est de Spiritu Sancto ex Maria Virgine et homo factus est« übersetzt er mit: »Der um unsertwillen und von unsers Heiles wegen ist abgestiegen vom Himmel und ist vermenschet von dem Heiligen Geiste. Aus Maria der Jungfrau ist ein Mensch geboren.« Incarnatus als vermenschet und homo factus est mit »ist er Mensch geboren« – diese Übesetzung nuanciert den nicänischen Wortlaut. Laut Nicaeanum hat der Heilige Geist den Sohn nicht »vermenschet«, sondern inkarniert aus Maria, also »ins Fleisch gebracht«. Und er wurde auch nicht aus Maria als Mensch geboren, sondern inkarniert. Was das Menschsein des Sohnes betrifft, so wird es nicht mit einer »Geburt aus Maria« verbunden, sondern davon eindeutig abgesetzt mit einem »homo factus est«. Was das Geborensein des Sohnes betrifft, so wird dies ausdrücklich auf die Beziehung zum Vater beschränkt, wie Müntzer ja auch wenige Zeilen vorher das »Et ex Patre natum ante omnia saecula« gut übersetzt mit »und vom Vater geboren vor aller Welt«; noch genauer freilich hätte es heißen müssen »aus dem Vater geboren«, weil ja die Konzilsväter von Nicaea ausdrücklich die Geburt aus dem Vater absetzen wollten von dem Geschehen der Inkarnation aus Maria.

Läuft vom Introitus, abgesehen vom anschließenden Confiteor, über Kyrie bis Credo, Predigt und Benedictus alles gut, so runzeln sich die Brauen doch schnell wieder, wenn er uns über die Präfatio mit dem Sanctus zur Wandlung führt. Da stockt unwillkürlich der Atem; denn nun kommt er an das Herzstück dessen, wofür er überhaupt zum Priester geweiht wurde. Daß er auf ein Offertorium vor der Präfation verzichtet, also darauf, das, was er jetzt am Altare bereiten will, expressis verbis dem Herrn zu dedizieren und als Opfer darzubieten und dafür die Geneigtheit zum Empfang zu erflehen, mag ja noch hingehen, zumal die strictu verbo aufgefaßte Einsetzungssituation den Opfergedanken nicht unwiderleglich verpflichtend macht.

Doch wenn er nach der Wandlung, die er Termung nennt, vielleicht um sich von dem Gedanken der Transsubstantiation abzusetzen, bei der Communio darauf verzichtet, den Kommunikanten die Worte sprechen zu lassen »Non sum dignus ut intres sub tectum meum, sed verbo dic solo et anima mea sanabitur« – weder in Lateinisch noch auf deutsch etwa »ich bin nicht würdig, daß du eingehest unter mein Dach, sondern sprich nur ein Wort (genauer: sprich nur mit einem Wort), so wird meine Seele gesund«, dann wird vollends klar, was sich bisher schon als Verdacht aufdrängen mußte: es kommt ihm gar nicht in den Sinn, daß einer aus seiner Gemeinde nicht würdig sein könnte, am Sakrament der Eucharistie teilzuhaben. Uralte Vorstellungen von kultischer Reinheit als Vorbedingung für den Sakramentsempfang fallen dahin, sind aufgehoben und nichtig oder aber zumindest in den Folgerungen mystischer Prämissen und ihnen beigelagerter Gedanken von einer besonderen religiösen Qualität der auserwählten Gottesfreunde so umgeformt, daß sie in den bisher praktizierten Formen nicht mehr greifen.

Hier tut sich in der Tat eine bestechende liturgische Logik auf, sofern wir uns darauf einlassen, in Liturgik Logik zu fühlen; das sollten wir aber, weil wir sonst zwar gut und gerne unsere eigenen heutigen Vorstellungen in den Müntzer des 16. Jahrhunderts hineinprojizieren können, wohl dann aber kaum noch nachzuempfinden vermögen, was ihn – und diejenigen, die er beeindruckt hat – damals motivierte und zu einem Handeln veranlaßte, das sich liturgisch aussprach und sich eben von dort her stärkte für all das, was sonst noch in der Welt zu tun war. Würdigkeit oder Nichtwürdigkeit des Sakramentempfangs war offensichtlich seiner Intention zufolge gar kein Problem oder aber auf eine von den herkömmlichen Begriffen so verschiedene Ebene verlagert, daß sie sich in eine nicht mehr sichtbar zu machende Esoterik verflüchtigten.

Des Pudels Kern liegt in der Verpriesterung der Gemeinde. Die Gemeinde ist es ja, der er beichtet, und die Gemeinde ist es auch, die mit ihm zusammen die Geheimnisse des göttlichen Bundes eröffnen und ergründen soll. Das am meisten demonstrierbare und allen sonstigen Imponderabilien zum Trotz eben doch vor Augen zu führende, mit Händen zu greifende und mit der Zunge zu schmeckende Geheimnis des Glaubens (das aber muß – nach allem zu urteilen – für Müntzer identisch gewesen sein mit dem Geheimnis des Bundes Gottes) ist das Abendmahl, die communio sub utraque oder die Eucharistie. Wenn es Auftrag, Befugnis und Amt der Gemeinde ist, gemeinsam mit dem Priester die Geheimnisse des göttlichen Bundes zu eröffnen und zu ergründen, dann ist sie es wohl auch zusammen mit dem Priester, die das Brot und den Wein zum Abendmahl macht – und sich eben dadurch als »christförmig« erweist; eine Vokabel und eine Blickrichtung, die bei Müntzer immer wieder auftaucht und hinsichtlich seiner Anthropologie wie auch seiner Vorstellungen über den Weg zum Ziel sein caeterum censeo ausmacht.

Müntzers Abendmahl in der Messe ist kein Opfer; es ist auch keine transsubstantiatio im Sinne der römischen Kirche (die zum Opfer dazugehört, sofern man sich nicht auf die lutherische Version von der Realpräsenz zurückzieht). Sie ist viel verwegener und unverfrorener als die vergleichsweise harmlose römische oder lutherische Messe. Sie betet Gott in Gestalt von Brot und Wein nicht nur an; sie beschwört und zitiert ihn herbei, mehr noch: sie ist nahe daran, ihn aus ihrem eigenem Geiste entstehen zu lassen und zu erschaffen. Die unio mystica, ins Sakrament gebracht von auserwählten Gottesfreunden und ihrem Priester, der sich selbst mit klaren Worten als Knecht Gottes bezeichnet, zieht Gott und Mensch in eins und bringt die Grenzen zwischen Schöpfer und Geschöpf ins Flimmern.

Nicht Tausende oder noch mehr Meilen weg von hier solle man sich Gott denken, sondern Himmel und Erde seien »voll, voll« von ihm, beteuert Müntzer mehr als einmal; und das reduplizierte »voll, voll« gehört in ganz vergleichbarer Weise signifikant zum Sprachschatz Müntzers und seiner Stilmittel wie das »solo und allein« zu Luthers Rede, Meinung und Willen.

Daß Müntzer gerade bei der Wandlung und beim Abendmahl voll in seinem Elemente ist und daß ihn da der Pegasus des Priesters reitet, zeigt das Überklicken deutscher Rede ins Latein mitten in den Sätzen, die das Tun und die Gesten des Priesters beschreiben, wie er sich drehen soll und wenden und die Hände hochheben: Elevando manu dicit … Vertens se minister, accipiens calicem coram vulgo dicit (da ist die Gemeinde der auserwählten Freunde Gottes bei Müntzer plötzlich wieder vulgus!) … Rursus vertens se ad altarem … (KGA 212) Dies sitzt fest als Formel und Latein in ihm, und das bricht gerade dann in der Rage wieder durch, wenn er sich strikt vorgenommen hat, die Messe nur noch deutsch zu liefern und gar nicht anders mehr. Die Elevation der Hostie, in Wittenberg anderthalb Jahre zuvor erst abgeschafft, dann wieder eingeführt und von Karlstadt als ganz schlimme Verfehlung so unnachgiebig abgelehnt, daß er deswegen Zwist und Hader mit Luther riskierte – diese Elevation also ist Müntzer gar kein Problem; er betätigt sie mit Selbstverständlichkeit: »Offenbarlich Amt zu treiben, ist einem Knecht Gottes gegeben, nicht unter dem Hütlein zu spielen, sondern zur Aufrichtung und Erbauung der ganzen Gemeinde, welche gespeiset wird durch den getreuen Schaffner, der da austeilet das Maß des Weizens in gelegener Zeit«, so kennzeichnet Müntzer im ersten Satz seiner »Ordnung und Berechnung des Deutschen Amtes zu Allstedt« die Aufgabe des Priesters bei der Messe. (KGA 208)

Mit der Messe die Welt verändern, das geht nicht, und das konnte und wollte auch Müntzer nicht. Doch was sich mit der Umformung und Verdeutschung der Messe wirklich ergab, war genau das, was Müntzer erstrebte und worauf er spätestens seit Zwickau hingearbeitet hatte: die Menschen aufrütteln, sie zu aufrechtem Gang emporreißen und ihnen das Bewußtsein zu geben, ein gerechtes, weil göttliches Werk zu verfechten – die zeitgemäße (und damals wohl allein mögliche) Form eines revolutionären Bewußtseins.

Dies korrespondierte mit der allgemeinen Entwicklung der reformatorischen Bewegung und zeitigte sehr bald seine Auswirkungen in Allstedt und der unmittelbaren Umgebung.

KAPITEL 4

Der Türke steht im eigenen Land

D er aufrechte Gang ist das Zeichen derer, die frei sind oder es sein wollen. Er gehört zu gesellschaftlichen Bewegungen wie das Fließen zum Fluß. Er muß nicht unbedingt revolutionär sein; auch die Konterrevolution kennt ihn und der Konservatismus nicht minder. Konservatismus, Revolution und Konterrevolution sind in solchen Umbruchszeiten, wie die Reformation eine war, stets mit präsent, zeitlich und örtlich koexistent und keineswegs immer schon auf den ersten Blick eindeutig voneinander zu unterscheiden. Der Zeitgenosse mußte sich zu dem einen oder anderen erst mausern, zumal Freiheit ja nicht Ungebundenheit meinte, sondern eine jeweils überlieferte oder neu zu bestimmende Summe von Rechten und Pflichten. »Freiheit« bedarf daher konkretisierender Attribute. Für die Reformationszeit lieferte das Evangelium dieses konkretisierende Attribut: »Evangelische Freiheit« hieß das von Martin Luther gefundene Schlagwort. Ein Wort zum Hebeln und Argumentieren, zum Fragen und Fordern, zum Disputieren und Infiltrieren, schließlich auch zum Schlagen, wenn die Zeit reif dazu war und es gar nicht mehr anders ging.

Daß dies eben, das Schlagen, die drohende Möglichkeit war, die mit der evangelischen Freiheit heraufzog, hatten die bewußt konservativen Kräfte als erste erfaßt. Der Machtinstinkt der römischen Kirchenhierarchie hatte mit dem Ketzerprozeß und dem Bann gegen Luther Warnzeichen und Barrieren gegen das evangelische Freiheitsdenken setzen und errichten wollen. Doch vergebens, die alten Mittel zogen nicht mehr. So verlegte sich Rom notgedrungen aufs Temporieren und Taktieren, ohne damit erfolgreicher zu sein als mit dem Bannfluch. Zwar hatte sich Kaiser Karl V. mit dem Wormser Edikt auf ihre Seite gestellt, doch da er keine Reichsexekutive befehligte und die Publizierung und Handhabung des Wormser Ediktes den Reichsständen oblag, blieb diesem Edikt ein durchschlagender Erfolg versagt, wenn auch das offene Eintreten für die Reformation fürderhin mit dem Risiko kaiserlicher Ungnade behaftet war.

Die deutschen Reichsstände betrübte diese Aussicht nicht allzusehr, zumal der junge Kaiser 1521 gleich nach dem Wormser Reichstag Deutschland wieder verlassen und sich um seine spanischen Angelegenheiten kümmern mußte, wo ein Aufstand ausgebrochen war, der seine Herrschaft zeitweise ernsthaft bedrohte. Und es war denn auch just in den zwei Jahren, die unmittelbar auf den Wormser Reichstag folgten, daß die Reformation ihren ersten steilen Aufschwung nahm und sich insbesondere in den Städten rasch ausbreitete. Die Wittenberger Unruhen waren in dem Zusammenhang ein erstes Signal dafür, daß die Reformation zwar noch nicht gerade zum Schlagen bereit war, aber doch schon gelegentlich zu Pochen anfing. Ein zweites und drohenderes Signal hatte im Herbst 1522 Franz von Sickingen mit seinem ritterschaftlichen Anhang gesetzt, als er dem Erzbischof Richard Greiffenklau von Trier die Fehde ansagte, Trier belagerte und einen »Pfaffenkrieg« entfesseln wollte. Das Unternehmen scheiterte; der Pfaffenkrieg kam nicht zustande; Sickingen blieb isoliert, wurde auf seiner Feste Landstuhl belagert und verlor dabei Leib und Leben. Dutzende Ritterburgen wurden erstürmt und in Schutt und Asche gelegt. Das war schon kein Wetterleuchten mehr, sondern ein richtiges Gewitter, allerdings regional und schichtenspezifisch begrenzt. Die Ritter, ärmlich, verschuldet und verbittert auf ihren Burgen hockend, gelegentlich auch wegelagernd, Kaufleute belästigend, Bauern plackend, waren für niemand ein begehrenswerter Bundesgenosse, für den es sich lohnte; mobilzumachen. Ihr Aufbegehren war der Statusprotest eines nicht mehr attraktiven feudalen Standes, der seine Schwierigkeiten hatte, sich der immer emsigeren Ware-Geld-Wirtschaft anzupassen, und dessen Mitglieder oft froh sein mußten, wenn sie in fürstliche Dienste treten durften und dabei zähneknirschend ihre einstige Unabhängigkeit dahinschwinden sahen. Sofern sie jedoch darauf verzichteten, Abenteuer auf eigene Faust zu unternehmen, und sich den Gegebenheiten der Territorialstaaten akkomodierten, konnten sie durchaus – ähnlich wie der landsässige oder schriftsässige Adel – die evangelische Freiheit nach ihrem eigenen Verständnis auslegen und der Reformation dienlich sein und nützen.

Während Sickingen noch auf seiner Feste Landstuhl Ausschau hielt nach dem Tun der Belagerer und die Schüsse zählte, die sie aus schwerem Geschütz gegen ihn taten, bemühte sich Chieregati, Nuntius des Papstes Hadrian, auf dem in Nürnberg in Abwesenheit des Kaisers tagendem Reichstag, Geld zu ergattern für einen Zug gegen die Türken; gleichzeitig suchte er die Reichsstände zu einem härteren Vorgehen im Sinne des Wormser Edikts zu veranlassen. Auftragsgemäß verlas er auch ein Schuldbekenntnis des Papstes, worin dieser zugab, daß in der Kirche in der Tat manches im argen liege, und den Willen bekundete, für Abhilfe zu sorgen.

Die Reichsstände beeindruckte dies nicht sonderlich. Was den Türkenzug betrifft, so hielten sie die Taschen zugeknöpft. Belgrad, das die Türken 1521 erobert hatten, lag ja weit weg, und bevor der Türke einmal gegen deutsches Gebiet vorrücken könnte, würde er ja noch auf die in Personalunion vereinigten Königreiche von Böhmen und Ungarn treffen müssen. Daß die Türken dann wenige Jahre später das vereinigte ungarisch-böhmische Heer 1526 in der Schlacht bei Mohacs bis auf den letzten Mann niedermachen würden, konnte damals noch keiner wissen. Und als es sich schließlich dann doch herumsprach, verblieb das Reich trotz alledem nach wie vor militärisch in jämmerlicher Tatenlosigkeit. Als die Türken 1529 Wien belagerten, mußte sich die Stadt aus eigenen Kräften ihrer Haut erwehren und die Türken zum Abzug zwingen, während das Reich die Aufrufe zum Türkenkrieg den Pamphletisten überließ und die Reichsstände statt dessen tiefsinnige Protestationen über die Freiheit für das Gotteswort debattierten.

Diese Politik des nicht Fisch und nicht Fleisch verfolgten sie auch in Sachen Wormser Edikt, das jegliches Eintreten für Luther und die Reformation verbot. Sie verstanden sich weder darauf, es eindeutig zu verwerfen noch endlich zu verwirklichen, sondern beließen alles in der Schwebe. Am 6. März 1523 erließ das Reichsregiment ein Mandat, demzufolge bis zu einem einzuberufenden Konzil in Religionsangelegenheiten keine Neuerungen eingeführt und der Verbreitung des Gotteswortes keine Hindernisse in den Weg gelegt werden sollten. Mochte dies ein jeder deuten, wie er wollte, so war dem Wormser Edikt doch die Spitze genommen, freilich ohne Sicherheiten dafür, daß es nicht doch in Anwendung kommen konnte. Ein Passus allerdings mußte bremsend auf das weitere Voranschwelen der Reformation wirken: Priestern, die sich verheirateten, wurde der Verlust kirchlicher Einkommen und Pfründen angedroht. Fürsten und andere Reichsstände, die der Reformation zuneigten, mußten darob jedoch nicht in Harnisch geraten. Sie konnten ja, wie sie es auch sonst in Angelegenheiten dieser Art taten, schlicht durch die Finger sehen und der Reformation – auch und gerade auf der Grundlage dieses Mandats – erst einmal Lauf lassen, solange es dabei nicht zu Gewalttaten und zu Landfriedensbruch kam. So ließ denn auch Friedrich der Weise von Sachsen das Mandat am 25. Mai 1523 in seinen Territorien veröffentlichen: ein kleiner Wink an seine Untertanen, die Dinge nicht auf die Spitze zu treiben.

Was von diesen größeren Zusammenhängen Müntzer zu Ohren gekommen ist und mit welcher Intensität, läßt sich im einzelnen .nicht mehr feststellen. Daß es um die Handhabung oder Nichtanwendung des Wormser Edikts ging und daß immer mal wieder vom Türken geredet wurde, war ihm sicherlich ebenso bekannt, wie ihm im Laufe des Sommers auch das Mandat des Reichsregiments vom 6. März bekannt wurde. Nichts deutet jedoch darauf hin, daß ihm die Sickingenfehde oder der »Pfaffenkrieg« irgendwie zum Problem geworden wäre. Er äußert sich nicht dazu. Statt dessen gibt es ein recht klares Indiz dafür, daß er sich im Sommer 1523, also etwa zu der Zeit, da seine Arbeiten an der Liturgiereform auf Hochtouren liefen und sich abzurunden begannen, gedanklich mit dem Problem des Aufruhrs zu beschäftigen begann und auch damit, wie schnell oder wie langsam eine Reformation sich vollziehen müsse. Unter dem 18. Juli läßt er »Einen ernsten Sendebrief an seine lieben Brüder zu Stolberg, unfüglichen Aufruhr zu meiden« ausgehen.

Ein konkreter Anlaß dazu ist nicht bekannt. Eingang und Schluß des Sendbriefes lassen jedoch die Vermutung zu, daß ihn wohl Nachrichten darüber erreicht hatten, daß sich in Stolberg eine gewisse Ungeduld darüber zeigte, wie es denn nun weitergehen solle. Möglicherweise war eine Stimmung dieser Art schon mitverursacht durch das Mandat vom 6. März. Doch auch unabhängig davon, ob sich ein konkretes Ereignis als Anlaß für die Abfassung des Sendbriefes an die Stolberger benennen läßt oder nicht, fällt doch auf, daß der Tenor dieses Schreibens sehr wohl korrespondiert mit der Frage »Warum das Evangelium so kleinen Fortgang habe«, die in den verschiedensten Varianten in der Flugschriftenliteratur damals diskutiert wurde. Diese Frage war situationslogisch unvermeidlich und zugleich situationserhellend zu einer Zeit, da »von oben« alles in der Schwebe gelassen und auf die Entscheidungen eines künftigen Konzils vertagt, zugleich aber die Reformation in vielen Städten mit der Einführung des Laienkelches und mit dem Erlaß von Kastenordnungen bereits so beachtliche Erfolge erzielt hatte, daß proreformatorische Kreise des Bürgertums geneigt waren, es dabei bewenden zu lassen und sich mit dem Erreichten zufrieden zu geben, andererseits aber Bauern und plebejische Schichten außer neuen Worten und Hoffnungen noch nichts Nennenswertes von der Reformation erhalten hatten. Erwartung, Hoffnung und erste Enttäuschung lagen eng beieinander. Die Problematik dieser Stimmungslage war geistig nur aufzulösen durch ein schärferes Nachdenken darüber, was die Reformation eigentlich sollte, welche Voraussetzungen für ihren Erfolg zu schaffen und welche Wege dazu zu beschreiten waren. Politisch und sozial waren diese Probleme auf längere Sicht nur dadurch zu lösen, daß jene Klassenkräfte, die bislang nicht von der Reformation profitieren konnten, ihre eigenen Forderungen artikulierten.

Daß und wie sehr dabei Konflikte mit der Obrigkeit zu bewältigen waren, hatte Müntzer in den letzten drei bis vier Jahren erfahren müssen. Er hatte aber auch genauso zur Kenntnis nehmen müssen, daß der alte Adam ein hartgesottener Bursche war und die Menschen von sich aus ganz und gar nicht dazu neigten, sich zu ändern und zu bessern und sich – so, wie er es verstand – den Werken Gottes zu öffnen. Darin aber sah er im Sommer 1523 die Hauptvoraussetzung für eine wirkliche Reformation. Dem diente seine Gottesdienstreform, und dies eben machte er zum Gegenstand seines Sendbriefes an die Stolberger.

»Es ist eine überschwängliche Torheit, daß viele der auserwählten Freunde Gottes meinen, Gott solls in der Christenheit eilende gut machen und ihnen geschwinde zu Hilfe kommen, so doch niemand sich darnach sehnet oder heftig ist, im Leiden und Ausharren arm im Geiste zu werden« (KGA 22), sagt er seinen Stolberger Freunden schon mit dem Eingangsgruß.

Was dann folgt, ist jedoch kein milder Aufruf zur Geduld und keine billige Beschwichtigung, eher ein zorniges Abkanzeln für Kleingläubigkeit und vor allem dafür, Gott vor den eigenen Karren der eigenen fleischlichen Lüste und Erwartungen zu spannen, statt sich selber zu ändern und gerade dadurch Gott die Möglichkeit zum Eingreifen zu geben.

Von der Grundidee her sind diese Gedanken genau konträr zu

dem angelegt, was für einen Martin Luther sieben, acht Jahre vorher die reformatorischen Durchbruchserlebnisse waren. Luther hatte sich ja redlich gemüht und regelrecht abgequält damit, sich zu ändern und zu bessern, sich Gott zuzuwenden und ihn zu lieben, sich zu ihm emporzuheben oder das Herz für ihn zu öffnen. Aber genau damit war er gescheitert und seines Lebens, seiner Sinne, seines Geistes und seines Glaubens erst wieder froh geworden, als er all diese Versuche, sich Gottes zu versichern, aufgab und als amor sui durchschaute, als verkappte Liebe zu sich selbst und als Mangel an Gottvertrauen.

Den Vorwurf des amor sui, der vorwiegenden Liebe zu sich selbst und des mangelnden Gottvertrauens erhebt auch Müntzer gegen seine Stolberger. Doch es folgt darauf nicht der schlichte lutherische Verweis auf den Glauben als freies Gnadengeschenk Gottes und alleinigen Rechtfertigungsgrund des Menschen vor Gott, vielmehr belehren harsche Aussagen darüber, welche Voraussetzungen der Mensch dafür zu erfüllen hat, damit ihn Gott regiere: »Wer die Armut seines Geistes nicht versucht, ist nicht wert, daß ihn Gott regiere; er ist nicht wert, daß ihn der Teufel oder die geringste Kreatur anfechte.« (KGA 22) Und weiter: »Dieweil aber sich die Auserwählten Gottes Werks in Achtung zu haben nicht unterwinden, ist es nicht möglich, daß Gott etwas darbei tun solle; und es ziemt sich der göttlichen, väterlichen Güte, daß sie den Tyrannen je mehr und mehr verhänge zu wüten ...« (KGA 23)

Man mag es drehen und wenden, wie man will, aber hier werden Gott Wirkungsbedingungen gezeigt, die im Menschen liegen. Daß die Tyrannen eine Zuchtrute Gottes sind, ist christlicher Gemeinplatz. Daß Gott jedoch nur dann etwas tun könne, wenn die Auserwählten auf seine Werke achten, das ist in dieser Nacktheit und Zuspitzung fast schon müntzerisches Sondergut. Was da im gedanklichen Hintergrund mitschwingt, tangiert nicht nur die Mystik; es berührt sich auch mit Pelagius und dessen Hochschätzung des freien Willens, wie es auch generell in die voraugustinische Zeit theologischen Denkens zurückweist. Vor allem aber – und darauf werden wir ganz besonders zu achten haben – weiß Müntzer seine Auffassung mit Bibelstellen zu belegen. Was seine ganz spezifische Auffassung vom Glauben betrifft, die er in dem Sendbrief an die Stolberger zum ersten Mal mit Klarheit ausspricht und der wir uns jetzt zuzuwenden haben, so scheint der zweite Korintherbrief des Paulus für ihn

Bildnis des Papstes Leo X.
Kohlezeichnung von Sebastiano
del Piombo, vor 1521

Verkündigung eines Ablasses   Holzschnitt von Jörg Breu d. Ä., um 1530

Luther als Junker Jörg   Gemälde von Lucas Cranach d. Ä., 1537

TOMAS MVNCER PREDIGER ZV ALSTET IN DVRINGEN.

Thomas Müntzer   Kupferstich von Christoffel von Sichem, 1608

Stolberg im Harz, Geburtsort Thomas Müntzers, mit seinen Fachwerkhäusern aus dem 15.–17. Jh.

An der Stelle des Fachwerkhauses stand das im 17. Jh. abgebrannte Geburtshaus Thomas Müntzers

Halberstädter Dom, in dem Thomas Müntzer mit großer Wahrscheinlichkeit zum Priester geweiht wurde

Katharinenkirche in Zwickau. Blick zu Kanzel und Altar

Jan Hus
In dem tschechischen Kir-
chenreformer sah Thomas
Müntzer das Vorbild eines
Gottesstreiters. Holzschnitt,
16. Jh.

Andreas Bodenstein, gen.
Karlstadt, der mit der von
ihm angestrebten
Umwandlung des Gottes-
dienstes einen Bildersturm
auslöste. Kupferstich, Ende
16. Jh.

Schloß Allstedt, in dem Thomas Müntzer im Juli 1524 seine berühmte »Fürstenpredigt« hielt

Im Rathaus von Allstedt fand die Eintragung der Mitglieder des »Allstedter Bundes« in die Bundesliste statt

Die apokalyptischen Reiter   Holzschnitt aus der »Apokalypse« von Albrecht Dürer, 1498

eine ähnliche Schlüsselrolle zu spielen wie der Römerbrief für Luther.

Die diesbezüglichen Kernsätze Müntzers lauten: Die Menschen »mögen auch nicht glauben, daß Gott mit fleißiger, emsiger Güte den Menschen selber lehre und ihm alles sagt, was ihm von Nöten ist. Derhalben gebrichts der ganzen Welt am Hauptstück der Seligkeit, welches ist der Glaube, daß wir uns nicht soviel Guts zu Gott versehen, daß er unser Schulmeister sein will. Mat. 23, Jacobi 3. Ach, des großen, hochverstockten Unglaubens, der sich mit dem toten Buchstaben behelfen will und leugnet den Finger, der in das Herz schreibt, 2. Cor. 3«. (KGA 23)

Fürwahr ein kühner und weitreichender Gedanke: Gott selber will unser Lehrmeister sein; er selber lehrt die Menschen und sagt ihnen alles, was vonnöten ist. Wenn das aber so ist, dann stellt sich freilich ganz von selbst der weitere Gedanke aus dem 2. Korintherbrief ein, daß nämlich der Buchstabe tötet und der Geist lebendig macht. Daß pechgesalbte Mönche und scheinheilige Buchstabengelehrte die toten Buchstaben fressen und sie unverdaut vor dem Volke wieder ausspeien, dies hatte ihn schon im »Prager Manifest« in Rage versetzt. Jetzt kommt er wieder darauf zurück, und es wird fortan keine Schrift mehr von ihm geben, wo diese Meinung nicht hervorbricht und seiner Argumentation Ziel und Richtung verleiht. Und wenn aber Gott selber unser Schulmeister ist, welche Rolle spielt dann die Bibel? Er wird dieser Frage nicht ausweichen, und wir werden darauf zu achten haben, wie er sie löst. Und wenn Gott der direkte Schulmeister ist, wie lehrt er dann, und wie können wir spüren, daß es Gottes. Finger ist, der sich da im Herzen rührt, und nicht irgendein anderer?

Ein erstes Bild davon, wie dies zugehen könnte, hat er im 93. Psalm gefunden, den er seinen Stolbergern auslegen wollte und den er eigens für sie hatte eigentlich noch einmal abdrucken wollen. Er unterließ dann aber doch den Abdruck dieses Psalms, weil die Stolberger, wie er ihnen im Schlußteil des Sendbriefes ganz unverblümt vorhält, ruhmredig sind und nichts studieren. Von gewaltigen Wasserfluten ist im 93. Psalm die Rede, von Fluten, die sich erheben mit Brausen und mit Tosen. Auf eben diese »Bulgen« (Wogen) mit ihren Wasserströmen soll der Mensch achten. Sie soll er wahrnehmen und sich ihnen stellen, ihnen nicht ausweichen: »Ein kluger Schiffsmann muß und kann die Bulge nicht meiden, sondern muß sie meisterlich brechen.« Diese Wasserströme fallen auf den Geist, der sich seiner Sache sicher wähnt, sie stürzen ihn in den Abgrund und reinigen die Seele für den Herrn, auf daß er da Wohnung nehmen könne. Darauf aber kommt es an, daß unsere Seele ein »Stuhl Gottes« ist. Ein Stuhl Gottes kann sie aber nur sein, wenn sie blank ist durch die Armut des Geistes, wenn sie frei ist von kreatürlicher Begierde. Wenn sie aber nicht eifert und in der Wahrheit zunimmt, so »wird unsere Seele nicht fertig, ein Stuhl Gottes zu sein, sondern der, der auf dem Stuhl der Pestilenz sitzt, soll den regieren, der sich von Gott nicht will regieren lassen«. (KGA 24)

Das ist freilich immer noch blanke Mystik mit einer kräftigen Beimischung von Pelagius; denn noch immer liegt es eben doch an der Seele selber, ob sie sich ereifert und wächst, sich Gott entgegenstreckt und sich von den Bulgen zu einem reinen Stuhle waschen läßt oder nicht.

Es geht bei alledem nicht nur um Müntzers Gottesbild; es geht genauso gut um sein Menschenbild, um seine Anthropologie. Und die steht ganz offensichtlich dem zeitgenössischen Humanismus, ja letztlich auch dem römischen Katholizismus beträchtlich näher als der Anthropologie Luthers. Wir wollen dies hier nicht in aller Breite ausdiskutieren, doch bietet es sich gerade im Zusammenhang mit dem Denkbild von der Seele als Stuhl Gottes und den prüfenden, reinigenden und klärenden Bulgen, Wogen und Wasserströmen an, zum Vergleich wenigstens kurz auf jenes Denkbild von Reittier und Reiter zu verweisen, daß Luther – freilich erst zwei Jahre später, diesen kleinen Anachronismus müssen wir dabei in Kauf nehmen – in der Auseinandersetzung mit Erasmus geprägt hat. Dieser Vergleich drängt sich spontan auf. Er verdeutlicht, wie unvereinbar ihre Grundauffassungen von Gott und Mensch letztlich auch dann sind, wenn sie scheinbar nur hautnah aneinander vorbeireden.

Luther vergleicht den Willen des Menschen (seine Seele, sein Herz) mit einem Reittier. Es gehorcht dem, der es reitet, sei dies nun Gott oder der Satan. Von sich aus kann der Mensch überhaupt nichts dazu tun, den rechten Weg zum Heil einzuschlagen. Seine eigene natürliche Vernunft ist prinzipiell von Anfang bis Ende schlicht eine Hure. Von der natürlichen Vernunft hält auch Müntzer nichts; schon in Jüterbog hatte er ja erklärt, daß alle natürlichen Vernunftsgründe vom Teufel seien. Daran hält er auch jetzt noch fest, und er verlangt ausdrücklich immer wieder, daß sich der Mensch aller kreatürlichen Begierden entkleiden müsse. Gleichwohl ist sein Denken darauf ausgerichtet, eine Pädagogik dafür zu erstellen, wie der Mensch sich für Gott aufschließen und ihm eine Wohnstatt im Herzen bereiten könne. Um es in dem von Luther gebrauchten Bilde zu sagen: bei Müntzer ist der Mensch nicht nur Reittier, sondern auch Reiter, wenn auch einer, der den Weg nicht von alleine findet. Bei Müntzer kann der Mensch selber mit darüber entscheiden, ob er von Gott regiert werden will oder vom Satan. Das ist nicht nur unlutherisch, das ist antilutherisch. Weggefährtschaft kann unter diesen Umständen nicht von langer Dauer sein, Gemeinsamkeiten sind da nur von konstellativer Natur im Rahmen einer Situationslogik, jederzeit aber gefährdet durch Gegensätze im Gott- und Menschenbild.

Wie sehr Müntzer gerade jetzt seinen auserwählten Gottesfreunden einzuhämmern versucht, selber dafür etwas zu tun, daß sie zum Stuhle Gottes werden, zeigt die Schlußschelte, mit der er seine Stolberger anfährt: »Ihr seid hinterlässig; wann ihr getrunken habt, sagt ihr viel von der Sache, wann ihr nüchtern seid, fürchtet ihr euch wie die Memmen. Darum bessert, allerliebsten Brüder, euer Leben. Hütet euch vor Schlemmerei, Luce 21, 1. Petri 5. Fliehet die Lüste mit ihren Liebhabern, 2. Timo. 3. Stellt euch kecker, dann ihr noch tan habt und schreibt mir, wie weit ihr mit eurem Pfunde habt gewuchert.« (KGA 24)

Mit seinem Pfunde wuchern, das wollte Müntzer selber gerne tun. Mit dem Pfunde wuchern, das hieß aber nicht zuletzt, Verbindungen schaffen, halten und pflegen, falschen Gerüchten entgegentreten und nötigenfalls auch Fronten klären oder sondieren. Schon eine reichliche Woche vor dem Sendbrief an die Stolberger hatte er an Luther geschrieben: eine Sondierung und der Versuch, trotz vorhandener und längst bewußt gewordener Animositäten die Dinge nicht auf die Spitze zu treiben, wohl mitverursacht durch die allgemeine Stimmungslage einer Unsicherheit darüber, wie es weitergehen sollte.

Der Brief beginnt mit einer handfesten Schmeichelei – als Vorspann für kaum verhüllte Vorwürfe und selbstbewußtes Eigenlob. Vor allem, so beteuert er dem »teuersten unter allen übrigen Vater«, wisse er nämlich ganz genau, »daß du nicht nur deine eigene Sache führst, sondern die aller Menschen«. (KGA 389) Auf den ersten Blick eine kaum noch zu überbietende Schmeichelei, oder …? Inzwischen kennen wir Denkweise und Stil von Müntzer so weit, daß wir lieber gleich ein Fragezeichen setzen wollen. Sich selbst bezeichnet er schon geraume Zeit als »Knecht Gottes«; im »Prager Manifest« zieht er gegen »pechgesalbte und geistscheinende Mönche« vom Leder. Wenn wir dies berücksichtigen, dann wird in dem Genauwissen, daß Luther »die Sache aller Menschen« führt, der verächtliche Unterton des nicht hingeschriebenen »und nicht die Sache Gottes« vernehmbar. Dies um so mehr, als er schon im nächsten Satz zu sprechen kommt auf den »pestilentissimum Egranum«, den ihm Luther empfohlen hatte. Müntzer jedoch habe durchschaut, daß sich dieser Rabe (Egran) mit falschen Federn schmückt und nicht zur Arche Noah gehört. »Du wolltest mich mit diesem ruhmsüchtigen Menschen zusammenbringen, daß dich die Feinde nicht haufenweise bedrängen; ich habe mich zum Ruhme des Namens Gottes als unbewegliche Mauer entgegengeworfen.« (KGA 389f.)

Es geht also nach wie vor um Zwickau und um die von dort herrührende Verstimmung. Deshalb wird entschieden beschwichtigt, daß er mit dem Aufruhr etwas zu tun habe. Im Gegenteil: während des Aufruhrs sei er im Bade gewesen, und wenn er es nicht verhindert hätte, dann wäre der ganze Rat noch vor Morgengrauen umgebracht worden. Und er distanziert sich auch von Markus (Stübner) und Niklaus (Storch). Er wisse nicht, was sie gesagt oder getrieben haben.

Müntzer hat sehr wohl erfaßt, daß Stübner und Storch ihm bei den Wittenbergern vor allem dadurch geschadet haben, daß sie dort von Träumen und Visionen, inneren Stimmen und Offenbarungen im direkten Umgang mit Gott gesprochen haben und daß ihn die Wittenberger damit in Verbindung bringen, wenn nicht gar haftbar machen. Deshalb beschwört er Luther, doch Gerüchten, die über ihn im Umlauf seien, keinen Glauben zu schenken, und er legt ganz gedrängt seine eigene Auffassung von den Offenbarungen sowie von Träumen und Visionen dar. Alle müssen Kenntnis haben vom göttlichen Willen. Aus dem Munde des lebendigen Gottes müssen wir belehrt werden, um sicher zu wissen, daß die Lehre Christi nicht von Menschen erfunden, sondern uns vom lebendigen Gotte geschenkt wurde. »Denn Christus selbst will uns als Richterkollegium seiner Lehre haben.« (KGA 390) Kein Sterblicher erkennt, ob die Lehre oder Christus Lügner oder wahr ist, wenn sein Wille nicht dem Gekreuzigten gleichförmig ist, wenn er nicht vorher die Höhen und Tiefen der Gewässer durchschritten hat, die sich über die Seele der Auserwählten ergießen. Man muß auch keinem glauben, der sich Christo rühmt, aber seinen Geist nicht hat. Und niemand ist Sohn Gottes, der nicht den ganzen Tag die Tötung des Lammes erleidet. Wer dies aber erleidet, wird endlich sicher, daß ihn keine Kreatur vom lebendigen Gott und dem wahrhaftigsten Zeugnis der Schriften abbringen kann. So weit, so keineswegs gut, doch immerhin noch erträglich. Bis hierher konnte Luther noch mit hochgezogenen Brauen lesen, ohne gleich ganz aus der Haut zu fahren. Doch dann muß es ihm wohl die Sprache verschlagen haben, als er weiter lesen mußte: »In dieser Gewißheit auf die göttliche Offenbarung vertrauend unterscheidet er das Werk Gottes und der bösen Geister; ihn laben die reinsten Bilder und höchsteigene Rätsel, aus dem Munde Gottes durchforscht er die tiefsten Geheimnisse.« (KGA 391) Damit hatte er es Luther schwarz auf weiß gegeben, daß an den Gerüchten über Müntzers eigenartige Offenbarungslehre mit ihrer Inklination zu Träumen und Gesichten und zum direkten Umgang mit Gott doch etwas Wahres dran war. Da half auch nicht mehr, daß er wenige Zeilen weiter versicherte, er nehme Ekstasen und Visionen nur dann an, wenn Gott ihn treibe, vielmehr glaube er den Eingebungen erst, wenn er das fertige Werk sehe ... Dies war jedoch mehr der Punkt auf das i als eine Bereinigung von eventuellen Mißverständnissen.

Luther fand dies alles unausstehlich. »Ich kann diesen Geist, wer er auch sei, ganz und gar nicht ertragen«, schrieb er am 3. August 1523 an Spalatin. (WA Br 3, Nr. 641, S. 119–121) Er habe den Schösser von Allstedt, der bei ihm war, ermahnt, sich den Geist des »Propheten Thomas« vom Leibe zu halten. »Er lobt meine Sachen (wie Thomas selber schreibt) und verdammt sie doch und verlangt nach etwas anderem und größerem. Ferner gibt er so absurde und unerhörte Worte und Reden außerhalb der Schrift von sich, daß du ihn für toll und voll (phreneticum aut ebrium) halten kannst. Uns geht er aus dem Wege und will mit uns nicht zusammenkommen, führt sich aber selber gleichwohl recht wunderlich auf.« (WA Br 3, S. 120) Er habe den Schösser gebeten, diesen Menschen (Müntzer) doch zu überreden, mit ihnen zusammenzutreffen und über seine Lehre zu reden, wisse aber nicht, ob etwas daraus wird. »Unser Geist ist nicht von der Art, die sich scheut, alle Geister zu hören, die guten wie die bösen, und etwas mit ihnen zu schaffen zu haben.«

Das war deutlich. Luthers Mißtrauen war nicht besänftigt, sondern im Gegenteil noch bestärkt worden. Einer schriftlichen Antwort würdigte er Müntzer nicht, sondern überließ die fernere Abwicklung der Dinge dem Dienstweg über den zuständigen Schösser.

Der jedoch stand zwischen zwei Feuern. Er konnte kein Interesse daran haben, die besondere Aufmerksamkeit der Obrigkeit – und mithin auch Wittenbergs, das ja in gewisser Weise zur obrigkeitlichen Sphäre gehörte – auf seinen Amtsbezirk zu lenken, wollte und konnte aber andererseits nicht von sich aus in Allstedt so in die Dinge eingreifen, daß damit fernerem Ungemach ein für allemal ein Riegel vorgeschoben wäre. Wie weit er selber unter den direkten geistigen Einfluß Müntzers geraten war, läßt sich nicht sagen. Immerhin muß er soviel Respekt vor der Persönlichkeit Müntzers gehabt und ihn für so bedeutend gehalten haben, daß er sich mit Luther über ihn beriet. Schließlich war es ja keine Kleinigkeit, daß nunmehr, seit Müntzer in der Stadt war, ein neuer Gottesdienst in Allstedt gehalten wurde, der von sich reden machte und Zuhörer aus der näheren und ferneren Umgebung herbeilockte.

Und eine weitere kleine Veränderung war eingetreten, die irgendwie zumindest den Ordnungssinn des Schössers, wenn auch nicht seine direkten Amtspflichten, berührte: den Nonnen, vermutlich den Zisterzienserinnen von Kloster Naunhofen unweit Allstedt, waren Zahlungen verweigert worden; ob mit oder ohne Zutun Müntzers, muß dahingestellt bleiben.

Eine Andeutung darüber erfahren wir aus einem Briefe Müntzers an Karlstadt vom 29. Juli 1523. »Seinem allerliebsten Bruder Andreas Karlstadt, Bauer in Wörlitz«, den er als »Bruder im Herrn« grüßte, schrieb Müntzer, man habe den Nonnen den Zensus herabgesetzt, um den Bettlern mehr zu geben. Müntzer hatte den Brief mit einem »Bruder Nikolaus« geschickt, den er »im Herrn« empfahl und den Karlstadt »in Sachen unserer Armut« beraten sollte. (KGA 393)

Es ist nur eine kurze Andeutung. Aber sie läßt doch den Schluß zu, daß man in Allstedt nunmehr – ganz ähnlich wie das für diese Zeit auch andernorts zu beobachten ist – erste Schritte zur Neuregelung der Armenversorgung unternahm und daß man zu diesem Zwecke die Klostereinkünfte schmälerte. Dies lag auf der Linie dessen, was mit der Wittenberger Kasten- und Beutelordnung erstmals in der Reformation beispielgebend ins Werk gesetzt worden war. Karlstadt hatte dabei entscheidend mitgewirkt. Verständlich daher, daß Müntzer sich in dieser Situation bei Karlstadt Rat holen und die alte Freundschaft auffrischen wollte, wie er denn auch gleich eingangs darüber klagte, daß Karlstadt nichts von sich hören ließe, und seinerseits versicherte: »Ich werde auf Deine Briefe immer antworten.« Karlstadt solle auch nicht darüber klagen, daß Briefe beschlagnahmt oder abgefangen würden; es sei ja der Herr, der »unsere Sache« führt. (KGA 393)

Diese Anspielung darauf, daß Briefe abgefangen würden oder abgefangen werden könnten, läßt etwas davon ahnen, daß sich Karlstadt wie Müntzer beobachtet fühlten; konspirative Stimmung scheint durchzuschimmern. Wir wollen uns aber davor hüten, diese Briefstelle zu strapazieren. Es kann ja durchaus auch so sein, daß Müntzer hier einfach einer Ausrede Karlstadts begegnete. Vielleicht hatte sich Müntzer vorher schon darüber beklagt, daß Karlstadt nicht schreibe oder auf Briefe nicht antworte. Sein »Ich werde auf Deine Briefe immer antworten« kann in dem Zusammenhang als Vorwurf an Karlstadt aufgefaßt werden.

Gegenüber Karlstadt kehrte Müntzer Vertrautheit und Kollegialität hervor, und so ließ er denn auch dessen so junges Weib (fünfzehnjährig war sie von dem alternden Professor zum Beilager geführt worden) grüßen und fügte gleich hinzu: »Ich halte mich in alter Strenge vor dem Herrn«.

Wollte Müntzer mit der »alten Strenge« andeuten, daß er noch zölibatär lebte? Dies ist nicht völlig ausgeschlossen, da die Datierung seiner Eheschließung mit kurz nach Ostern nicht absolut sicher ist. Da ihm aber Ostern 1524 ein Sohn geboren wurde, muß dieser im Sommer 1523 gezeugt worden sein, was eine Deutung der fraglichen Stelle als Hinweis auf ein zölibatäres Leben nahezu ausschließt. Es dürfte daher richtig sein, diese »alte Strenge« in eben dem Lichte seiner Auffassungen von der Ehe zu sehen, die er schon ein Jahr zuvor in dem Briefe an Melanchthon zum Ausdruck brachte, als er davon schrieb, daß der Mensch in der Ehe den Willen Gottes zu vollziehen, nicht aber fleischliche Lust zu suchen habe. Das stimmt auch damit überein, daß er die Gottlosen gelegentlich als »wollüstige Schweine« bezeichnete, daß er Lust für Sünde hielt und daß er Luthers ehemaligen Klosterbruder Johannes Lang in Erfurt im Sommer 1524 Vorhaltungen machte, weil dieser eine beträchtlich ältere Frau zum Weibe genommen hatte. (KGA 406)

Während Müntzer alte Kontakte erneuerte und Verbindungen

pflegte, an der deutschen Messe arbeitete, predigte und in aller Strenge den ehelichen Pflichten oblag, braute sich langsam ein Unwetter über seinem Haupte zusammen. Seine Predigten und Gottesdienste erhielten Zulauf auch aus den angrenzenden Gebieten, die Herzog Georg dem Bärtigen und dem Grafen Ernst von Mansfeld zuständig waren. Argwöhnisch hatte Ernst von Mansfeld den ganzen Sommer über das Treiben in Allstedt beobachtet und seine Untertanen mehrfach davor gewarnt, den Müntzerschen Gottesdienst in Allstedt zu besuchen, den er für ketzerisch hielt.

Gegen diesen Vorwurf mußte sich Müntzer zur Wehr setzen. Deshalb predigte er am Sonntag, dem 15. September öffentlich gegen den Mansfelder. Schalck und Schindfessel nannte er den Grafen und forderte ihn auf, mit den Ordinarien des Bistums nach Allstedt zu kommen und nachzuweisen, daß Müntzers Amt und Lehre ketzerisch seien.

Der Graf beschwerte sich beim Kurfürsten wegen ihm angetaner Schmach und Beleidigung. Der Kurfürst reagierte mit einem Befehl an Schösser und Rat zu Allstedt, die Dinge beizulegen. Müntzer wich einer Stellungnahme nicht aus. Er beschönigte nichts, entschuldigte sich nicht, nahm nichts zurück von dem, was er gesagt hatte, sondern zog voll vom Leder.

Am 22. September schon schrieb er einen Brief an Ernst von Mansfeld (KGA 393 f.), unterzeichnet mit »Thomas Müntzer, ein Verstörer der Ungläubigen«. Den Grafen will er »den Türken, Heiden und Juden, einen verrissenen unwitzigen Menschen schelten und ausschreien und aufs Papier klicken. Und ihr sollt wissen, daß ich in solchen mächtigen und rechten Sachen auch die ganze Welt nicht fürchte.« Der Graf wolle mehr denn Gott gefürchtet sein, Müntzer aber wolle auch das allergeringste, das er sage und singe, aus der Bibel beweisen. »Ich bin ein Knecht Gottes gleich so wohl wie ihr … Knackt nicht, der alte Rock reißt anders. Bringt ihr mich den Druckern in die Fäuste, will ich hundert mal tausend ärger mit euch umgehen denn der Luther mit dem Papst.« (KGA 394)

Mit etwas gesetzteren Worten, aber der Sache nach keinen Deut milder, rechtfertigte er sich gegenüber dem Kurfürsten in einem Brief vom 4. Oktober 1523 (KGA 395–397). Zu bedenken hatte er dabei nicht zuletzt, daß unter Umständen seine Anstellung in Allstedt auf dem Spiele stand, zumal der Kurfürst in einem Schreiben an Rat und Schösser die Frage eingeflochten hatte, wer denn den Müntzer überhaupt als Prediger angestellt habe. Das war eine ganz sachliche und durchaus berechtigte Frage, konnte und mußte wohl aber auch als leichte Warnung und Drohung verstanden werden, die Dinge nicht zu weit zu treiben. So beginnt denn Müntzer seine Darlegungen mit der wie beiläufig und ganz selbstverständlich hingeworfenen Bemerkung: »... nachdem mich der allmächtige Gott zum ernsten Prediger gemacht hat ...« (KGA 395)

Die Klage des Grafen von Mansfeld wies Müntzer als unberechtigt zurück. Der Graf hätte ihn erst dann beim Kurfürsten verklagen können, wenn er Müntzer zuvor widerlegt und überwunden hätte. Und dann sagte er seine Meinung darüber, was er von den Fürsten hielt und was ihnen bevorstünde, wenn sie ihren Pflichten nicht recht nachkämen: »Die Fürsten sind den Frommen nicht erschrecklich. Und wenn sich das wird vorwenden, so wird das Schwert ihnen genommen werden und wird dem inbrünstigen Volke gegeben werden zum Untergang der Gottlosen, Danielis 7, da wird das Kleinod, der Friede, aufgehoben werden von der Erden, Apocalipsis 6.« Und, um das Maß voll zu machen: »... der Heiland wird gnädiglich zerbrechen die Könige.« Unterschrieben mit »Thomas Müntzer von Stolberg, ein Knecht Gottes«. (KGA 395–397)

Das Schwert dem Volke geben, die Könige gnädiglich zerbrechen – und dies in einem Brief an seinen Landesherrn! Geschrieben in einer Situation obrigkeitlichen Temporisierens bei gleichzeitigen ersten konkreten Gegenaktionen gegen den müntzerischen Gottesdienst und gesagt einem Fürsten, der erklärtermaßen der Reformation den bisher stärksten Rückhalt gegeben hatte. Hatte er kein Gespür dafür, was man einem Fürsten zumuten kann und was nicht? Ein Gespür dieser Art mag er schon gehabt haben, aber sein ganzes Wesen und Denken war gerade durch die intensive Arbeit am neuen Gottesdienst in so hohem Maße durchdrungen von einem Sendungsbewußtsein, daß er einfach nicht mehr fähig war, in Sachen Gotteswort und Predigtamt zu taktieren, daß er gar nicht mehr anders konnte, als selbst hohen und höchsten Herren zu sagen, was er als Knecht Gottes seiner Meinung nach sagen mußte.

Zum ersten Mal wird in diesem Brief an den Kurfürsten auch gesagt, wie er sich den Untergang der Gottlosen denkt: mit dem Schwerte wird dies geschehen, und dieses Schwert wird in der Hand des inbrünstigen Volkes liegen. Das scheint sehr mit dem zu kontrastieren, was er ein Vierteljahr vorher noch den Stolbergern geschrieben hatte, als er sie dazu aufrief, »unfüglichen Aufruhr« zu meiden. Im Zusammenhang mit der Anspielung auf das Schwert in der Hand des Volkes bekommt jedoch das »unfüglich« in der Formel vom »unfüglichen Aufruhr« einen besonderen Klang. Ganz im Gegensatz zu Luther, der in seiner auf der Wartburg geschriebenen »Vermahnung an alle Christen, sich zu hüten vor Aufruhr und Empörung«, klar und unmißverständlich erklärt hatte, daß jeglicher Aufruhr vom Teufel und deshalb zu meiden und zu unterdrücken sei, wird in Müntzers Formel vom »unfüglichen Aufruhr« mitgedacht, daß es auch einen »füglichen Aufruhr« gibt, und zwar offensichtlich dann, wenn sich die Obrigkeiten dem Worte Gottes widersetzen. Das »doch am Volke zweifle ich nicht« des »Prager Manifestes« oder gar das »Doch am armen Volke zweifle ich nicht«, wie es in der deutschen Fassung dieses Manifestes heißt, bekommt hier schon einen drohenden Klang, da er jetzt das Volk nicht nur mit der Bibel in der Hand, sondern mit dem Schwerte in der Faust sieht. Eine Weggefährtenschaft mit Luther kam da nicht mehr in Frage. Im Gegenteil: jetzt mußte er ernsthaft darauf bedacht sein, das wahrzumachen, was er ringsum allen möglichen Adressaten wiederholt versichert hatte, nämlich seine Gedanken über den Glauben und wie dieser zu handhaben sei Punkt für Punkt aus der Bibel belegen. Noch war ja keine umfassende Schrift von ihm im Druck erschienen, die das geleistet hätte.

So wurde er durch die Auseinandersetzung mit dem Grafen Ernst von Mansfeld, aber auch durch die Aufmerksamkeit, die er beim kurfürstlichen Hofe hervorgerufen hatte, wie auch durch Fragen seiner Anhänger und nicht zuletzt die ihm mündlich vom Schösser Zeiß übermittelte Aufforderung Luthers zu einem Lehrgespräch oder zu einer Disputation und Unterredung über seine Lehre veranlaßt, eine Schrift über seinen Glauben zu verfassen. Er nannte sie »Protestation oder Entbietung Thomae Müntzers von Stolberg am Harz, Seelwarters zu Allstedt, seine Lehre betreffende und zum Anfang von dem rechten Christenglauben und der Taufe«. (KGA 225–240)

Mit dieser Schrift setzt er die Linie der Gedanken fort, die er in Kurzform und mit jeweils unterschiedlicher Akzentuierung in dem Brief an Luther, im Sendbrief an die Stolberger und in der »Berechnung des deutschen Amtes zu Allstedt« entworfen hatte, und bringt sie in ein System.

Thomas Müntzer: »Protestation odder empietung ...«
Titelblatt der Flugschrift vom Sommer 1524

Bemerkenswert ist diese Systematik vor allem dadurch, daß Müntzer in ihr historisch argumentiert und seine Lehre als Geschichtsschau darstellt. Was er in formelhafter Kürze im Titel seines »Deutschen Kirchenamtes« festgehalten hatte, wird hier breiter ausgeführt. Er will zeigen, woher das Verderben in der Christenheit kommt und wie dem abzuhelfen sei.

Das Verderben ist seiner Meinung nach dadurch hereingebrochen, daß man das Katechumenat abgeschafft und unverständige Kinder zur Taufe zugelassen hat. Besserung ist nur dadurch möglich und nur dann, wenn sich die Menschen nicht mehr auf Zeichen und Herkommen, auf Überlieferung und Brauchtum verlassen (dies alles ist nur ein »gedichteter Glaube«), sondern in ihrem ganzen Sinnen und Trachten christförmig werden. Die Menschen sollen nicht darauf vertrauen, daß Christus schon alles geleistet hat, was für das Heil zu leisten ist. Sie müssen im Gegenteil endlich erkennen, daß sie selber etwas tun müssen. Und das, was sie tun müssen, ist christförmig werden, das heißt eines

Thomas Müntzer: »Von dem getichten glaubê ...«
Titelblatt der Flugschrift, Eilenburg 1524

Geistes mit ihm werden. Nur dann, wenn wir mit Christus eins
im Geiste sind, kann Gott etwas mit uns anfangen. Diesen Glauben muß ein jeder im Leiden selber erfahren, und keiner kann
sich darauf verlassen, was er von anderen Leuten gehört hat. Das
Wort, an dem der rechte Glaube hängt, ist nicht hunderttausend
Meilen von den Menschen weg, »sondern sie sehen, wie es quillt
aus dem Abgrund ihres Herzens, werden gewahr, wie es abgeht
vom lebendigen Gotte ... Da glaubt der Mensch nicht darum,
daß ers von anderen Leuten gehört hat. Auch daß es die ganze
Welt annimmt oder verwirft, ist ihm gleich ... Aber seine inwen-
digen Augen haben lange, lange Zeit gewartet auf den Herrn
und auf seine Hände, das ist auf göttliche Werke ...« (KGA 237)

Ohne Luther direkt beim Namen zu nennen, attackiert er dessen Rechtfertigungslehre: »Des Ziels wird weit gefehlt, so man
predigt, der Glaub muß uns rechtfertig machen und nicht die
Werk. Ist eine unbescheidene Rede. Da wird der Natur nicht vor-
gehalten, wie der Mensch durch Gottes Werk zum Glauben

kommt, welchs er muß vor allen und über alle Ding warten. Anderst ist der Glaube nicht eines Pfifferlings wert und nach unser Wirkung zu Boden erlogen.« (KGA 235 f.)

Es geht also um die Kardinalfrage der Rechtfertigung. Es ist verblüffend, mit welcher Selbstverständlichkeit Müntzer hier das populärste, aber auch banalste Argument gegen Luthers Lehre von der Rechtfertigung allein aus dem Glauben artikuliert. Daß Luther den Glauben als ein Gnadengeschenk Gottes und nicht als Leistung des Menschen auffaßte, mußte ihm nach seiner Bekanntschaft mit Luther ebenso geläufig sein wie Luthers Erklärung, daß der rechte Glaube unweigerlich die rechten Werke hervorbringt. Aber Müntzer scheint dies nicht im geringsten beeindruckt zu haben. Mehr noch: hier wollte er nicht verstehen und konnte es auch nicht, weil er ganz andere Prämissen hatte. Diese entscheidende andere Prämisse war schon im vorigen Kapitel bei der Besprechung seines neuen Meßformulars deutlich geworden, wo wir ihn bei der Übersetzung des Nicaeanums beobachten und sehen konnten, daß er dem klaren Text zuwider die Inkarnation ohne Umschweife als Vermenschung nimmt. So ist ihm Christus nicht der gehorsame und siegende Gottessohn, der die Menschheit ein für allemal erlöst hat, sondern doch mehr das Beispiel dafür, wie ein Mensch sich mit Gott vereint und dadurch zum Vorbild für alle kommenden Generationen wird. War ihm Jesus nur ein anderer Moses?

Müntzer selbst muß es gespürt haben, daß sein ganzes Gedankengebäude steht und fällt mit dem Nachweis, daß der Opfertod Christi nicht schon die volle Erlösung war, sondern lediglich erst deren Beginn; ein Beginn, der von den Menschen aufgenommen, weitergeführt und auf Gottes Geheiß demnächst von den Auserwählten durch die Vernichtung der Gottlosen vollendet werden müsse. Er beeilte sich deshalb, dem Schösser Zeiß diesen Gedanken in einem Schreiben vom 2. Dezember 1523 noch einmal gesondert zu erläutern. (KGA 397 f.) Jesus habe den Ungehorsam des Fleisches, den Adam begangen habe, wieder wettgemacht. Aber das, was Jesus als das Ganze geleistet habe, müsse nun auch in den Teilen vollzogen werden. Müntzer faßt die Beziehung zwischen Jesus und den Auserwählten als das Verhältnis von Teil und Ganzem. Wie das Teil vom Ganzen her bestimmt und zu ihm hingezogen wird oder ihm entgegenstrebt – so etwa sein Denkmuster, das er nur andeutet, ohne es voll auszuführen –, so muß der einzelne christförmig werden, die fleischlichen Lüste und Bindung an das Kreatürliche in sich abtöten.

In einem Brief an Christoph Meinhard, den Schwager des Schössers Zeiß, vom 11. Dezember 1523 führte er diesen Gedanken weiter und spitzte ihn zu: »Christus ist nicht gekommen, daß er uns so erlöst hat, daß wir nicht sollten erleiden (durch Entsetzung all unserer Ergötzlichkeit) den Armut unseres Geistes. Es ist sein einziges Amt, daß die Armen sollen allein getröstet werden und die unversuchten dem Peiniger überantwortet. Denn wer da nicht gleichförmig wird dem Sohne Gottes, ist ein Mörder und Bösewicht ...« (KGA 399)

Damit schwenkte Müntzer eindeutig von der gemeinchristlichen Meinung ab, Christus habe ein Werk für alle Menschen vollbracht. Nur die Armen allein sind die Adressaten dieses Heilswerkes. Noch spricht Müntzer in dem Zusammenhang von der Armut des Geistes, und er wird dies auch nie aufgeben; doch wenn sich dies alles mit den konkreten Lebensproblemen in der Gemeinde der auserwählten Gottesfreunde verbindet, wie lange kann es da noch dauern, bis die Armut des Geistes auch politisch-konkret als soziale Armut gefaßt wird? Da er Armut des Geistes immer wieder verbindet mit der Abwendung vom kreatürlichen Wohlleben, hat sein Geist offensichtlich längst schon die Bahn eingeschlagen, auf der die Erfordernisse der praktischen reformatorischen Bewegung diese Erkenntnis dann als fällige Idee hervorbringen.

Müntzer hatte die »Protestation« als Neujahrsgruß für das Jahr 1524 verfaßt. Doch just zu dem Zeitpunkt, da die Arbeit an dieser Schrift schon abgeschlossen war, wurden ihm elf Fragen Spalatins zugestellt, die allesamt das Wesen des Glaubens betrafen. Die Wittenberger, die ohnehin schon mißtrauisch genug gegen Müntzer waren und im Zusammenhang mit den Querelen mit dem Grafen Ernst von Mansfeld veranlaßt worden waren, sich erneut mit Müntzer zu beschäftigen, wollten jetzt genau wissen:

1. was der wahre christliche Glaube sei;
2. wie der Glaube geboren wird;
3. woher man den Glauben erflehen und erfragen könne;
4. auf welche Weise der Glaube hereintreten könne;
5. auf welche Weise man den Glauben nützlich und heilsam lehren könne;
6. auf welche Weise man des Glaubens gewiß sei;
7. wie man seinen Glauben prüfen könne und müsse;

8. wer die wahren Gläubigen Christi seien;
9. in welchen Zeugnissen der Glaube geboren und verbreitet werde und wachse;
10. wie der Glaube in den Zeugen erhalten ist;
11. wie der Glaube selig macht. (KGA 569)

Die Fragen waren gut und gezielt. Wenn man sich an sie hielt, konnte man eine systematisierte Glaubenslehre zur Antwort geben. Mit der »Protestation« war Müntzer für diese Aufgabe schon gut gerüstet. So konnte er die Antwort schnell entwerfen. Er gab sie zu Druck unter dem Titel: »Von dem gedichteten Glauben, auf nächst Protestation ausgangen Thomas Müntzers Seelwärters zu Allstedt 1524.«(KGA 217–224)

»Der Christen Glaube ist eine Sicherung, aufs Wort und Zusage Christi sich zu verlassen« – so beginnt er die Antwort auf die erste und grundlegende Frage. Mit dieser Definition konnten die Wittenberger wohl zufrieden sein, und sie hätte gut und gerne auch von ihnen so formuliert werden können. Doch dann schwenkt er voll auf all das ein, was er bisher mehrfach schon in Sachen des Glaubens von sich gegeben hatte. »Soll nun jemand dies Wort fassen mit rechtschaffnem, ungedichteten Herzen, so muß sein Ohre zu hören gefegt sein vom Getön der Sorgen und Lüste.« (KGA 218) Gefegt sein vom Getön der Sorgen (und nicht nur der Lüste) – hier zielt der Gedanke von der Armut des Geistes schon sachte ab und auf die Armut des praktischen Lebens hin.

In den weiteren Punkten werden noch einmal die Gedanken aus der Protestation wiederholt. Dann aber kommt im zehnten und elften Punkt die fällige Begrifflichkeit zu dem Christus, den er meint, und zu dem falschen Christusbild, das seiner Meinung nach der Welt von den Wittenberger Reformatoren vorgegaukelt wird: dem »süßen Christus« und dem »bitteren Christus«. »Daß man einen süßen Christus der fleischlichen Welt predigt, ist das höchste Gift, das von Anbeginn den Schäflein Christi gegeben ist ... Wer den bittern Christum nicht will haben, wird sich am Honig totfressen.« Seine Reizbarkeit gegen Luthers Pochen auf die Bibel und das viele Reden vom barmherzigen Gott kann er nicht verbergen. Er spricht jetzt von der »ausgedichteten Barmherzigkeit Gottes« und davon, daß die Bibel »geschaffen ist, zu töten ... und nicht lebendig zu machen wie das lebendige Wort, das eine leere Seele hört«. (KGA 220)

Damit können wir nunmehr auch den Unterschied des Müntzerschen Gottesbildes von dem Luthers auf den Begriff bringen: Müntzer ist voll auf den zornigen Gott fixiert und findet von da nicht zum barmherzigen Gott, deshalb peitscht ihn auch der »bittere Christus« voran, und er findet keinen Trost beim »süßen Christus«, den er als »Honigmännlein« lästert. Um es in moderner Begrifflichkeit und ungeschminkt zu sagen: im Rahmen der Denkmöglichkeiten seiner Zeit durchschaut Müntzer die Herrschaftsfunktion der christlichen Religion. Im überlieferten Gottes- und Christusbild wittert er Betrug, und er verübelt es der Reformation, daß sie mit diesem Betrug nicht radikal gebrochen hat, sondern ihn mit etwas veränderter Terminologie nur noch raffinierter als bisher fortsetzt. Der Aufbau eines Gegenbildes hierzu ist schwierig. Auf die Bibel kann er dabei nicht verzichten und will es auch nicht. Aber gewichtiger als die Bibel ist ihm die lebendige Stimme Gottes und der Glaube, der von dieser lebendigen Stimme geweckt wird und nicht nur ein paar tote Buchstaben für sich hat.

Rein bibelwissenschaftlich ist er damit auf einer durchaus legitimen Spur. Er sucht nicht den Glauben, der nur aus der Bibel kommt und sich allein auf sie stützt; er sucht den Glauben, der vor der Bibel war und der ohne Vorbild die Bibel geschrieben hat. Was einem Luther gelegentlich entfuhr, daß nämlich das Evangelium ursprünglich »ein mündlich Geschrei« war, wird für Müntzer zum unaufgebbaren Vorverständnis jeglichen Herangehens an die Bibel. Aber eben diese Suche nach dem Glauben vor und über der Bibel (womöglich auch nach und trotz ihr) findet durchaus seine Rechtfertigung in der Bibel; denn sie berichtet ja weniger davon, wie sich Menschen durch das Lesen alter und heiliger Schriften zu Taten bewegen ließen, sondern tatsächlich weit mehr davon, wie Menschen vom Geist Gottes oder seiner Stimme ergriffen wurden und dadurch jene Taten vollbrachten oder Gedanken dachten, die als denkwürdige Begebenheit in der Bibel aufgezeichnet wurden. Nicht theologische Mißverständnisse oder bedauerliche Irrtümer trennen Luther und Müntzer (obwohl sich freilich auch Mißverständnisse oder Irrtümer nachrechnen ließen), sondern echte Antinomien in Gottesbild und Bibelexegese. Die Schwierigkeiten, Müntzers Art Theologie zu treiben, Bibel zu deuten und vom Glauben zu reden, als legitim anzuerkennen, rühren vornehmlich daher, daß die theologischen wie auch die säkulären Denkstrukturen, Vorverständnisse, Selbstverständlichkeiten und Denkgewohnheiten der Gegenwart von einem historischen Erbe gespeist werden, das sich gerade in der Reformationszeit antimüntzerisch konsolidierte.

Bibel hin, Bibel her: mit der Gottesdienstreform hatte Müntzer Dinge in Allstedt und Umgebung ins Rollen gebracht, die mit Exegesekünsten allein nicht zu meistern waren und praktisches Handeln erforderten. Die Zwistigkeiten mit dem Grafen Ernst von Mansfeld waren nicht ein für allemal beigelegt, der kurfürstliche Hof war nur notdürftig beschwichtigt, aber aufmerksam geblieben; neues Ungemach braute sich im Zusammenhang damit zusammen, daß man die Einkünfte der Nonnen von Naunhofen angetastet hatte, woraus sich eine Reibefläche ergab, die im Frühjahr 1524 schließlich zu einem Zwischenfall führte, der ein nicht mehr einzudämmendes Zerwürfnis mit der ernestinischen Regierung in Weimar heraufbeschwor.

Unbekannte Täter setzten am 24. März 1524 die unweit Allstedt gelegene Mallerbacher Kapelle in Brand, eine Feldklause, in der Nachbildungen menschlicher Gliedmaßen aus Wachs von der abergläubischen Praxis des Gesundbetens und anderen Wunderlichkeiten der Heiligenverehrung zeugten. Es liegt durchaus im Sinne der müntzerischen Predigten, diese Praktiken als Teufelswerk bloßzustellen. Der von der Äbtissin von Naunhofen bestellte Klausner sah sich so oft Drohungen und Beschimpfungen ausgesetzt, daß er die Klause schließlich verließ. Die Meinung ging um, in Mallerbach werde der Teufel unter dem Bilde Mariens verehrt. Die unbewachte Kapelle wurde von Plünderern heimgesucht, verschiedene Gegenstände wurden entwendet, bis es schließlich zu der erwähnten Brandstiftung kam.

Ganz offensichtlich handelte es sich dabei um einen kriminellen Akt, und die Obrigkeit mußte einschreiten. Schösser Zeiß bekam Order, die Schuldigen ausfindig zu machen und einer Bestrafung zuzuführen. Der Rat von Allstedt redete sich damit heraus, es seien Fremde gewesen, die den Brand verursacht hätten, und überhaupt sei ja die Äbtissin schuld, da sie die Klause unbewacht gelassen hatte, und man solle doch nicht so viel Wesens von dieser kleinen Kapelle machen, es gäbe viel wichtigere Dinge.

Die Untersuchungen zogen sich wochenlang hin, ohne daß es gelungen wäre, die Schuldigen namhaft zu machen. Am 9. Mai mußte sich eine Delegation des Allstedter Rates deswegen in Weimar verantworten und erhielt den sehr bestimmten Auftrag, innerhalb von vierzehn Tagen die Dinge ins reine zu bringen.

Vorwürfen sah sich insbesondere der Schösser ausgesetzt, der sich als unfähig erwies, in seinem Sprengel Ordnung zu halten, und von dem man argwöhnte, er wolle wohl alles verschleiern und begünstige insgeheim die Missetäter.

Endlich schien der Schösser eine Spur gefunden zu haben und raffte sich zur Tat auf. Am 4. Juni verhaftete er den Ratsherrn Ziliax Knaut unter dem Verdacht der Beteiligung an der Brandstiftung an der Mallerbacher Kapelle. Das konnte sich der Rat nicht bieten lassen. Rat und Gemeinde schrieben am 7. Juni an Herzog Johann nach Weimar, sie wollten ihm gern gehorsam sein, »daß wir aber weiter den Teufel zu Mallerbach sollten anbeten gestatten, daß unsere Brüder ihm überantwortet werden zum Opfer, wollen wir gleich so wenig tun, wie dem Türken untertänig zu sein«. (KGA 406)

Der Schösser befürchtete Aufruhr und beorderte aus den umliegenden Dörfern Verstärkung aufs Schloß. Als dies ruchbar wurde, zog Müntzer die Sturmglocke. Der Stadt bemächtigte sich Erregung. Die Bürger traten in Harnisch zusammen. Die Allstedter waren nicht allein. Auch Berggesellen aus dem Mansfeldischen waren zugegen und boten Unterstützung an. Erste Spuren davon werden deutlich, daß Müntzer ganz gezielt Verbindungen über Allstedt hinaus geschaffen und einen eigenen Bund gegründet hatte. Eine genaue Datierung der Bundesgründung läßt sich nicht vornehmen. Ob die Zerstörung der Mallerbacher Kapelle schon ein Werk des Bundes war, muß offenbleiben. Jedenfalls hielt Müntzer am 14. Juni eine Predigt über die Notwendigkeit, in einem festen Bund zusammenzustehen. Im Ratskeller zu Allstedt ließen sich mehr als dreihundert Menschen in eine Bundesliste eintragen, darunter auch Mansfeldische Berggesellen. Dabei wurde deutlich, daß der Bund schon bestand und an die dreißig eingeschriebene Mitglieder hatte, die sich einige Zeit vorher auf einer Versammlung im Stadtgraben zusammengetan hatten.

Über die Ziele des Bundes erfahren wir einiges aus einem Brief Müntzers an den Schösser Zeiß vom 24. Juli. Müntzer unternimmt darin den Versuch, den Schösser für den Bund zu gewinnen. Es kann wohl damit gerechnet werden, daß er den Amtmann möglicherweise nicht in alle Ziele des Bundes einweihte und das ganze Vorhaben so darstellte, daß eventuelle Bedenken des Schössers zerstreut wurden und andererseits, falls der Amtmann ablehnte und die Nachrichten nach Weimar weiterleitete, nicht alles schon verraten und verloren war. Der Grundgedanke ist, daß die »Pflicht und Eide der Heidenschaft verwandelt werden in einen getreulichen Bund göttlichen Willens«, »daß sich der gemeine Mann mit frommen Amtleuten verbinde allein um des Evangeliums willen«. Um dies zu unterstreichen, wird ausdrücklich darauf verwiesen, daß die Fronden beibehalten werden, »daß die Bundgenossen nicht dürfen denken, daß sie durch das sollten gefreit werden, ihren Tyrannen nichts zu geben«. Der Bund soll nur die Gottlosen bedrohen, daß sie mit ihrem Wüten einhalten, bis die Auserwählten ihnen die Kunst Gottes beigebracht haben. »Es ist der Bund nichts anderes denn eine Notwehr, welche niemand geweigert wird nach dem natürlichen Urteil aller vernünftigen Menschen.« (KGA 422f.)

Der Bund ist *die* politische Neuerung, die Thomas Müntzer in die reformatorische Bewegung einführt. Andernorts bediente sich die Reformation der herkömmlichen Organisationsstrukturen der Stadt- und Dorfgemeinden, und die anstehenden Probleme wurden in einem Kräftespiel zwischen Zünften, Gilden, Viertelmeistern und Rat geregelt, wobei oft Ad-hoc-Ausschüsse aus den Vierteln dem Rat als Kontrollorgan oder Vertretung der Gemeinde beigegeben wurden. Dies hatte den Vorteil, daß damit ein gerüttelt Maß praktische Vernunft dafür sorgte, daß lösbare Probleme artikuliert und angegangen wurden. Die reformatorische Bewegung ordnete sich dadurch gleichsam wie von selbst ganz organisch in die Geschichte innerstädtischer Auseinandersetzungen ein. Der Bund jedoch durchbricht diesen herkömmlichen Rahmen. Analogien zu Sekten und Winkelkirchen bieten sich zur Erklärung zwar an, ziehen aber nicht ganz, da Müntzer in dem schon genannten Brief an den Schösser ausdrücklich darauf verweist, daß nicht nur Auserwählte zu diesem Bunde gehören, sondern daß »die Bösen auch drunter seien«. Wir werden im nächsten Kapitel darauf zurückkommen.

Was die Bösewichter betrifft, deren Wüten durch den Bund Einhalt geboten und entgegengetreten werden sollte, so rührten sie sich jetzt insbesondere in den ringsum gelegenen katholischen Territorien. Am 16. Juli 1524 forderte Herzog Georg der Bärtige seine Amtleute in Sangerhausen zu entschiedenem Einschreiten gegen die reformatorische Bewegung auf. Zahlreiche Verhaftungen in Sangerhausen waren die Folge. In Schönwerda überfiel Friedrich von Witzleben die Einwohner und führte mehrere gefangen fort. In Allstedt sammelten sich Flüchtlinge. Daß der Bund unter diesen Umständen tatsächlich eine Notwehr war, läßt sich kaum von der Hand weisen. Müntzer schrieb sofort nach Sangerhausen und drohte der dortigen Obrigkeit, ihr das allerärgste zu tun, wenn dem gefangengesetzten Prediger Thilo Banse ein Leid geschehe.

Den Brüdern im Gefängnis jedoch sprach er Mut zu. Sie sollten sich noch eine kleine Weile gedulden, das Wüten der Tyrannen werde bald zu Ende sein: »Denn ich sage euch fürwahr, es ist die Zeit vorhanden, daß ein Blutvergießen über die verstockte Welt soll ergehen um ihres Unglauben willen ... Wer de nu wider die Türken fechten will, der darf nicht fern ziehen, er ist im Lande.« (KGA 414) In einem Schreiben an die »Gottesfürchtigen zu Sangerhausen« vom 15. Juli beteuerte er, die göttliche Güte habe jetzt so reichlichen Vorrat, »daß mehr denn 30 Anschläge und Verbündnisse der Auserwählten gemacht sein. In allen Landen will sich das Spiel machen.« (KGA 408) Mag bei dieser Zahl von 30 Anschlägen und Verbündnissen auch Phantasie im Spiele sein, so zeigt sie doch, welche Art von Phantasie ihn jetzt beflügelte. Dieser Satz, als Aufmunterung und Zuspruch gemeint, läßt aber auch etwas davon erahnen, welche Gerüchte umliefen und Anhänger wie Gegner der Reformation erregten.

Müntzer selber schürte die Erregung kräftig mit und versuchte selber, ein überlokales Bündnis zustande zu bringen. Zu eben diesem Zwecke wandte er sich an Karlstadt nach Orlamünde. Der Brief ist nicht erhalten, aber aus der Antwort Karlstadts wie auch aus der Antwort der ganzen Gemeinde zu Orlamünde, die diese drucken ließ, ist doch zu erschließen, daß es um ein Ersuchen um bewaffneten Beistand ging und darum, dieses Bündnisangebot auch denen von Schneeberg zukommen zu lassen. Karlstadt wich entsetzt zurück, damit wollte er nichts zu tun haben, und die Orlamünder beschworen die Allstedter, doch ja von jeglicher Gewaltanwendung Abstand zu nehmen. Der Brief an die »Gottesfürchtigen zu Sangerhausen« war den Amtleuten Herzog Georgs in die Hände gefallen, und dieser stellte eine Abschrift davon Kurfürst Friedrich dem Weisen zu. Doch dieser Information hatte es schon nicht mehr bedurft, um die Ernestiner zum Einschreiten zu veranlassen. Seit geraumer Zeit schon hatten sie ja wegen der Mallerbacher Kapelle Allstedt im Visier.

Die Ernestiner wurden den Verdacht nicht los, daß kein anderer als Thomas Müntzer der Urheber der unruhigen Entwicklung in Allstedt sei. Luther bestärkte sie darin und drängte darauf, Müntzer zu einer Disputation mit den Wittenbergern zu

Thomas Müntzer: »Außlegung des andern unterschyds ...«
(Fürstenpredigt). Titelblatt der Flugschrift, Allstedt 1524

veranlassen, der Sache nach zu einem geistlichen Verhör. So
wollten jene selbst nach dem Rechten sehen und sich eine Predigt Müntzers anhören. Herzog Johann, Kurprinz Johann Friedrich (der Hanfried), Kanzler Brück, der Schösser Zeiß und wohl
noch einige aus dem Gefolge des Herzogs hörten am 13. Juli 1524
auf dem Allstedter Schloß jene Predigt Müntzers, die als seine
»Fürstenpredigt« bekannt wurde und die er unter dem Titel
»Auslegung des anderen Unterschieds Danielis des Propheten
gepredigt aufm Schloß zu Allstedt vor den tätigen teuren Herzo-
gen und Vorstehern zu Sachsen durch Thomam Müntzern Diener des Worts Gottes« drucken ließ.

Das Sujet war gut gewählt und zeigte, daß Müntzer ganz gezielt biblische Analogien zu seiner eigenen Situation suchte. Im
Buche Daniel gibt es eine Erzählung darüber, daß König Nebu-
kadnezar einen Traum hatte, den die Weisen von Babylon nicht
entschlüsseln konnten, den aber der Prophet Daniel souverän
deutete, obwohl sich der König selbst an den Traum nicht mehr
erinnern konnte. Daniel erklärte, der König habe im Traum ein
Bild gesehen: das Haupt von Gold, Brust und Arme von Silber,
Bauch und Lenden von Erz, die Schenkel von Eisen, die Füße jedoch aus Ton und Eisen. Dann schlug ein Stein herab und zer-
malmte dem Koloß die tönernen Füße.

Diese Vision des Daniel spielte eine große Rolle im Gesamt-
aufbau des christlichen Geschichtsverständnisses. Sie gab nämlich die Folie ab für die Lehre von den einander ablösenden vier

Weltreichen der Meder, Perser, Griechen und Römer. Für die mittelalterliche deutsche Geschichte hatte diese Lehre eine ganz besondere Bedeutung. Da nämlich dieser Lehre zufolge das Römische Reich als das letzte Reich vor dem Weltuntergang galt, die Welt aber trotz des Unterganges des Römerreiches noch immer bestand, mußte dieser Widerspruch irgendwie beseitigt werden. Der Ausweg wurde darin gefunden, daß die Fiktion von der Übertragung des Römerreiches an die Franken oder Germanen aufgestellt wurde, die berühmte translatio imperii ad francos sive ad germanos, in deren Gefolge das mittelalterliche deutsche Staatswesen zu der merkwürdigen Bezeichnung »Heiliges Römisches Reich«, seit 1486 dann »Heiliges Römisches Reich deutscher Nation« kam.

Indem Müntzer dieses Sujet wählte, betrieb er Geschichtsdeutung zum Zwecke der Situationserhellung der Gegenwart und konnte zugleich im Zusammenhang damit all die Grundgedanken ausbreiten und bekräftigen, die seiner Gottesdienstreform zugrunde gelegen hatten und die er insbesondere in der »Protestation« dargelegt wie auch in Briefen an verschiedene Adressaten zum Ausdruck gebracht hatte. Es soll dies hier nicht alles noch einmal erörtert werden. Wir können uns darauf beschränken, jene Momente hervorzuheben, die im Sommer 1524 besondere Aktualität gewannen und die ihr spezifisches Gewicht nicht zuletzt dadurch erfuhren, daß sie nicht irgendwem, sondern jenen Fürsten gesagt wurden, von deren Entscheidung es abhängen mußte, ob Müntzer als Prediger in Allstedt bleiben durfte oder wieder einmal sein Päckchen schnüren mußte.

Müntzer variiert ein klein wenig die Lehre von den Weltreichen. Nicht vier Weltreiche nennt er, sondern fünf. Das vierte ist das Römische Reich, aber »das fünfte ist dies, das wir vor Augen haben, das auch von Eisen ist und wollte gern zwingen, aber es ist mit Kote geflickt, wie wir vor sichtigen Augen sehen, eitel Anschläge der Heuchelei, die do krümmet und wümmet auf dem ganzen Erdreich ... Man sieht jetzt hübsch, wie sich die Aale und Schlangen zusammen verunkeuschen auf einem Haufen. Die Pfaffen und alle bösen Geistlichen sind Schlangen ... und die weltlichen Herren und Regenten sind Aale ... Ach, lieben Herren, wie hübsch wird der Herr da unter die alten Töpfe schmeißen mit einer eisernen Stangen ... Denn der Stein, ohne Hände vom Berge gerissen, ist groß worden. Die armen Laien und Bauern sehen ihn viel schärfer an denn ihr. Ja, Gott sei gelobt, er ist so groß worden, wann euch andere Herren oder Nachbarn schon um des Evangelion willen wollten verfolgen, so würden sie von ihrem eigenen Volk vertrieben werden. Das weiß ich fürwahr.« (KGA 256)

Das ist das Grundthema, den Fürsten unerhört kühn gesagt, ja geradezu tollkühn ins Gesicht gesagt: wenn sich die Fürsten und Herren gegen das Evangelium stellen, werden sie vom Volk vertrieben. »Eine treffliche unüberwindliche zukünftige Reformation« ist von großen Nöten, »und es muß vollführet werden«. Dafür sollen die Fürsten das Schwert gebrauchen, und er steigert sich geradezu hinein in eine Glorifizierung des Schwertes: das auserwählte Volk hat »das Land nicht durch das Schwert gewonnen, sondern durch die Kraft Gottes, aber das Schwert war das Mittel, wie uns essen und trinken ein Mittel ist zu leben. Also nötlich ist auch das Schwert, die Gottlosen zu vertilgen.« Selbstverständlich fehlen auch nicht kräftige Seitenhiebe gegen »Bruder Mastschwein und Bruder Sanftleben«, der die Träume und Gesichte verwerfe, womit den Zuhörern klar war, daß hier Luther gemeint war.

Gewinnen konnte er die Fürsten mit so einer Rede nicht, beruhigen auch nicht. Dem Kanzler Brück hatte er vorher schon versprechen müssen, alles, was er drucken wolle, zur Prüfung vorzulegen. Wenn die Rede tatsächlich am 13. Juli gehalten wurde, was sich nicht mit völliger Sicherheit erweisen läßt, und nicht einige Zeit später, dann ließe sich die große Erregung Müntzers, die in mehreren Briefen an den Schösser Zeiß um den 20. und 22. Juli herum zum Ausdruck kommt, wohl – neben den schon erwähnten Verfolgungen in Sangerhausen und Schönwerda – auch darauf zurückführen, daß ihm der Fehlschlag der Fürstenpredigt inzwischen klargeworden war und er nunmehr wußte, daß auch von den Ernestinern nichts Gutes zu erwarten war.

Die Regierung in Weimar spürte, daß die Dinge in Allstedt dem Aufruhr entgegentrieben. Sie wollte Müntzer jetzt loswerden und handelte. Zum 1. August wurde Müntzer zu einem Verhör nach Weimar beordert, Vertreter des Rates hatte man am Vortage schon vernommen. Beim Verhör ging es vor allem um die Bundesgründung. Darin sah die Regierung die Hauptgefahr. Den Ratsvertretern wurde klargemacht, daß dem Evangelium in den Landen des Kurfürsten keinerlei Gefahr drohe, folglich auch kein Bund zum Schutze des Evangeliums nötig sei. Müntzer versuchte, sich zu rechtfertigen, und legte zum Beweis, daß er sich an die Zensur halte, das Manuskript einer neuen Schrift vor, eine Auslegung des ersten Kapitels Lukae. Man entließ ihn mit der Auflage, sich still zu verhalten.

Das ganze Ausmaß dessen, was in Weimar wirklich verfügt worden war, wurde ihm erst am 3. August auf dem Allstedter Schloß von Schösser Zeiß in Anwesenheit des Rates und von Vertretern der Gemeinde eröffnet: den Bund auflösen, den Drukker entlassen, sich aufrührerischer Reden zu enthalten und stille zu sein. Müntzer machte noch einen letzten Versuch, sich Bewegungsfreiheit zu verschaffen, und appellierte brieflich an Kurfürst Friedrich, er möge ihm doch nicht verbieten zu predigen und zu schreiben. Doch wie lange sollte er auf eine Antwort warten? Die Anordnungen waren klar und eindeutig. Die Ratsherren distanzierten sich von ihm, auf den Bund hin wollte keiner mehr angesprochen werden. Die Regierung hatte ein Machtwort gesprochen, er war über Nacht isoliert, in Allstedt wurde es schwül. In der Nacht vom 7. zum 8. August 1524 entwich Müntzer über die Stadtmauer.

KAPITEL 5

Die Herren machen das selber,
daß ihnen der arme Mann feind wird

»Ich hab meiner Sach Gelegenheit halben müssen über Land ziehen ...«, diese Nachricht hatte Müntzer »Seinen Brüdern, den Ratsherren zu Allstedt, zu lesen im Beisein des Schossers« vor der Flucht hinterlassen, doch ohne Angabe des Ortes, wohin er sich nun wenden wollte. (KGA 432) Ein Goldschmied aus Nordhausen soll mit ihm zusammen Allstedt verlassen haben, wie Schösser Zeiß an Herzog Johann meldete. Möglicherweise hat Müntzer zunächst bei diesem Goldschmied in Nordhausen für einige Tage eine erste Zuflucht gefunden. Wenn ja, dann kann dies aber nur ganz kurz gewesen sein, für ein oder zwei Tage, denn am 15. August schreibt er bereits aus Mühlhausen an die Allstedter, sie sollten ihm »die Meßbücher und Vesperbücher«, also die Drucke seines »Deutschen Kirchenamtes«, nach Mühlhausen schicken und seinem Weibe eine kleine Zehrung geben. Dies macht aber nur dann Sinn, wenn er sich seines Bleibens und einer Wirkungsstätte in Mühlhausen schon sicher sein konnte, weshalb wir wohl vermuten dürfen, daß er schon einige Tage vor Abfassung dieses Briefes in Mühlhausen eingetroffen sein dürfte.

Dieser erste Müntzerbrief an die Allstedter aus Mühlhausen klingt versöhnlich und gelassen, nicht resigniert, aber eine kleine Müdigkeit von beschwerlicher Reise oder durchstandener Gefahr scheint darin mitzuschwingen. Er redet den Allstedtern gut zu, erklärt sein Tun und rechtfertigt sich: »Ich hab in der Wahrheit nicht anders tun mögen denn wider die reißenden Wölfe bellen, wie einem rechten Knechte Gottes zusteht ... Hab ich doch anders nicht getan, denn in der Summa gesagt, daß ein Christe den andern nicht also ganz jämmerlich auf die Fleischbank opfern soll, und so die großen Hänse das nicht lassen wollen, soll man ihnen das Regiment nehmen.« (KGA 434)

Und dann folgt eine längst fällige Auseinandersetzung mit

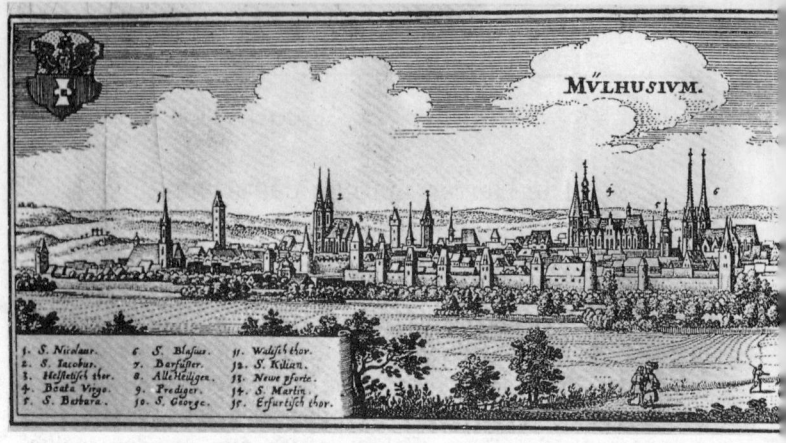

Mühlhausen
Kupferstich aus »Topographia« von Matthäus Merian, Frankfurt (Main) 1650

dem Gedanken an das Martyrium. Daß viele noch den Hals werden hinrecken müssen, dies hatte er schon in Jüterbog gesagt. Bei den Auseinandersetzungen in Zwickau hatte er wohl Morddrohungen hören müssen, und nach dem Weggang aus Zwickau traf er Vorkehrungen für den Fall seines Todes und machte sich Gedanken über ein Testament. Gefährlich genug waren auch die letzten Tage in Allstedt gewesen. Für einen, der ganz durchdrungen ist von der Nachfolge Christi, mag das Martyrium nicht gar so schrecklich sein; ja, der Gedanke daran kann zur lauernden Versuchung werden, mit der Märtyrerkrone desto sicherer ins Himmelreich zu kommen. Es ist eine Anfechtung besonderer Art, die überwunden sein will, wenn der Kampf nicht vorzeitig und in falscher Heiligkeit abgebrochen werden soll. Müntzer bestand diese Anfechtung auf klassische Weise: »Vielleicht sollte ichs lassen über mich gehen und leiden den Tod, auf daß die Gottlosen an mir durch meine Geduld möchten ihren Mutwillen treiben, und darnach wollten sie sagen, sie hätten einen Satanam erwürget? Nein, nicht also! Die Furcht Gottes in mir wird eines anderen Frechheit nicht stattgeben.« (KGA 435) Jegliche Schlachtschafmentalität, die sich über die Imitatio Christi leicht mit ins Gemüt schleichen mag, wird hier rigoros und mit kerngesundem Kämpfergeist beiseite gefegt. Eines anderen Frechheit werde ich nicht stattgeben!

138

Auf dem Schlosse freilich hatten sich die Allstedter miserabel benommen. Müntzer kann und will das nicht vergessen, aber mit Anklagen hält er zurück und spricht lieber Mut zu. Wegen der Drohungen sollen sie sich keine Sorgen machen, denn: »Es hat müssen eure Menschenfurcht an den Tag kommen, auf daß ich ja greifen mocht, wie ihr also ganz gar euch von einem Menschen lasset scheu machen, welches euch am Erkenntnis göttlichs Willens über die Masse verhindert. Dasselbige hab ich also heftig mit wunderlicher Weise euch zu erkennen gegeben und hervorgebracht, euch zu gute.« Und schon legt er wieder einen Zahn zu und läßt den guten Zuspruch ausklingen in eine handfeste Drohung: »Ich will euch auf das allerfreundlichste sein, wollt ihrs von mir annehmen. Wie aber nicht (da Gott vorsei in Ewigkeit), so muß ich ihm um seines Namens willen die Rache geben über die Bösen zur Erinnerung der Guten.« – In genau dem gleichen Geiste hatte er sich ja schon einmal aus einer Stadt verabschiedet, als er vor eindreiviertel Jahren den Pragern in Aussicht stellte, sie würden gewißlich schon nächstes Jahr vom Türken erschlagen, wenn sie seine Worte nicht beherzigen wollten. Daß der Türke im eigenen Lande zu finden sei, war ihm in Allstedt schon aus der Feder geschlüpft. Wer diesmal die Zuchtrute Gottes sein würde, läßt er für den Augenblick und im gegebenen Zusammenhang noch offen; aber daß er in eben diesen Wochen im Zusammenhang mit dem Gedankenkomplex »Zuchtrute und Werkzeug Gottes« immer dringlicher und wachsamer an die Bauern denkt, darauf werden wir bald noch zu sprechen kommen.

Trotz der Rache Gottes, an die Müntzer seine Allstedter so freundlich und im Guten erinnert, bleibt dieser Brief doch im ganzen verhalten und sachlich im Ton. Die Wallungen im Gemüte und der kochende Zorn, der ihn erfaßte, wenn er an die letzten Tage in Allstedt dachte, sprechen aus Briefentwürfen, die er nicht abgesandt hat, die er aber erst einmal niederschreiben mußte, um die Abgeklärtheit geistiger Überlegenheit und Glaubensgewißheit zu gewinnen. »Anstatt des Grußes wünsch ich, Thomas Müntzer, euch Verkehrten einen verkehrten Gott und euch Unschuldigen eine holdselige und unschuldige Furcht Gottes« – so hatte ein erster oder zweiter Briefentwurf angefangen. Ochsen und Esel, Gesellen der Mörder und Diebe figurieren gleich im nächsten Satz. Mit Ingrimm nennt er die beim Namen, die ihn verraten haben: »Und ich werde es noch der ganzen Christenheit offenbar machen, wie mich der Erzjudas Ischarioth Nikkel Ruckert, Hans Bosse und Hans Reichardt verraten hat und dem Fürsten zu den Heiligen geschworen, mich um den Hals zu bringen und sich desselbigen nicht geschämt aufm Schloß vor meinem Angesicht zu bekennen.« (KGA 433)

Ein anderer, doch wohl der zweite, Briefentwurf setzt hingegen ganz friedfertig ein: »Freud und Fried zuvorn, Jois 16, allerliebsten. Ich bitt euch, daß ihr mit vernünftigem Urteil unterscheiden wollet die Besserung und Ärgernis gegeneinander.« (KGA 433) Nach den offenen Morddrohungen, die man ihm in Allstedt ins Gesicht geschrien hatte und von denen wir in einem der Briefentwürfe erfahren, nimmt es weder wunder, daß er aus Allstedt (gerade noch rechtzeitig, wie es scheinen will) geflohen ist, noch daß es ihn innerlich gehörig durchbeutelte und er allerhand in sich niederzukämpfen hatte, bis er den rechten Ton wieder fand. Zweifelt er immer noch nicht am Volke? An diesem Volke vielleicht schon (sofern er die Ruckert, Bosse und Reichardt dazuzählt – aber tut er das?), doch nicht am Worte Gottes: er läßt sich die Meßbücher kommen.

Und er hat das Gefühl, daß er sie hier in Mühlhausen gut gebrauchen kann. »Die Leute zu Mühlhausen sind langsam«, schreibt er am 3. September an seinen Famulus Ambrosius Emmen nach Allstedt, »wie denn allenthalben das Volk ungemustert ist, nicht ohne merkliche Ursache von Gotte, auf daß der Naturwitz dem Evangelio den Weg nicht vorhaue. Es dienet mir fodderlich an solchem Orte, denn da viel Bescheidenheit (= Klugheit) ist, sind auch viel Kramantzen (= Weitläufigkeiten).« (KGA 436) Emmen hatte in Zwickau Griechisch in der Schule gelernt. Müntzer hatte ihn als Famulus, also als Diener und Lehrling oder Aspirant, zu sich genommen. Nun fordert er ihn auf, mit einem Fuhrmann, den er ihm extra geschickt hat, zu ihm zu kommen und den Vater und das Schweinlein mitzubringen.

Wer da mit »Vater« gemeint ist, läßt sich nicht klären. Daß es Müntzers eigener Vater gewesen sein könnte, ist nicht völlig auszuschließen, obwohl es ein Brieffragment Müntzers gibt, aus dem hervorgeht, daß er seinem Vater Vorwürfe in einer Erbschafts- oder Hinterlassenschaftsangelegenheit (vermutlich nach dem Tode der Mutter) machte. Es wäre ja denkbar, daß Müntzer seinen Vater bei sich aufgenommen hat; denn schließlich war es selbstverständliche Sohnespflicht, den Eltern in deren Notlage zu helfen. Und daß der Vater nach dem Tode der Mutter entweder kein Erbteil herausrücken wollte oder vielleicht selbst Forderungen und Erwartungen an den Sohn stellte, könnte ja schlicht damit zusammenhängen, daß er einfach nichts hatte und selbst auf Hilfe angewiesen war. Wie dem auch sei, so können wir der kargen Notiz doch soviel entnehmen, daß Thomas Müntzer, abgesehen von der eigenen Eheschließung, nun auch im umfassenderen Sinne pater familias war und soziale Pflichten auf sich genommen hatte, denen er auch in den widrigen Umständen von Flucht und Bleibesuche und der Schaffung eines neuen Wirkungsfeldes nachkam.

Merkwürdig allerdings, daß er die Leute zu Mühlhausen als langsam empfindet. Nach welchen Kriterien urteilt er da? Hatten sie nicht schon im Frühsommer 1523, zu eben der Zeit, da er in Allstedt an seiner Liturgiereform feilte, Dinge zuwege gebracht, an die man in Allstedt nicht einmal denken konnte, weil dieses Städtchen dafür viel zu klein und problemlos war?

Damals hatte es allerhand Aufregung und Durcheinander, Tumult und Aufruhr in der Freien Reichsstadt gegeben. In stürmischen Auseinandersetzungen und mit bewaffneter Drohung hatten die Handwerkerzünfte der Ratsoligarchie einen »Rezeß« abgetrotzt. Darin war festgelegt, daß ein Ausschuß aus acht Männern (zwei aus jedem Stadtviertel) den Rat kontrollieren und insbesondere dessen Finanzgebaren überwachen sollte. Diese »Achtmänner« bildeten zwar nicht direkt eine Nebenregierung neben dem Rat, stellten aber doch eine so einflußreiche und kompetente Vertretung des öffentlichen Interesses dar, daß der alte Rat nicht mehr so schalten und walten konnte wie früher. Vor allem – und dies wurde für Müntzer eminent wichtig – hatte die Mühlhäuser Volksbewegung von 1523 die Freiheit der evangelischen Predigt durchgesetzt. Hervorgetan hatte sich dabei der ehemalige Mönch Heinrich Pfeiffer, genannt Schwerdtfeger, ein Mühlhäuser Bürgerssohn.

An welcher Kirche Müntzer in Mühlhausen zunächst predigte und wo er wohnte, ist aus den Quellen nicht ersichtlich. Doch soviel ist klar, daß es nicht der Rat war, der ihm Bleibe, Anstellung und Wirkungsfeld geboten hatte, sondern einflußreiche Kreise aus den Stadtvierteln, vornehmlich aus St. Georg. Der Rat war über den neuen Prediger nicht sonderlich erfreut, mußte er doch befürchten, wie sich bald zeigen sollte, durchaus zu Recht, daß damit die Opposition gegen den Rat Verstärkung erfuhr. Seit Luthers »Brief an die Fürsten zu Sachsen von dem aufrührischen Geist« waren ohnedies alle Ordnungshüter in Stadt und Land gewarnt, daß Müntzer ein gefährlicher Mann sei. Die besorgte und bedrängte Mühlhäuser Ehrbarkeit wollte es darüber hinaus noch genauer wissen und lancierte eine diesbezügliche Anfrage an Luther. Der antwortete schnell und unverzüglich aus Weimar, wo er sich gerade aufhielt. Luther warnte vor »diesem falschen Geist und Propheten, der in Schafskleidern dahergehet und ist inwendig ein reißender Wolf. Denn er hat nun an vielen Orten, sonderlich zu Zwickau und jetzt zu Allstedt wohl beweiset, was er für ein Baum ist, weil er kein ander Frucht trägt denn Mord und Aufruhr und Blutvergießen anzurichten, dazu er denn zu Allstedt öffentlich gepredigt, geschrieben und gesungen hat.« (WA 15, 238–239) Eine Kurzfassung und ein Extrakt dessen, was er schon im Brief an die Fürsten geäußert hatte. Damit war klar, daß der Kampf gegen Luther nicht nur schlechthin weitergehen, sondern sich noch zuspitzen würde. Der Bruch war da, die Abrechnung fällig, und sie mußte mit voller Wucht geführt werden, damit der Schaden nicht noch größer und das Volk nicht gänzlich verführt und in die Irre geleitet werde.

Schon in Allstedt hatte Müntzer einen ersten Entwurf zu Papier gebracht, der die Summe seiner Theologie enthalten und die seiner Meinung nach verkehrte Weise Luthers, vom Glauben zu handeln, widerlegen und entlarven sollte. Sie stellte eine Systematisierung und Weiterführung der Gedanken dar, die er bereits in der »Protestation« niedergelegt hatte, die auch seiner Liturgiereform zugrunde lagen und die er in Briefen an verschiedene Adressaten ausgedrückt hatte. Das Evangelium des Lukas schien ihm für diesen Zweck besonders geeignet. Es ist die wohl poetischste Schrift unter den Evangelien. Mit ihren schönen Erzählungen von der Botschaft des Engels an Maria, daß sie im Uterus empfangen und einen gebären würde, den sie Immanuel nennen sollte; vom greisen Zacharias, der ungläubig und kopfschüttelnd die Mär vernahm, sein altes und unfruchtbares Weib, dem es schon lange nicht mehr nach der Weiber Weise gehe, solle schwanger werden; auch mit der wundersamen Geschichte vom greisen Simeon, dem sich wider Erwarten doch noch die Hoffnung eines ganzen Lebens erfüllte, als er das Jesuskind auf die Arme nehmen durfte und in den Ruf ausbrach »Nun entläßt du, Herr, in Frieden Deinen Knecht«, in eben jenes »Nunc dimittis, Domine, servum tuum«, das zum Abendsegen gehört und mit dem Mönch und Priester das Tagwerk von sich tun und sich zur Ruhe begeben – mit alledem ist das Lukas-Evangelium vortrefflich dazu geeignet, das zu zeigen und zu illustrieren, worauf es Müntzer in Sachen Glauben ankam: daß nämlich der Christenglaube »ein gar seltsam Ding« ist, das nicht aus und mit Büchern kommt, sondern allein aus der »Umbschättigung des Heiligen Geistes«, und daß dieser Glaube dem Menschen etwas zumutet, was der natürliche Menschenverstand schlicht für unmöglich hält. Was Müntzer daran fasziniert, ist eben das, was er die »Ankunft des Glaubens« nennt: steil von oben herab und zugleich tief von innen heraus wird der Mensch vom Glauben überwältigt. Und derjenige, der so ergriffen wird, gibt sich dem nicht leichtfertig hin, sondern begegnet dieser Zumutung ganz natürlicherweise mit Zweifel, Fragen, Widerstand und Unglauben. Und was dann vom Menschen Besitz ergreift, ist ein bewährter und geprüfter Glaube, kein ungeprüfter und gedichteter.

Eben weil es Müntzer um diesen bewährten und geprüften Glauben geht, dessen Ankunft man nicht verpassen darf, greift er die Stücke über Maria, Zacharias und Simeon heraus. Die Weihnachtsgeschichte hingegen, jenes Stück aus Lukas, das wohl am populärsten und selbst dem hartgesottensten Bibelverächter geläufig ist, interessiert Müntzer in dem Zusammenhang kaum. Sie zeigt ja, um in der Müntzerschen Intention zu bleiben, doch wohl nicht so sehr die Ankunft des Glaubens, sondern ein anderes Werk Gottes, die Inkarnation. Oder aber – und dies könnte

vielleicht doch auf der Linie der Vorstellungen Müntzers liegen – sie zeigt in gewisser Weise die Folgen des Glaubens …

Damit hängt die wohl merkwürdigste Besonderheit des Müntzerschen Verständnisses von Glaube und Nachfolge zusammen,
die Idee nämlich, daß die Menschen »vergottet« werden sollen.
Man traut seinen Augen kaum und greift sich an die Stirn, wenn
man da lesen muß: »Wir erschrecken auch vor Gottes Gruß wie
sie (die Jungfrau Maria – G. B.), wenn uns Gott mit der Mensch-
werdung seines Sohnes vergotten will, das ist, wenn er unseren Glauben bewähret, wie das Gold im Feuer.« (KGA 317) Seltsam, dieses »Vergotten«, das sicherlich mit der Mystik
zusammenhängt, möglicherweise auch mit antiken Denkbildern.
Sollte Luther doch in einem tieferen Sinn den rechten Riecher
gehabt haben, als er Müntzer den Satan zu Allstedt nannte?
Denn: »Eritis sicut deus« – »Ihr werdet sein wie Gott«, dies eben
war doch die teuflische Ursünde wider Gott, die die Schlange
dem ersten Menschenpaare im Garten Eden einflüsterte, als es
unschlüssig vor dem Baume mit den verbotenen Früchten stand.
Man mag das »Vergotten« herunterspielen wollen als unbedach-
ten Zungenschlag oder mißverständliche Wortwahl; doch wird
die Sache davon nicht besser, eher noch schlimmer, denn dann
gerade läßt man sich ja darauf ein, daß hier Unterbewußtes ins
Wort geraten ist. Es ist eine Vision, die ihn da fortreißt, kein ver-
irrter Zungenschlag, denn wenige Seiten vorher (KGA 281) ent-
schlüpft ihm ein »… daß wir Menschen sollen Götter werden«.
Im vollen Text: »… wie es uns allen in der Ankunft des Glaubens
muß widerfahren und gehalten werden, daß wir fleischlichen, irdischen Menschen sollen Götter werden durch die Menschwer-
dung Christi und also mit ihm Gottes Schüler sein, von ihm selber gelehrt werden und vergottet sein, ja wohl viel mehr, in ihn
ganz und gar verwandelt, auf daß sich das irdische Leben
schwenke in den Himmel, Philipper 3.« Das ist Eschatologie reinsten Wassers, Lehre von den letzten Dingen, und zwar in einer
Zuspitzung, wie wir sie so wohl doch nur bei Müntzer finden
mit dem unerhörten »… in ihn ganz und gar verwandelt«. Philipper 3, worauf er sich beruft, gibt dies nicht her. Die Vulgata bietet
Philipper 3, 20–21: »Nostra autem conversatio in caelis est: unde
etiam Salvatorem expectamus Dominum nostrum Jesum Christum, qui reformabit corpus humilitatis nostrae configuratum
corpori claritatis suae, secundum operationem, qua etiam possit
subjicere sibi omnia.« Luther macht daraus: »Unser Wandel aber

ist im Himmel, von dannen wir auch warten des Heilands Jesu Christi, des Herrn, welcher unseren nichtigen Leib verklären wird, daß er ähnlich werde seinem verklärten Leibe nach der Wirkung, mit der er kann auch alle Dinge sich untertänig machen.« Ansatzpunkte für Müntzers kühne Interpretation sind natürlich das conversatio und das configuratum: conversatio als Verwandlung und configuratum als gleichgestaltig. Luther bleibt bei seiner Übersetzung von configuratum vorsichtigerweise bei einem »ähnlich« und wahrt damit den Unterschied von Schöpfer und Geschöpf auch im eschatologischen Bezug; bei Müntzer hingegen scheint sich das configuratum unversehens zu einem consubstantialem emporzuschwingen. »Ganz und gar in ihn verwandelt« ... dies ist und bleibt Hybris und Blasphemie für das tradierte theologische Denken.

Was aber, wenn wir diese schockierenden Sätze Müntzers einmal nicht mehr mit den Augen der damaligen Zeitgenossen lesen und die Scheuklappen abwerfen, die wir in dem Zusammenhang mittragen, wenn wir uns bemühen, ihn ganz und gar als Kind seiner Zeit zu sehen, und ihn also nur und nur theologisch lesen? Was aber, wenn wir einmal eine Heilige Kuh der Historikerzunft schlachten (ganz zu schweigen von der theologischen Fakultät) und ihn mit eben dem geladenen Blick lesen, den wir fünfhundert Jahre später nun mal haben? Dann müssen wir wohl nicht mehr entsetzt zusammenzucken, daß ihm gelegentlich die Grenzen zwischen Schöpfer und Geschöpf ins Flimmern gerieten; denn daß der Mensch Subjekt und Objekt in einem und in gewissem Sinne auch Schöpfer seiner selbst ist, dies eben sind heute Gemeinplätze des Nachdenkens über den Menschen. In dem Sinne hat das bekannte Diktum von Friedrich Engels, daß Müntzers Theologie den Atheismus gestreift hätte (MEW 7, 353), durchaus eine Räson; allerdings eine Räson von sehr sublimer Art: nie und nirgends ist es einem Müntzer in den Sinn gekommen, die Existenz Gottes zu leugnen. So etwas war für ihn absolut undenkbar. Was sich jedoch im Wetterleuchten seines Geistes ereignet, ist viel wichtiger, kräftiger und schöner als ein bloßes Nein: das volle Ja zum Menschen, der sich kämpfend selbst befreit und eine neue Welt gestaltet, ein Ja, das sich keinen anderen Rat weiß, als nach der damals denkbar höchsten Vokabel zu greifen – Gott werden und sich ganz und gar in ihn verwandeln. (Übrigens: die Zeitgenossen Müntzers waren nicht nur Theologen. Die Kuh ist also gar nicht so heilig, die wir da schlachten.)

Freilich ist dies, was wir soeben gewagt haben, ein Dolmetschen des Müntzergeistes in heutige Worte und Begriffe; ein Dolmetschen, das uns Müntzer nahebringt und ihn gänzlich in unsere Zeit herüberzieht. Zur Verdeutlichung und Verlebendigung dessen, was da an überzeitlich Übergreifendem in Müntzer aufleuchtet, mag ein solches Dolmetschen und Tradieren dienlich sein, wie ja wohl generell in der Geschichte ein Weitergeben geistiger Inhalte von Generation zu Generation und über die Jahrhunderte hinweg oft (vielleicht immer?) mit einem Übersetzen und Umsetzen in neue und geläufigere Sprach- und Denkbilder verbunden ist. Solange wir uns dabei der Tatsache des Um- und Übersetzens bewußt bleiben, dürfte ein solches Vorgehen methodisch tolerierbar sein. Eine korrekte Reflexion dieser Zusammenhänge verlangt selbstverständlich, daß wir uns von Müntzer in *sein* Wort hineinnehmen lassen und hören, daß er das meinte, was er sagte: Vergottung des Menschen, nicht Entgottung der Welt.

Die Sache mit der Vergottung gehört wohl zum Kühnsten und Anfechtbarsten, was Müntzer je aus der Feder geflossen ist. Die Versuchung ist groß, sie einzig und allein ins Positive hochzustilisieren. Wir sollten ihr widerstehen und ein Bewußtsein dafür wachhalten, daß jedes Reden und Denken über den Menschen, das sich nicht damit begnügt, den Menschen Mensch sein zu lassen, und ihn zu einer anderen und höheren Perspektive verpflichtet oder ihm eine solche offeriert und suggeriert, in eine Rauschzone des Geistes mündet. Kaisergötter und Geßnerhüte irrlichtern hier, Auserwählte und Verworfene, Incubi und Succubi, Übermenschen, Untermenschen, Fratzenhaftes. Müntzer war gefährdet.

Wie sollte es auch anders sein, operierte er doch an der Grenze des damals Denkbaren. Wie sollte sein Geist nicht gefährdet sein, da es doch sein Leben war? Gefährdung hin, Gefährdung her, kämpfen mußte und wollte er, und da schießen Wort und Idee notwendigerweise aus den alten Geleisen heraus.

Riß ihn der Überschwang des religiösen Gefühls in die irrationale Idee von der Vergottung hinein, so hat sich doch in anderer Hinsicht sein Gespür für die Realitäten geschärft. Mit der Scharfsicht des Hasses (aus enttäuschter Zuneigung?) blättert er auf, wo seiner Meinung nach bei Luther der Hase im Pfeffer lag: dessen Glaubenskonzept ist auf Intellektuelle zugeschnitten, gut für Universitätsgelehrte und studierte Leute, unbrauchbar jedoch für das Volk. Mehr noch: Luther macht die Schriftgelehrten zu Herren des Glaubens und betrügt das Volk.

Wie kaum ein anderer deckt Müntzer grundlegende soziale Zusammenhänge des Zuganges zu Bibel, Glauben und Evangelium auf: »Sie tun das dünne Zünglein herfür, mit zarter Weis sprechen sie: ›Erforschet die Schrift, denn ihr wähnet, ihr lasset euch dünken, ihr wollet euer Seligkeit daselbst überkommen.‹ Da werden denn die armen dürftigen Leut also hoch betrogen, daß es kein Zung genug erzählen mag. Mit allen Worten und Werken machen sie es ja also , daß der arm Mann nicht lesen lerne vorm Bekümmernis der Nahrung, und sie predigen unverschämt, der arm Mann soll sich von den Tyrannen lassen schinden und schaben. Wenn will er denn lernen, die Schrift lesen? Ja, lieber Thoma, du schwärmest, die Schriftgelehrten sollen schöne Bücher lesen, und der Bauer soll ihnen zuhören, denn der Glaub kommt durchs Gehöre.« (KGA 275 f.) Freilich, so hatte Luther sein fides ex auditu (Glaube aus dem Hören) gewiß nicht gemeint. Im Gegenteil, auch er war ja der Meinung – und hatte es lange vor Müntzer schon gesagt –, daß es der Buchstabe alleine nicht tut, daß der Glaube vielmehr ein Gnadengeschenk Gottes sei, das selbst kleinen Kindern zuteil werden könne, die selbstverständlich noch nicht lesen und noch nicht schreiben können. So intellektualistisch war Luther nicht, wie Müntzer ihm unterstellt. Doch im Unterschied und schließlich auch im Gegensatz zu Müntzer hieß er den Glaubenssucher nicht in sich hineinlauschen und auf die Stimme aus dem Herzen hören, sondern verwies ihn statt dessen strikte auf das verbum externum, auf das »äußere Wort« oder auf das »Wort von außen«. Dieses Wort von außen war einst als ein mündliches Wort gekommen, ohne Schrift und vor jeder Schrift, direkt aus dem Munde Gottes. Dann aber war es in die Schrift geraten, und seitdem ist es in der Bibel zu finden. In der Praxis der Kirche jedoch wird es aus der Schrift geholt, vom Munde des Predigers neu gesprochen und trifft so auf das Gehör dessen, der die Botschaft haben will. Das Glauben aus dem Hören bleibt so immer doch an das Gotteswort in der Bibel gebunden, und fides ex auditu macht nur Sinn im Zusammenklang mit dem sola scriptura. Luther denkt bibelhistorisch korrekt.

Oft genug rekurrierte auch Müntzer auf das verbum externum, wozu oder wie sonst hätte er andernfalls so oft die Bibel zitieren sollen? Nicht darin also lag der Gegensatz begründet, daß

Müntzer etwa das äußere Wort verachtet hätte. Die Unvereinbarkeit ergab sich vielmehr daraus, daß Müntzer eine Voraussetzung mitdachte, die Luther nicht akzeptieren wollte und von der Gesamtanlage seines Denkens her auch nicht mitvollziehen konnte: Gott offenbart sich auch heute noch, lange nach der Niederschrift der Bibel. Dieser Gedanke war Luther selbstverständlich vertraut, doch er konnte ihm nicht stattgeben, denn sonst hätte er sich an seiner Hauptfront gegen die römische Kirche entwaffnet: hätte er etwa zugeben sollen, daß auf den Konzilien der Heilige Geist gesprochen hat? Dann wäre er verloren gewesen und die Reformation mit einem behenden Verweis auf Konzilsbeschlüsse widerlegt.

Luther und Müntzer reden haarscharf aneinander vorbei, nicht nur scheinbar, sondern in der Tat. Doch hier steht nicht Mißverständnis gegen Mißverständnis und nicht Haarspalterei gegen Haarspalterei, auch nicht bloß die eine Auffassung von Offenbarung gegen eine andere. Hier steht die Räson der einen Klassenfront gegen die Räson einer anderen Klassenfront. Der Glaube und die Vernunft der bürgerlichen Reformation gegen die katholisch gefaßte Feudalität konfligieren mit dem Glauben und der Vernunft einer Bewegung, die mehr und schließlich auch etwas anderes will als die von Luther repräsentierte Reformation. An den Klassenfronten aber sagt und tut man nicht vornehmlich das, was dem Gegner gerecht wird, sondern das, was ihn trifft oder treffen soll. Luther und Müntzer rücken einander so zurecht, wie es der Kampf erfordert.

Wenn es Luther auch nicht so gemeint hatte, wie ihn Müntzer referierte, so hatte Müntzer doch dessenungeachtet recht genau einen tatsächlichen Effekt der lutherischen Auffassung und Position beschrieben und nicht etwa nur eine Karikatur oder Unterstellung: die Hegemonie der Wittenberger Universitätstheologen auf den ersten Etappen der reformatorischen Bewegung. Müntzer war zeitweise und vorübergehend selbst in deren Bann geraten, jetzt sprach er den Ideologieverdacht gegen sie aus: sie wollen die schönen Bücher lesen, und die Bauern sollen brav zuhören, denn der Glaube kommt aus dem Gehör ...

Gewiß, dies war bissig und gehässig, aber auch instinktsicher. Müntzer war auf dem Wege, die Theologie und Ideologie einer neuen Reformation zu formulieren. Die Obrigkeiten, die Fürsten und Räte, aber auch die Gelehrten, zuerst der Egranus, schließlich in empörendster Weise Luther selbst hatten sich ihm in den

Weg gestellt, hatten ihn erst vorsichtig gebremst und zur Zurückhaltung gemahnt und waren dann mit üblen Verdächtigungen und Brachialgewalt über ihn hergefallen. So war er von eben den Kräften, denen er sich hatte anschließen oder die er hatte überzeugen wollen, abgestoßen und immer unausweichlicher dazu gedrängt worden, sich an jene zu wenden, die nicht obenan an der Tafel saßen.

Eine Hinneigung zum »gemeinen Mann« war Müntzer nicht in die Wiege gelegt. Eher scheint es so gewesen zu sein, daß er die Huld einflußreicher und machthabender Leute gesucht hat, um voranzukommen oder sich eine einigermaßen einträgliche Stellung zu sichern. Doch immer wieder scheiterte er damit, machte sich unbeliebt und mußte den Staub von seinen Füßen schütteln. Es waren nicht nur die anderen, die ihn von sich gestoßen und ins Volk hineingetrieben haben; die Richtung dahin lag in ihm selber. Der Gang der Dinge legte sie frei und brachte sie zur Bewußtheit.

Und so formuliert er denn gleich im Introitus zu seiner neuen Schrift das Heilmittel gegen die lutherische Ideologie: »Derhalben mußt du, gemeiner Mann, selber gelehrt werden, auf daß du nicht länger verführet werdest. Das helf dir derselbig Geist Christi, welcher unseren Gelehrten muß zu ihrem Untergang ein Spottvogel sein.« (KGA 270)

Doch wie soll der gemeine Mann gelehrt werden? Müntzer meint kein Bildungsprogramm, das man absolvieren und sich aneignen kann, keine Indoktrination, sondern ein Achthaben auf die Erfahrung; auf die Erfahrung des Geistes, versteht sich. Das größte Hindernis, das dem entgegensteht, ist das faule Vertrauen darauf, daß die Pfaffen ja wissen müßten, was der Glaube ist, weil »sie viel schöner großer Bücher gelesen haben. Derhalben spricht der arm, gemein Mann: Ei, es sind feine Männer mit ihren roten und braunen Baretten, sollten sie es nicht wissen, was Recht oder Unrecht ist? Es haben in der Wahrheit die Leut (nachdem sie wollen Christen sein) ein tölpisch Urteil ...« (KGA 293)

Und worin besteht dies tölpisch Urteil? Darin, daß sie die falschen von den wahrhaftigen Knechten Gottes nicht unterscheiden. Schuld daran sind beide, das Volk wie die Pfaffen. Jeder Mensch ist ein heiliger Tempel, zu nichts anderem geschaffen, als daß er den Heiligen Geist zum Schulmeister des Glaubens habe. Doch dieser Tempel ist über die Maßen von den ungelehrten Pfaffen verwüstet. Und die Menschen bleiben vor diesem Tempel stehen, können in ihr eigen Herz nicht kommen »vorm Geschäft der Nahrung«.

Rät Müntzer etwa wirklich, schlicht dem eigenen Herzen zu trauen? Keineswegs. Er weiß im Gegenteil, daß die Welt im Herzen viel tausendfältiger ist denn auswendig. (KGA 302) Wenn der Glaube die Welt überwinden soll, muß dies zuerst im Herzen geschehen. Wozu wäre er sonst Priester? Darin ist er sich wiederum mit Luther einig. Aber: »... es kann vor dem Wucher und vorm Schoß und Zinsen niemand zum Glauben kommen.« (KGA 303) Also dreht das Problem sich im Kreise: die auswendige Welt ist so, daß niemand zum Glauben kommen kann – und ohne Glauben kann die Welt nicht von innen aufgebrochen, geschweige denn im Äußeren verwandelt werden.

Keine Rede ist davon, daß das Volk alleine die Wende bringen könnte. Zwar hat das Volk seine Sympathien, doch »wie das Volk ist, so ist der Pfaff«. (KGA 295) Sie hängen zusammen wie Kröterich. »Es will sich in diesem Fall ein jeder schön aufputzen mit eines andern Unflat, und es ist doch aller Menschen schuld, daß die ganz christliche Gemein einen stummen Gott anbetet.« (KGA 295) Dies ist ein Sternengedanke Müntzers, Barriere gegen feigen Fatalismus, der die Verantwortung für alles auf Gott abwälzen will. Der stumme Gott ist eine Erfindung der Menschen. Ob und wie Gott redet, genauer: ob und wie man Gott reden hört, dies hängt vom Menschen ab. So zieht Müntzer Gott und die Verantwortung für die Welt in den Menschen hinein. Doch der Mensch ist zwar ein heiliger Tempel, aber nicht Gott; er soll erst noch vergottet werden. Also wiederum ein Zirkelschluß und Ringelreihen im Geiste.

Wie endlich ist aus dem Kreise auszubrechen? Nur so: »So anders die Christenheit soll recht aufgerichtet werden, so muß man die wuchersüchtigen Böswichter wegtun und sie zu Huntknechten machen ... Das arm, gemeine Volk muß des Geists Erinnerung pflegen ... und bitten und warten auf einen neuen Johannes, auf einen gnadenreichen Prediger ... Darum muß einer aufstehen, der die Menschen weise auf die Offenbarung des göttlichen Lämmleins, im Urteil des ewigen Worts vom Vater abgehend.« (KGA 296 f.) Also draufhauen und einer muß vorangehen! Die Böswichter wegtun und der gnadenreiche Prediger – das gehört zusammen. Einer muß aufstehen. Wer sonst könnte dies sein, wenn nicht Müntzer selber. Müntzer »ideologisiert« sich selber, und er weiß um das Risiko: »zum rechten Priestertum hilft die ganze Welt ungern, ja sie pflegt den rechten Pfaffen die Köpf für die Füß zu streichen«. (KGA 295)

Der gnadenreiche Knecht Gottes muß alle Ding in den rechten Schwank bringen. Viele müssen erweckt werden, auf daß sie »die Christenheit fegen von den gottlosen Regenten. Auch muß vorhin das Volk hart gestraft werden um der unordentlichen Lüste wegen …« (KGA 300) So wird die heilige Kirche durch die bittere Wahrheit erneuert. Und immer wieder hat er einen Gedanken parat, der wider den Augenschein geht und Hoffnung gibt: der falsche Glaube kann nicht anders zu Trümmern zerstoßen werden als durch mächtig hohes Herzeleid und schmerzliche Betrübnis. Und dann eine wundervolle Stelle, nachempfunden dem Magnifikat: »Damit sich die Gottlosen aufbrüsten und hoch aufmutzen, versinkt der Auserwählte. Da kann er Gott erheben und großmachen und kann sich nach der herzlichen Betrübnis auch aus ganzem Herzen freuen in Gott, seinem Heiland. Da muß das Groß dem Kleinen weichen und vor ihm zu schanden werden. Ach wüßten das die armen, verworfnen Bauern, es wäre ihnen ganz nütz.«(KGA 299)

Sie wußten es, Christus am Kreuze war ihnen nahe. Daß der Herr die Reichen mit leeren Händen wegschicken und die Machthabenden vom Stuhle stoßen werde, dies eben war durch den Kult der Maria und deren Lobgesang tief ins Volk gedrungen. Müntzer brauchte nicht versteckte Stellen der Bibel ans Licht zu ziehen, um mit gewundener Autorität das zu stützen, was er sagen wollte. Kräftige Züge der Volksfrömmigkeit kamen ihm entgegen. Devotio und aufrechter Gang waren in ihr kein Gegensatz. Gebeugtes Knie und gekrümmter Rücken konnten sich schnell strecken – Müntzers Chance und Ziel.

»Ausgedrückte Entblößung des falschen Glaubens der ungetreuen Welt durchs Gezeugnis des Evangeliums Lucae« nannte Müntzer diese Schrift. Einen ersten Entwurf dazu hatte er noch vor seinem Weggang aus Allstedt in Weimar zur Zensur eingereicht. In Mühlhausen gab er ihr den letzten Schliff. Sein Selbstbewußtsein und Situationsbewußtsein drückt der Knecht Gottes jetzt in dem Verfassernamen aus »Thomas Müntzer mit dem Hammer«. Die Vorstellung vom Hammer bleibt lange wach in ihm. »Schmiedet pinke panke auf den Ambossen Nimrodts« wird er nächstes Frühjahr seinen Brüdern und Mitstreitern anfeuernd zurufen.

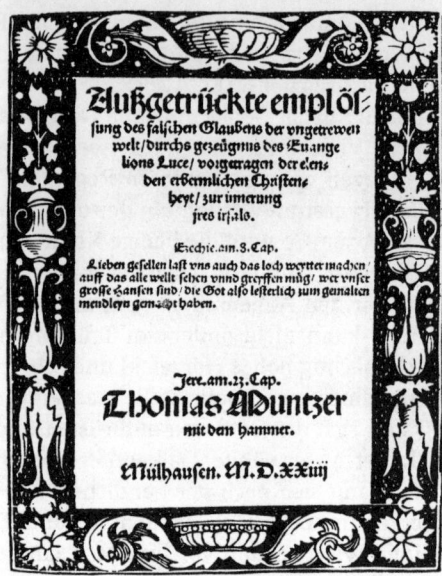

Thomas Müntzer: »Außgetrückte emplössung des falschen Glaubens
der vngetrewen welt …«
Titelblatt der Flugschrift, Nürnberg 1524

Thomas Müntzer: »Außgetrückte emplössung des falschen Glaubens
der vngetrewen welt …«
Textseiten der Flugschrift, Nürnberg 1524

Die Volksfrömmigkeit kam Müntzers Geiste in manchen Stükken entgegen; die Mühlhäuser jedoch, die Müntzer – wir bemerkten es schon – für langsam hielt, waren ihm geistig nicht nur entgegengekommen. Sie waren ihm mit der Tat vorausgeeilt. Gebende, nicht nur Nehmende. Sie hatten einen Prozeß in Gang gesetzt, in den Müntzer sich nun einklinken und in dem er lernen und seine Fähigkeiten erproben konnte. Nach dem Rezeß vom Sommer 1523, den wir schon kurz erwähnten, hatte der eifrigste Agitator der reformatorischen Bewegung, der Prediger und ehemalige Mönch Heinrich Pfeiffer, unter dem Druck der Gegenkräfte aus der Stadt weichen müssen. Pfeiffer hatte sich nicht gescheut, die kursächsischen Schutzherren der Freien Reichsstadt in seiner Angelegenheit um Hilfe zu bitten, die ihm bereitwilligst gewährt wurde. Dank der Fürsprache von Herzog Johann, des Bruders von Kurfürst Friedrich, durfte er nach einiger Zeit nach Mühlhausen zurückkehren. Noch war die Reformation im Aufschwung, und sie galt für Freund und Feind mit Selbstverständlichkeit als lutherisch. Gerade wenn sie in Schwierigkeiten geriet, ließen es sich die ernestinischen Fürsten gern gefallen, um Schutz und Schirm angegangen zu werden, zumal dann, wenn dies nicht die Ruhe und Ordnung im eigenen Lande störte und Gemeinwesen in Bewegung setzte, für die sie nicht unmittelbar als direkte Obrigkeit verantwortlich waren.

Der Erfolg ließ nicht lange auf sich warten. Mit bitterer Klage wandte sich der Pfarrer zu St. Blasien, Johann Weber, an den Hochmeister des Deutschen Ordens. Pfarrhäusern und Klöstern »beiderlei Geschlechts« sei »durch den gemeinen lutherischen Haufen« übel mitgespielt worden. Diese seien »mit gewappneter Hand grausamlich« überfallen worden. (Fuchs 23) Man habe den Mönchen den Vorrat weggefressen und -getrunken und ihre Kleinode gewaltiglich hinweggetragen. Und als der Landcomptur der thüringischen Ordensballei sich beim Rate vergeblich bemüht habe, die Sache beizulegen, sei abermals »ein freveler, abgefallener martinischer Hauf und ein Volk ohne Haupt aufgestanden« und habe vom Pfarrer zu St. Blasien gefordert, er solle den abgetretenen Mönch Koler in der Kilianskapelle predigen lassen. Dies wurde verweigert. Daraufhin drang am Christtag 1523 ein entlaufener Mönch mit einem großen Haufen Volks in die Kapelle, nahm dem Priester, der gerade die Messe zelebrierte, den Kelch aus der Hand, hielt selbst eine Messe und kommunizierte das Volk auf lutherische Weise.

Koler hat dann etliche Barfüßermönche in die Marienkirche geholt (die wie St. Blasien ebenfalls dem Deutschen Orden zuständig war) und verkündet, wer Verlangen danach habe, solle am nächsten Tage (den 27. Dezember) in die Kilianskapelle kommen, das Gotteswort hören und die Sakramente wieder lutherisch empfangen.

Dem zu wehren, forderten die Kirchvormünder vom Kirchner die Schlüssel. Als Koler am nächsten Morgen mit einem großen Haufen die Kapelle verschlossen fand, drang die Menge daraufhin lärmend in St. Blasien ein, wo Weber die Messe las und ins Zittern kam. Danach fiel der Haufe mit Geschrei in das Ordenspfarrhaus ein, aß und verschüttete die zubereitete Speise, stieß dem Weber die Kammer auf und drohte ihn zu ermorden. Weiber mit Brägenmesser in der Hand fuchtelten vor dem Ordensmanne herum und drohten, ihn zu erstechen. Der flüchtete sich schließlich in die Sakristei, wo er sich den ganzen Tag über weinend versteckt hielt, bis ihn am Abend die Bürgermeister in das Pfarrhaus geleiteten. Nach einer durchfürchteten Nacht eilte der so jämmerlich gebeutelte Ordenspriester aus den Toren nach Langensalza, wo er sich auf dem Gebiete Herzog Georgs des Bärtigen in Sicherheit wußte.

Wohl weniger laut, aber der Sache nach gleich schlimm ging es an der Nikolauskapelle vor der Stadt zu, ebenfalls zu St. Blasien und damit dem Deutschen Orden gehörig. Dort hatte man alle vom Orden entsandten Priester verjagt, einen beweibten Mönch hingebracht und trieb es mit dem Sakrament sehr lutherisch.

Der Deutsche Orden reagierte bedachtsam, mit sechswöchiger Verzögerung und trug seine Beschwerden auf vier Linien vor: beim Rat von Mühlhausen, bei Herzog Johann und Herzog Georg (den Schutz-, aber nicht Landesherren der Stadt) sowie beim Reichsregiment in Nürnberg: eine Verflechtung von Instanzen und halben Zuständigkeiten, die die Unausgegorenheit der damaligen deutschen Staatlichkeit ebenso widerspiegelt, wie sie andererseits dessenungeachtet der Stadt Mühlhausen in den nächsten Monaten und Jahren zu schaffen machte. Mehr als Schiedssprüche, gute Ratschläge, Willenserklärungen, Kompromisse und Hinhalteformeln konnte bei dem Hin und Her von Beschwerde, Rechtfertigung, Replik und Gegenbeschwerde kaum herauskommen; es sei denn, das Reichsregiment hätte sich auf eine Reichsexekution verstanden, die dann wohl den rivalisierenden Linien beider Sachsen zu übertragen gewesen wäre. Im Frühjahr 1525 wurde diese Gefahr dann akut, und bei der Niederwerfung des Bauernkrieges gab sie den Fürsten eine zusätzliche rechtliche Handhabe, mit Mühlhausen abzurechnen. Daß es einmal soweit kommen würde, war keineswegs schon abzusehen, als der Rat noch durch die Finger sah, wenn es den verhaßten Deutschordensherren in der Stadt an den Kragen ging. Gleichwohl wird aus diesen Zusammenhängen deutlich, daß der Knoten von langer Hand geschürzt war, der jene Interessen, Konflikte und Kräfte bündelte, deren Spiel den äußeren politischen Rahmen für Müntzers Agitation bildete.

Wir wollen die Winkelzüge und Widerreden, Argumente und Ausflüchte, Berichte und Beteuerungen der Kontrahenten ebensowenig im Detail verfolgen wie die Beschwichtigungen und Belehrungen der angerufenen Schiedser und Gewalten, sondern nur in die Verhandlungen hineinhorchen, um zu erfahren, wo wen der Schuh drückte und was wer eigentlich wollte.

Daß der Orden sich all das, was ihm um die Jahreswende 1523/24 in Mühlhausen widerfahren war und worüber der Pfarrer zu St. Blasien mit so beredten Worten Klage geführt hatte, nicht gefallen lassen konnte, liegt auf der Hand, und Beschwerde dagegen zu erheben konnte nur recht und billig sein; denn hier waren ganz zweifellos altes Herkommen, Reichs- und Landesrecht gebrochen worden. Nicht genug der Störungen des Gottesdienstes, des Hausfriedensbruchs im Pfarrhause, der Verjagung von Priestern und der eigenmächtigen Einsetzung von Predigern, hatten die Mühlhäuser nunmehr schon das dritte Jahr dem Deutschen Orden Zins und Zehnt verweigert oder wenigstens geschmälert; die Freihöfe für Wacht und Wehr in Pflicht genommen; Wiesen und Wälder, Mühlen und Gewässer, die dem Orden gehörten, widerrechtlich genutzt; die geistliche Jurisdiktion von sich gewiesen und den Schilling, mit dem der Zins zu zahlen war, von achtzehn auf acht Pfennige herabgesetzt.

Daß die Sache mit dem Geldwert sehr undurchsichtig und vielleicht doch nicht ganz dem Rat von Mühlhausen anzulasten war, mochten Nicolaus Abt zu Volkenroda und der Landcomptur der Ordensballei Nicolaus von Uttenrode noch einsehen und es dabei bewenden lassen; in allen anderen Stücken jedoch mußten sie Genugtuung fordern. Sie beriefen sich auf das Herkommen. Das jedoch ließ der Rat nicht gelten. Er wollte Brief und Siegel sehen, pochte aber selber gern auf das Herkommen, wenn dies zu seinen Gunsten ausschlug. Gerissenheit und Winkelzüge auf beiden Seiten.

Der Rat der Stadt war fromm. Ihm ging es vornehmlich und vor allem, ja nahezu einzig und allein um die rechte Seelsorge, also um das Wohl der Bürger. Was er sonst noch vorzubringen hatte, das leitete sich alles aus der Bekümmernis um die rechte Seelsorge her oder kehrte immer wieder dahin zurück, wenn die Argumentation einen Bogen geschlagen hatte. Die Seelsorge, derentwegen man so in Trübsal war, mußte um 1523 nicht unbedingt wesentlich schlechter gewesen sein als zwanzig Jahre vorher. Daß man an ihr jetzt so viel auszusetzen hatte, war zweifellos eine Wirkung reformatorischer Predigt, eine Frucht des lutherischen Samens. Was vordem als gut und schicklich galt und ohne offene Widerrede angehört und mitgemacht wurde (es sei denn hinter vorgehaltener Hand bewitzelt), dies mußte jetzt Fabel und Legende sein, nicht länger zu glauben und zu dulden.

Die Murmelung im Volke, daß neue und bessere Prediger hermüßten, hörte nicht jeder im Rate ungern. Damit ließ sich was anfangen. Wenn der oder die Orden sich nicht in rechter Weise um die Seelen sorgten und also das nicht täten, wozu sie gestiftet waren und wofür sie Geld und Nahrung, Freiheiten, Privilegien und Rechte erhalten hatten, dann verlören sie den Anspruch auf Zins und Decimation. Zudem warf man dem Orden vor, er habe die alten Freiheiten mißbraucht und so das Recht gebrochen: auf dem Freiland des Ordens habe er neue Höfe errichtet, dies entzöge der freien Stadt und dem Reiche Mannschaft und Wehr. Gegenmaßnahme: nun sollten auch die Freihöfe sich an Wach und Wehr beteiligen. Die Mühlen und Gewässer, die Wälder und Felder, die der Orden an sich gebracht hatte, sollten von den Bürgern mit genutzt werden.

Am ehesten war der Orden noch geneigt, in Sachen Zins und Decimation nachzugeben und Kompromisse anzubieten, doch die Seelsorger und Priester wollte er in seinen Kirchen und Kapellen selbst einsetzen. Dieses Verhalten entsprach sehr genau dem historischen Wesen kirchlicher Macht. Zwar warfen die Bürger (und dies nicht unbegründet) der Kirche unersättliche Geldgier vor. Doch entsprang dieser Vorwurf einem bürgerlichen Denken und Fühlen, das die Kirche mit bürgerlichem Maße maß – und sie gerade dadurch zwang, sich auf das Wesentliche ihrer spezifischen Macht zurückzuziehen. Dies Wesentliche kirchlicher Macht aber lag in der Verfügung über Menschen durch ideologische Beeinflussung. Auf Reichtümer, Besitz und Eigentum konnte die Kirche zur Not verzichten. Ihren historischen Weg hatte sie ja nicht mit materiellen Reichtümern begonnen, sondern mit einer Idee oder Botschaft. Mit dieser Botschaft hatte sie die Menschen angesprochen und angezogen, bald auch an sich gebunden. Und erst lange danach, nachdem sie die Seelen der Menschen gewonnen hatte, flossen ihr dann auch Besitztümer und materielle Güter zu.

Bürgerliche Macht hingegen war ganz anders aufgebaut. Bei ihr kam – historisch wie sachlich – nicht zuerst die Idee oder eine frohe Botschaft, sondern raffe, schaffe, Häusle baue, Leistung, Besitz und Eigentum. Und wer letzteres in ausreichendem oder überschießendem Maße hatte, der saß dann auch im Rat, konnte bestimmen, verordnen, regieren; man redete ihm nach dem Munde, sagte die passenden Worte, die ihm gelegentlich entrutschten, weiter, hielt sie für Ideen und machte daraus ganze Lehren. Reden, Worte, Lehren, Sorge um die Seelen und das Geschäft vor dem Altare standen für einen städtebürgerlichen oder wie-auch-immer-bürgerlichen Rat leichter zur Disposition als für Kirchenleute, welche Tracht sie auch immer gerade tragen mochten.

Am 10. und 11. August 1524, also gerade an den Tagen, als Müntzer unterwegs nach Mühlhausen war oder soeben dort eintraf, fanden die Verhandlungen zwischen dem Deutschen Orden und dem Rat von Mühlhausen einmal vor Herzog Georg dem Bärtigen und zum anderen vor Herzog Johann statt. Herzog Johann ließ zu Weimar einen Schiedsspruch ergehen: der Orden sollte auf seine Forderungen nach Schadensersatz verzichten und einen Zinsfuß von fünf aufs Hundert anerkennen. An seinen Mühlen, Gewässern etc. sollte er ungeschmälert bleiben. Was das Stift zu Volkenroda betraf, das dem Orden gehörte und worauf der Rat von Mühlhausen seine Hand zu legen gedachte, so erging ein weiser Spruch, der den späteren Umgang der Ernestiner mit den Klöstern schon vorwegnahm: vorläufig sollte im Stift alles so bleiben, wie es war. Die Personen, die sich darinnen befanden, sollten bis an ihr Lebensende all ihre Rechte und Freiheiten genießen. Wenn aber einer stürbe und dann einer neu in das Stift aufgenommen werden sollte, so sollte der Rat von Mühlhausen erst gefragt werden, ob ihm der Kandidat für die Neuaufnahme genehm war. Also eine Politik des Aussterbenlassens und des langen Atems, berechnet auf eine Reformation ohne Poltern und Brechen und mit schrittweiser Erweiterung des bürgerlichen Einflusses. An St. Blasien jedoch sollte der Ordenspriester Johann Weber restituiert werden, Koler aber (der neue Mann, der mit Tumult und Gewalt und mit dem Geschrei des Volkes dort hingebracht worden war) sollte weichen.

Den Ratsverordneten von Mühlhausen, die die Sache der Stadt in Weimar vor Herzog Johann zu vertreten hatten, muß bei Anhören des Schiedes nicht ganz wohl gewesen sein. So verlegten sie sich auf das probate Mittel, das auch alle Ergebnisse der Landtage, ganz zu schweigen von den noch schwerfälligeren Reichstagen, stets in die Länge zog und in der Schwebe hielt: sie verlegten sich aufs »Hinter-sich-Bringen«; d.h., sie erklärten, sie müßten erst alles dem Rat, der sie ja beauftragt hatte, melden, und dann würde man weitersehen.

Damit stand der Rat zwischen Baum und Borke. Den Ordenspriester an Divi Blasii zu restituieren hieß, neuen Ärger mit der reformatorischen Volksbewegung riskieren und wohl auch mit den durch den Rezeß von 1523 installierten Achtmännern; ähnlich verhielt es sich mit der Zumutung, die Ansprüche auf Ordensfelder und -wälder, Mühlen und Gewässer aufzugeben. Dies war die Lage zu jener Zeit, da Müntzer sich in der Stadt zu regen begann. Von außen wie von innen unter Druck gesetzt, blieb der Rat weitgehend untätig, zumal er gespalten war und altkirchliche wie reformationsfreundliche Kräfte sich in ihm ungefähr die Waage hielten.

Untätig bleiben und sich nicht rühren und den Schied negieren bedeutete konkret aber vor allem, dem Orden nach wie vor nichts zahlen und im Inneren der Stadt die Dinge schleifen lassen; ein sicherer Weg zu neuem Ungemach. Das ließ auch nicht lange auf sich warten.

Der Anlaß dazu war so geringfügig wie kennzeichnend für die labile Situation: lockere Reden bei einem feuchtfröhlichen Hochzeitsmahl. In der Gastwirtschaft »Zum Stern« ging es am 19. September 1524, einem Montag, hoch her und laut zu, man vergnügte sich bei einer Hochzeitsfeier in Anwesenheit des Herrn Bürgermeisters Rodemann. Auch der Gerichtsschreiber Kaspar, zugleich Kirchendiener an St. Jakob, war mit von der Partie. Ein Gerichtsschreiber gehörte nicht direkt zu den Honoratioren der Stadt, aber er kannte sie aus der Nähe, hörte und sah viel und war gerade dann immer dabei, wenn es um Recht und Unrecht ging. Auch als Kirchendiener hatte Kaspar eine Schlüsselposition im direkten wie übertragenem Sinne. War den Priestern die Schlüsselgewalt über die Seelen gegeben, so den Kirchendienern der Schlüssel zur Tür des Kirchengebäudes. In dieser Funktion hatten sie ähnlich wie Gerichtsschreiber mehr als andere Gelegenheit, ins Vertrauen gezogen und inoffiziell um Rat gefragt zu werden. Die Kirchendiener kannten die Kirche innen und außen. Urteilskraft über und Erfahrungen mit Ratsherren und Klerisei waren bei ihnen ausreichend vorhanden, Groll und Frustrationen ebenfalls. Beim Biere dann läuft der Mund leicht über, wes des Herzens voll.

Beim Gerichtsschreiber und Kirchendiener Kaspar nun lief etwas über, was den Bürgermeister Rodemann so an der Ehre kränkte, daß dieser ihn kurzerhand von der Stelle weg verhaften und in den Kerker werfen ließ. Die Freunde des Kaspar waren nicht weniger rasch von Entschluß. Sie riefen die Achtmänner herbei, befreiten den Kaspar aus dem Gefängnis, geleiteten ihn im Triumph zurück zur Hochzeitsgesellschaft, warfen dort den Bürgermeister hinaus und forderten, daß er auf dem Rathaus Rede und Antwort stehen sollte; denn er hatte für jedermann offensichtlich gegen den Rezeß verstoßen, in dem es schwarz auf weiß zu lesen war, daß kein Bürger ohne ordentliches Gerichtsurteil ins Gefängnis gesteckt werden durfte. Auch der zweite Bürgermeister, Wettich hieß der Mann, mußte schnell aufs Rathaus kommen und sich sagen lassen, daß das Maß nun voll sei.

Auf dem Rathause mußten die beiden Bürgermeister den Achtmännern geloben, sich am nächsten Tage zu stellen und den Rat einzuberufen. Doch dazu kam es nicht. Die Bürgermeister rafften das schwarze Seidenfähnlein der Stadt mit dem Stadtwappen, das Stadtsiegel und die Torschlüssel zusammen, stahlen sich über die Mauer und verschwanden in Richtung Langensalza, dem Zufluchtsort für alles, was noch katholisch dachte und in der Reformation nicht mehr aus noch ein wußte.

Die Flucht der Bürgermeister brachte das Faß zum Überlaufen. Die Stadt stand in hellem Aufruhr. Auf den Gassen rottete sich das Volk zusammen. Die zurückgebliebenen Ratsherren waren entsetzt. Jeden Augenblick konnte Blut fließen. Wäre es nur um den Gerichtsdiener gegangen und hätten sie es nur mit den Achtmännern zu tun gehabt – die Ratsherren hätten sich wohl mit ihnen arrangiert, wie schon mehrmals. Freilich standen die Achtmänner und ihr Anhang in den Zünften in Opposition zum Rat. Denn sie verkörperten eine bürgerliche Opposition: sie wollten mitbeteiligt sein an der Politik des Rates und an seinen Einkünften. Doch was sich jetzt auf Gassen und Plätzen tat, war nicht das Werk der Achtmänner allein. Hier wirkte eine andere Kraft: Thomas Müntzer und Heinrich Pfeiffer. Hinter Müntzer und Pfeiffer standen nicht nur Bürger, sondern auch Tagelöhner, Hausgesinde und verarmte Handwerker, rechtlose Mitwohner, Plebejer, keine Bürger im Rechtssinne. Und deren Gesellschaft war den Achtmännern zu gering und nicht standesgemäß. Zwar waren die Achtmänner selber nicht gerade reich zu nennen; aber immerhin gehörten sie zum wohlsituierten Kleinbürgertum, geboten über Knechte, Mägde und Gesellen. Denen aber hatte man vor allem den Meister zu zeigen, und nur im äußersten Notfalle durfte man sich mit ihnen gemein machen.

Für Plebejer, Gesellen, Mägde, Knechte, Tagelöhner war es nicht leicht, sich gegen ihre Herren aufzulehnen. Was half es schon, wenn man auf der Straße die Fäuste geschüttelt und Müntzer oder Pfeiffer zugestimmt hatte, wenn man ja doch wieder in der Werkstatt des Meisters seiner Arbeit nachgehen und mit dem Meister zu Tische sitzen und froh sein mußte, nicht auf die Straße geworfen zu werden? Gegen das Gesinde hielten die Meister allemal zusammen, mochten sie selbst auch auf den Rat und die Patrizier fluchen. Die Bedürfnisse des Magens banden die Plebejer fester an die Herren und die bestehenden gesellschaftlichen Verhältnisse, als man sich eingestehen mochte.

Dagegen also mußte Müntzer vorgehen und seine Gefolgschaft geistig wappnen. Was er theologisch ersonnen und in immer neuen Versionen geschrieben hatte, fand hier seine Konkretisierung und Bestätigung: es sind der elende Bauch, das hungrige Fleisch, die den Menschen hindern, frei und aufrecht durchs Leben zu gehen und den Willen Gottes zu tun.

Direkte Predigten Müntzers aus der Mühlhäuser Zeit vom September 1524 sind nicht überliefert. In Berichten ist jedoch mehrfach die Rede davon, daß er das Volk gegen die Pfaffen, den Rat und jegliche Obrigkeit aufgewiegelt habe. So dürfen wir wohl berechtigterweise annehmen, daß er die insbesondere aus den letzten Tagen seines Aufenthaltes in Allstedt hinlänglich bekannte Linie seiner Agitation verstärkt fortgesetzt hat. Sicher ist, daß der Rat bald alles daransetzte, den unbequemen und gefährlichen Mann so schnell wie möglich wieder loszuwerden und sich auch des nicht minder gefährlichen Agitators zu entledigen, der zunehmend gemeinsame Sache mit Müntzer machte.

Ausschnitte aus dem Gemälde von Werner Tübke
»Frühbürgerliche Revolution in Deutschland«
Bauernkriegs-Panorama Bad Frankenhausen

Drei bewaffnete Bauern
Kupferstich von Albrecht
Dürer, 1497/1498

Landsknechtsfähnrich
Zeichnung von Albrecht Dürer,
1513

Große Ratsstube im Rathaus von Mühlhausen, Tagungsstätte des »Ewigen Rates«.
Auf der Rückwand gotische Wandmalerei

Marienkirche in Mühlhausen

Innenansicht der Marienkirche, der Predigtkirche Thomas Müntzers in Mühlhausen

Kampf der Bauern zum Sturz der Gewaltherrschaft. Holzschnitt des Petrarca-Meisters, 1519/1520

Bewaffnete Bauern auf dem Marsch   Holzschnitt, 16. Jh.

Aufständische Bauern umringen einen Adligen
Holzschnitt des Petrarca-Meisters, 1519/1520

Belagerungsgeschütze der fürstlichen Truppen
Holzschnitt des Petrarca-Meisters, 1519/1520

Kurfürst Johann von Sachsen. Im Hintergrund: Darstellung der Schlacht von
Frankenhausen. Gemälde im Schloß Wilhelmsburg, Schmalkalden, Mitte 16. Jh.

Die Rache der fürstlichen Sieger: Verurteilung, Folterung, Hinrichtung
Holzschnitt von Hans Burgkmair

Torhaus am Anger in Frankenhausen, in dem Thomas Müntzer gefangengenommen
wurde

Innenhof der Wasserburg Heldrungen. Im vorderen Turm wurde Thomas Müntzer bis zu seiner Hinrichtung am 27. Mai 1525 höchstwahrscheinlich gefangengehalten und gefoltert.

Thomas-Müntzer-Denkmal in Mühlhausen von W. Lammert

Wenige Tage vor der Hochzeit mit dem tumultuarischen Ausgang hatte der Rat erstmals versucht, gegen Müntzer und Pfeiffer durchzugreifen. Müntzer und Pfeiffer waren damals an der Spitze eines zahlreichen Gefolges aus der Stadt gezogen, ein rotes Kreuz und ein blankes Schwert waren dem Zuge vorangetragen worden. Im Stadtgraben vor dem Felchtatore hielten sie Versammlung mit ihrer Gefolgschaft. Die Szene erinnert an die Versammlung im Stadtgraben von Allstedt, wo Müntzer seine erste Bundesgründung vollzogen hatte. So ist es durchaus möglich, wenn auch nicht eindeutig zu beweisen, daß eben jetzt bei diesem Anlaß die Gründung des »Ewigen Bundes Gottes« stattfand, dessen Existenz freilich erst für das Frühjahr 1525 einwandfrei bezeugt ist. Wer zum Worte Gottes stehen wollte, sollte schwören, als »Ewiger Bund Gottes« zusammenzustehen. Alle, die zum Bunde gehören wollten, wurden in eine Liste eingetragen. Sie umfaßte zweihundert Namen. Der nach schwerer Krankheit verstorbene und für die Müntzerforschung so verdienstvolle Dietrich Lösche hat die soziale Zusammensetzung des »Ewigen Bundes Gottes« analysiert und klargemacht, daß es sich um eine Organisation von vorwiegend kleinbürgerlichem sozialem Profil handelte. (Lösche)

Ob der Rat vorher schon einen Ausweisungsbefehl gegen Müntzer und Pfeiffer erlassen hatte oder sich erst angesichts der Versammlung vor dem Felchtatore zu einem solchen Schritt aufraffte, muß dahingestellt bleiben. Jedenfalls durften die beiden nach dem Zug aus dem Felchtatore die Stadt für zwei Tage nicht betreten, bis ihnen die Flucht der Bürgermeister und das damit verbundene Durcheinander die Gelegenheit zur Rückkehr bot.

Es folgte eine stürmische Woche. Der Rat war mit der Flucht der Bürgermeister so gründlich kompromittiert, daß die Opposition jetzt reinen Tisch machen und einen völlig neuen Rat einsetzen wollte, der ganz anders regieren und statuiert sein sollte als der bisherige. Die Bibel oder das Heilige Wort Gottes sollte diesem neuen Rate zur Richtschnur befohlen werden. In den »Elf Mühlhäuser Artikeln« hieß es, eine zeitliche Begrenzung zum Regieren sollte ihm nicht gesetzt sein, »weder ein Jahr noch zwei, Ursach, auf daß sie nicht tun, was sie gelüstet, sondern recht Urteil fällen und sich nicht aufblasen und sich selber für Herren halten«. (Fuchs 47) Bei »Verlust Leibs und Lebens, nämlich bei dem Henken«, soll ihnen (den neuen Ratsmitgliedern) geboten sein, »Recht tun und Unrecht lassen, Ursach, auf daß

Recht erhalten und das Unrecht nicht ungestraft bleibe. Jesaja &; Luc. 19 von denen, die göttlichem Regiment widerstehen; Numeri 14; Deut. 4, 20, '21 von den unrechten Richtern und Numeri 25 gebot Gott, zu henken die unrechten Regenten, die dem Gebot Gott(es) nicht folgen wollen, die Bösen zu strafen«. Müntzers Hand ist zu spüren. Was die »Gemeinde zu Mühlhausen von Sankt Nikolaus, Sankt Georg, Sankt Margarethen und die Leineweber Sankt Jakob und aus andern Handwerken viel vom Regiment daselbst gehandelt« und auf das Papier brachten, aus dem wir hier zitieren, mutet partienweise wie eine direkte Nutzanwendung an von Gedanken, die schon in Müntzers »Fürstenpredigt« zu finden sind.

Die Grundidee der »Elf Mühlhäuser Artikel« ist die vom »Ewigen Rat«, der sich an göttliches Recht halten soll. »Ewiger« Rat besagt, daß er im Unterschied zu bisheriger Gewohnheit nicht für ein oder zwei Jahre gewählt werden soll, sondern für »ewig«; d. h., die gewählten Mitglieder sollen so lange im Amt bleiben, bis sie wegen Altersgebrechlichkeit abgelöst oder wegen Verfehlungen abgesetzt bzw. enthauptet werden. Aktion und Diktion zielen gegen die Patrizierherrschaft, die sich auf Grund ihrer Einkommen eine Ehrenamtlichkeit im Rate leisten konnten. Mehr noch: die Ehrenamtlichkeit war ein sicheres und spontan wirkendes Mittel, ärmere Bevölkerungsschichten, die den ganzen lieben Tag lang für ihre Nahrung werkeln mußten und es sich nicht leisten konnten, unbezahlte Zeit für Amtsgeschäfte aufzuwenden, durch die blanke Macht der Lebensumstände von der Handhabung der öffentlichen Gewalt fernzuhalten. Überdies und zusätzlich hatte sich das Patriziat noch rechtlich das Ratsmonopol gesichert, indem es eine Steuerleistung von mindestens 22 Geschoßmark als Untergrenze für die Ratsfähigkeit der Bürger festsetzte.

Sollte dies nicht nur in der Phrase abgetan, sondern in der Wirklichkeit mit bleibendem Erfolg verändert werden, so mußte radikal gebrochen werden mit der Chimäre von der Ehrenamtlichkeit. Folgerichtig heißt es deshalb: »Daß man sie auch versorge, das sie Notdurft haben, Ursach, daß sie nicht Ankunft haben zum Geiz, schinden und schaben mochten ... wie Exodus 18 geschrieben, daß die Geizigen und Hoffärtigen und unverständigen Lügner und Hässer zum Regiment untüchtig sein, wie Actorum 20 vom Regiment steht und Matt. 10, der Arbeiter ist seines Lohnes wert und 1 Kor. 9 von der Versorgung, Luce 3 laßt euch genügen an eurem Solde«. (Fuchs 48) Also feste Besoldung der Ratsmitglieder. Zweifellos ein Schritt zu höherer Organisiertheit der Verwaltung und der öffentlichen Gewalt. Unter den Bedingungen des 16. Jahrhunderts bedeutet dies aber auch einen Vorgriff auf künftige Entwicklungen. Bei Vorgriff denkt man in diesem Zusammenhang unwillkürlich zuerst an die besoldete Beamtenschaft des Absolutismus. Dies wäre ja auch die nächstfolgende historische Entwicklungsstufe, deren Vorboten und freilich noch zaghafte erste Ansätze in den deutschen Territorien des 16. Jahrhunderts andeutungsweise zu erkennen sind. Doch folgt man der direkten Intention dieses Dokuments, so erscheint die Spanne des Vorgriffs noch weit ausladender, hinüberweisend in nachbürgerliches Verfassungsdenken ...

Ein gesondertes »Bedenken« zur Einsetzung eines neuen Rates verfaßten die Leineweber. Sie betonten, daß der neue Rat auf die Heilige Schrift zu verpflichten sei und auf das, was in Willkür, Rezeß und kaiserlichem Recht »der Biblien und Heiligen Schrift gleichmäßig ist« (Fuchs 49). Daneben habe man »zu freundlicher Betracht zu nehmen nachgetane Schrift an gemein christlich Kirchen zu Mühlhausen«. (Fuchs 50) Diese »nachgetane Schrift« ist nichts anderes als Müntzers Brief »an die Kirche zu Mühlhausen« vom 22. September 1524, der sicherste aktenkundige Beweis für die enge Beziehung Müntzers gerade zu jenen Produzentenkreisen, die am frühesten und intensivsten von den sich herausbildenden Elementen der kapitalistischen Produktionsweise erfaßt wurden. Müntzers Brief ist im Weimarer Staatsarchiv direkt mit dem »Bedenken« der Leineweber unter der gemeinsamen Aufschrift »Mu(n)tzers alias Alsteter ratschlag« zusammengefügt.

»Auf daß ich mein Brot nicht mit Sünden esse, werde ich verursacht, euch zu raten und auf das allerfleißigst zu dienen. Denn ich sehe und greif, daß ihr von der menschlichen Furcht wegen nichts beschließen könnt«, so beginnt der Brief. Der Ratschlag selbst ist so radikal nicht, aber gut der Situation angemessen. Die Mühlhäuser sollten die Gebrechen der Obrigkeit aufdecken und diese ermahnen, in die Absetzung des Rates zu willigen. Andernfalls sollten sie alle Bosheit in den Druck geben, wozu er gerne helfen will, und so »den Glimpf von der ganzen Christenheit schöpfen, daß man wird sagen: Sieh, die frommen Leut haben allzuviel Geduld gehabt ... Denn der gemein Mann (Gott sei es gelobt) die Wahrheit fast an allen Orten annimmt.« (KGA 448) An die »Kirche zu Mühlhausen« wendet sich Müntzer, nicht expressis verbis an das eine oder andere Handwerk. Aber gerade die Leineweber akzeptieren und verwerten den Brief und fügen gleich noch einen Zettel an des Inhalts, daß man Klagezettel schreiben soll »an unser getreuen zugegebene Beistände des Heiligen Reiches und anderen bekannten Städten«. Also ein direktes Aufgreifen des Müntzerschen Ratschlags. Beides, die allgemein gehaltene Anrede bzw. der sehr breit gefaßte Adressat und zum andern der sehr konkrete Rezipient, spricht dafür, daß sich Müntzer in der Tat immer mehr dem annähert, was in ihm als Vision und Weg aufgeleuchtet war: der arme gemeine Mann baut die neue Kirche, eine Kirche der Armen, bislang Betrogenen und Mißhandelten. Diese Kirche ist, modern gesprochen, identisch mit der Gesellschaft; sie bestimmt auch über das Rathaus. Also Theokratie? Ja, ganz gewiß; denn Gott allein soll herrschen und nichts sonst als sein Gesetz verbindlich sein. Das Wort Theokratie ist den Vorstellungen Müntzers angemessen. Wir brauchen bei seinem Klange nicht erschreckt zusammenzucken und uns verängstigt umblicken, ob wir da nicht einer antirevolutionären Verbalinjurie aufsitzen. Wie sonst hätte er sich ein totaliter aliter zur bestehenden Gesellschaft denken sollen als durch das Eingreifen und die direkte Herrschaft Gottes, verwirklicht von seinem Werkzeug, dem gemeinen Mann, und geführt von seinem Knecht und Propheten Thomas Müntzer mit dem Hammer, »auf daß das Leben sich in den Himmel schwenke!«. Diese Hoffnung und Vision war ihm nicht abwerfbares und austauschbares Gewand, sondern Sinn, Ziel und Substanz; von uns nicht zu richten und zu rechten, sondern wahrzunehmen und allenfalls zu transponieren und zu übersetzen.

Sei's drum, diese Idee zündete – jetzt endlich, nachdem er jahrelang in den Wind gesprochen. Ganze Stadtviertel und Zünfte hatten sich seine Idee zu eigen gemacht, sie aufs Papier gebracht und in den »Elf Mühlhäuser Artikeln« als Forderung erhoben, daß in Sachen Recht und Ordnung nichts gelten sollte als »die Biblien der Heiligen Geschrift«. Das Ziel schien greifbar nahe. Doch war dies, was in den »Mühlhäuser Artikeln« stand, nur die eine Hälfte seiner Idee; die andere fehlte noch, daß nämlich alle Menschen sollten ledig werden der Furcht vor den Menschen durch die »Umbschättigung des Heiligen Geistes«. Ohne diese Umbschättigung aber blieb die Bibel nur ein Babel, toter Buchstabe, auszuspeien, wie die Störche ihren Jungen die Frösche ins Nest speien. Darum eben hatte er ja den Brief geschrieben.

Hochverursachte Schutzrede
vnd antwwort/wider das Gaistlose Sanfft
lebende fleysch zu Wittenberg/welches
mit verkärter weyße / durch den
Diebstal der heiligen schrift
die erbermdliche Chri
stenheit/also gätz
jämerlichen
besudelt
hat.

Thomas Müntzer
Alstedter.

Auß der hölen Helie/ welches ernst nie
mant verschonet. iij. Regū. rviij. Mat
thei. rviij. Luce. j. Apocali. Ondecimo.

Anno. M. D. XXiiij.

O deus redime me a calumnijs hoim : vt custodiā
mādata tua. Annūciemqz veritatē in filio tuo recō
ditam: ne techne malignantiū amplius perseuerent.

Thomas Müntzer: »Hochverursachte Schutzrede vnd antwwort wider das Gaistloße
Sanfft lebende fleysch zu Wittenberg ...«
Titelblatt der Flugschrift, Nürnberg 1524

So gut die Mühlhäuser auch angefangen hatten, der Menschen
Furcht waren sie nicht gänzlich ledig. Fünf Tage nach seinem
Brief an die Kirche zu Mühlhausen mußte Müntzer es bitter erfahren. Der Rat bot die Bürger in Harnisch auf und zusätzlich
noch zweihundert bewaffnete Bauern aus den Ratsdörfern. Mit
dieser Gewalt setzte der Rat die Ausweisung Müntzers und Pfeiffers durch; die Zünfte stimmten zu.

Wieder war er draußen, hinausgeworfen und vertrieben aus
einer Stadt. Zum wievielten Male eigentlich? Zwickau, Prag, Allstedt, Mühlhausen, zwischendurch nicht viel besser. Wohin
denn nun und wie weiter, würde er nie ans Ziel gelangen und
zur Ruhe kommen? Lamentieren war nicht seine Sache. Natürlich dorthin, wo das Volk in hellem Aufruhr war, in den Südwesten, in die Wetterecke des Reiches, von wo ihm gute Kunde gekommen war, daß die Dinge im rechten Schwange seien. Den
Weg dahin nahm er über Nürnberg, eine neue Schrift im Gepäck
»Hochverursachte Schutzrede und Antwort wider das geistlose
sanftlebende Fleisch zu Wittenberg«.

Thomas Müntzer: »Hochverursachte Schutzrede vnd antwwort wider das Gaistloße
Sanfft lebende fleysch zu Wittenberg …«
Textseite der Flugschrift, Nürnberg 1524

Mit Antwort ist gemeint die Antwort auf Luthers »Brief an die
Fürsten zu Sachsen von dem aufrührischen Geist«. Erste An-
klänge einer solchen Antwort finden sich schon in der »Ausgedrückten Entblößung«, aber diese Schrift war in ihren Grundzügen wohl schon konzipiert, als ihm Luthers Pamphlet in die
Hände fiel; es muß wohl gerade noch in den letzten Tagen seines
Aufenthaltes in Allstedt oder kurz danach gewesen sein. Die Abrechnung mit Luther war generell schon in der »Ausgedrückten
Entblößung« geschehen, und er hatte dem von der Substanz her
nichts Entscheidendes mehr hinzuzufügen. So wurde der Eifer
zum Geifer, aufgehellt durch Lichter, die ihn noch hellsichtiger
machten in Sachen, wer schuld sei an Aufruhr und Gewalt.

Mit hartem Griff hatte Luther zugepackt und Müntzer mitten
hineingestellt in einen Grundriß der Satanologie. Dies eben sei

des Teufels Wesen, und in der Geschichte sei es so gewesen, daß der Teufel das Evangelium erst mit der Faust zerstören will und Märtyrer macht; und wenn das nicht hilft, dann wirft er Sekten auf, verwirrt den Geist und schleicht sich mitten unter die Christen. So war es zu Jesu Zeiten und am Anfang der christlichen Kirche; so ist es auch jetzt, und Müntzer ist dafür das Paradebeispiel.

Man merkt es Müntzers Gegenschrift an, wie sehr ihn das getroffen hat. Ruhe und Ausgewogenheit war wohl nie – zum Glück! – seine Stärke, jetzt geht die Aufgeregtheit mit ihm durch. Denn Luther wußte seine Trümpfe gut zu spielen: daß er sich nicht rühmen könne, je des Himmels Stimme ohne Mittel der Schrift gehört zu haben; daß er sich auch nicht selber zu einem Prediger aufgeworfen habe, sondern immer nur von Menschen und von Amts wegen dazu gedrängt worden sei; daß er sich auch nie in den Winkel habe verkriechen können, sondern vor Kaiser und Reich Rede und Antwort stehen mußte; daß man den Geist ja an den Früchten erkenne und daß des Müntzers Geist bislang nichts anderes gezeigt habe, als Holz und Steine brechen und mit der Faust dreinschlagen; und – was vielleicht das Ärgste war – der kühle Rat an die Fürsten, mit diesem Geiste so zu verfahren: Ja, es müssen Sekten sein, doch die Faust haltet stille. So sie das nicht tun wollen, dann jagt sie zum Lande hinaus! Ganz von oben herab hatte Luther ihn behandelt und als kleinen Kläffer hingestellt.

Das war er nicht; aber seine Eitelkeit war getroffen, und gegenüber dem großen Namen aus Wittenberg hatte er immer noch einiges zu kompensieren. Deshalb wüste Flüche dort, wo die Argumente versagen oder ihm nichts Neues einfällt zu dem, was er nun schon drei Jahre lang beschwörend vorgetragen hatte: kirrer Geselle, Bösewicht, tückischer Kolkrabe, Brandfuchs, geistloses sanftlebendes Fleisch, Doktor Lügner, elender Madensack, hodensäckischer Doktor, Lügner, Lügner, Lügner … ich röche dich lieber gebraten, du hast ein fein eselisch Fleisch – eine Fundgrube für jeden, der schäumt vor Wut und dem die Worte ausgehen. Fein von Ausdruck war auch Luther nicht, doch Müntzer gegenüber saß er am längeren Hebel und konnte sich gelassen geben – vorläufig noch; ein Jahr später sah das dann schon anders aus. Doch greifen wir nicht vor, bleiben wir bei der Stimmung von Spätsommer und Frühherbst 1524: Müntzer in Bedrängnis und auf der Flucht, und Luther tritt kräftig hinterdrein.

Wer sollte da noch ausgewogen und ruhig schreiben. Ausgewogenheit ist sowieso eine Tugend der lahmen und – um es mit Müntzer zu sagen – schalen Fratzen, eine »affenschmalzische Weis«. Das Erreichte ist noch nicht das Erreichbare, und so bricht es aus Müntzer heraus: »Sieh zu, die Grundsuppe des Wuchers, der Dieberei und Rauberei sein unser Herrn und Fürsten, nehmen alle Kreaturen zum Eigentum. Die Fisch im Wasser, die Vögel in der Luft, das Gewächs auf Erden muß alles ihr sein, Jesajae 5. Darüber lassen sie dann Gottes Gebot ausgehen unter die Armen und sprechen: Gott hat geboten, du sollst nicht stehlen; es dienet aber ihnen nicht. So sie nun alle Menschen verursachen, den armen Ackermann, Handwerkmann und alles, das da lebet, schinden und schaben, Michae 3. Kapitel, so er sich dann vergreift am allergeringsten, muß er hängen. Da sagt dann der Doktor Lügner: Amen. Die Herren machen das selber, daß ihnen der arme Mann feind wird. Die Ursach des Aufruhrs wollen sie nicht wegtun, wie kann es die Länge gut werden? So ich das sage, muß ich aufrührisch sein, wohlhin.« (KGA 329)

Daß Luther sich brüstet, vor Kaiser und Reich gestanden zu haben und noch dazu ganz allein, wurmt ihn. Er weiß, daß dies gerade Luther in den Augen sehr vieler zum Helden der Nation gemacht hat. Den Lorbeer will er ihn vom Haupte reißen: »Daß du zu Worms vorm Reich gestanden bist, Dank hab der Deutsch Adel, dem du das Maul also wohl bestrichen hast und Honig gegeben, denn er wähnete nicht anders, du würdest mit deinem Predigen Böheimische Geschenk geben, Klöster und Stift, welche du jetzt den Fürsten verheißest. So du zu Worms hättest gewankt, wärest du eher erstochen vom Adel worden, denn losgegeben, weiß doch ein jeder.« (KGA 341)

Es wußte nicht ein jeder, und Luther wäre auch nicht erstochen worden vom deutschen Adel; die Mordbuben lauerten ganz woanders. Sicher, der Adel war zufrieden mit Luther; doch seine Strohpuppe war er nicht. Was Müntzer hier gegen Luther schreibt, deckt sich in der Tendenz mit dem, was Nuntius Aleander aus Worms nach Rom berichtete. Daß die äußerste Linke und die äußerste Rechte gegen den Hauptstrom der Revolution koinzidieren, ist so selten nicht. Doch Aleander geifert gegen den Luther, der Reformation macht und durchhält; Müntzer hingegen kritisiert den Luther, der zuwenig Reformation macht und dort innehält, wo er hätte weitergehen sollen. Doch erfassen dabei beide trotz (oder gerade wegen?) der Ungerechtigkeit gegen den persönlichen Mut des Mannes, der das alles durchzustehen hatte, mehr als nur einen Zipfel der gesellschaftlichen Zusammenhänge um Luther in Worms: ein (wenn auch nicht das alleinige) Klasseninteresse, das dahinterstand. Dies hat seine eigene Logik und ist keineswegs verwunderlich: Luther mußte darauf aus sein und war es auch, so breite Interessen wie nur möglich anzusprechen. Müntzer indes und auf ihre Weise auch die herausgeforderte und in die Enge getriebene Papstkirche bzw. deren Adepten waren objektiv wie subjektiv bestrebt bzw. von den Umständen her geradezu gezwungen, ein recht spezifisches Interesse zum Ausdruck zu bringen: Müntzer das – wir spürten es schon – der Armen und Unterprivilegierten, des gemeinen Mannes, dem bisher noch keine ihm gemäße Theologie oder Ideologie zur Verfügung gestanden hatte; die Papstkirche bzw. deren Vertreter wiederum das spezifische, freilich längst schon geistig präsentierte und durchformulierte Interesse der hohen Hierarchie. Beides kontrastiert die lutherische Reformation und macht Front gegen sie; Rom von Anfang an und mit kalter Verachtung gegen den Pöbel, Müntzer hingegen erst allmählich und Schritt für Schritt, mit wachsendem Ingrimm gegen Luther, mit steigender Hoffnung auf eben den Pöbel, in dem er das Gottesvolk entdeckt. Daß Luthers Reformation auf falsche Pfade geraten ist und seine Theologie fortan Unheil schafft, faßt Müntzer so: »Aber ihr wisset nicht, wie ihr jetzt hundert Mal, tausend Mal ärger dran seit denn zuvor. Man wird euch fortan mit einer neuen Logik bescheißen mit Täuscherei des Wortes Gottes.« (KGA 334)

Thomas Müntzer ließ die »Hochverursachte Schutzrede« in Nürnberg bei Hieronymus Hölzel drucken; auch die »Ausgedrückte Entblößung« wurde bei einem Nürnberger Drucker – Hans Hergot – in Auftrag gegeben und in Abwesenheit des Meisters von dessen 'Gesellen gedruckt. Ob Müntzer die beiden Schriften selbst nach Nürnberg gebracht hat oder sie, was zumindest für die »Ausgedrückte Entblößung« sehr wahrscheinlich ist, über den fahrenden Buchhändler Hans Hut, der in Bibra in Thüringen ansässig war und der möglicherweise schon in der Allstedter Zeit Kontakt mit Müntzer hatte und dessen liturgische Schriften vertrieb, zum Druck beförderen ließ, muß offenbleiben. (Vogler, Nürnberg 213–232) Die Drucker wurden vom Nürnberger Rat verhört und bestraft, die Schriften konfisziert.

Wann genau und wie lange Müntzer sich in Nürnberg aufgehalten hat, ist gleichfalls ungewiß. Lange kann es wohl nicht gewesen sein, sonst wäre er wohl vom Rat bemerkt und mit Sicherheit ebenso ausgewiesen worden wie Heinrich Pfeiffer, den dieses Schicksal am 29. Oktober 1524 ereilte. Nur ein freilich undatierter Brief Müntzers an Christoph Meinhard in Eisleben belegt, daß er überhaupt in Nürnberg war. Er schreibt darin: »Ich habe meine Lehre lassen zu Nürnberg drucken, und sie wollen beim Römischen Reich Dank verdienen, sie zu unterdrücken.« (KGA 449) In einem Zettel dazu heißt es weiter: »Ich wollt wohl ein fein Spiel mit denen von N. angericht haben, wenn ich Lust hätte, Aufruhr zu machen, wie mir die lügenhaftige Welt schuld gibt. Aber ich will alle meine Widersacher wohl mit Worten so feig machen, daß sie es nicht werden verleugnen. Viel vom N. Volk rieten mir zu predigen, da antwort ich, ich wäre um des willen nicht hinkommen, sondern mich durch den Druck zu verantworten. Da das die Herren erfuhren, klungen ihnen die Ohren, denn gute Tage tun ihnen wohl. Der Handwerksleute Schweiß schmeckt ihnen süß, süß, gedeiet aber zur bittern Galle. Es wird da kein Bedenken oder Spiegelfechten helfen, die Wahrheit muß herfür. Es hilft sie nicht das gedichte Annehmen des Evangelii. Die Leute sind hungerig, sie müssen und wollen essen, wie Amos sagt, auch Matt. 5.« (KGA 450)

Von Nürnberg aus begab sich Müntzer in den Hegau und den Klettgau und nach Basel, wo er mit Ulrich Hugwald, einem späteren Täuferführer und dem Basler Reformator Oekolampad zusammentraf. Hugwald führte ihn zu Oekolampad, wo man sich über das Kreuz unterhalten hat. Oekolampad will Müntzer auch zum Essen eingeladen haben, dieser sei aber nicht geblieben, sondern mit Hugwald weggegangen und nicht wiedergekommen. Möglicherweise waren die Gespräche doch etwas brisanter, allein schon das Thema »Kreuz« bot ja nicht geringe Möglichkeiten, in die Tiefenproblematik der Zeit einzusteigen; doch Oekolampad, von Willibald Pirckheimer in Nürnberg darauf hingewiesen, daß ihm die Bekanntschaft mit Müntzer zum Nachteil gereichen könne, ließ nichts Verfängliches verlauten. (Elliger 630 ff.)

In der Schweiz hätte Müntzer freilich auch weit aufgeschlossenere Gesprächspartner finden können. Konrad Grebel und sechs weitere Täufer aus Zürich hatten ihm schon am 5. September geschrieben, Hans Hujuff, sein »Landsmann aus Halle«, wie er in dem Brief genannt wird (wiederum ein Goldschmied, wie schon

Christian Döring in Wittenberg), hatte die Züricher wohl auf ihn aufmerksam gemacht. Ob Müntzer den Brief je erhalten hat, muß freilich bezweifelt werden; wahrscheinlich nicht, denn nirgends findet sich bei ihm eine Bezugnahme darauf. Die Züricher kannten sein liturgisches Schaffen, die Schriften »Von dem gedichteten Glauben«, »Protestation oder Entbietung« und auch Luthers »Brief an die Fürsten«. Gegen Luther nahmen sie ihn in Schutz und bezeichneten sich selbst als »sieben neue jung Müntzer« (KGA 447).

Es waren aber keine »jungen Müntzers«, sondern friedfertige Täufer, die jeden Gedanken an einen bewaffneten Kampf des Volkes für die Reformation weit von sich wiesen. Auch daß er die Messe singen ließ, wußten sie zu tadeln: im Neuen Testamente stünde davon nichts.

Nicht in die Schweiz und zu den Täufern zog es ihn, sondern zu den aufständischen Bauern, die sich im Südwesten des Reiches im Sommer 1524 erhoben hatten. Er habe den Bauern gepredigt und etliche Artikel gegeben, woraus dann andere Artikel gemacht hätten, bekennt Müntzer später auf der Folter. Was für Artikel dies gewesen sind, ist nicht bekannt. Auf dem Rückwege nach Thüringen wurde er in Fulda drei Tage festgehalten, aber wieder laufengelassen, da niemand dort seinen wahren Namen kannte. Anfang Februar 1525 war er wieder in Mühlhausen.

KAPITEL 6

Werft ihnen den Turm zu Boden

3u Mühlhausen hatte sich inzwischen vieles verändert. Schon am 13. Dezember 1524 war Heinrich Pfeiffer nach Mühlhausen zurückgekehrt. In den nächsten Wochen war er der führende Kopf, der die Dinge wieder ins Rollen brachte. Wie schon ein Jahr zuvor, so war es auch diesmal die Weihnachtszeit, die den Mönchen und Nonnen übel bekam. Diesmal ging es besonders über die Dominikaner her, auch die Franziskaner und selbstverständlich wieder der Deutsche Orden wurden in Mitleidenschaft gezogen. Im Unterschied zu den Ereignissen vom Vorjahr waren diesmal Ratsherren und der Stadthauptmann mit von der Partie, um die Wertsachen und Besitzurkunden aus den Klöstern sicherzustellen und aufs Rathaus zu holen. Dominikaner und Deutschordensherren flohen nach Langensalza und berichteten, daß es ihnen greulich ergangen sei: der gemeine Haufen habe die Klöster und Kirchen aufgestoßen, die Tore, Tafeln und Bilder und sonst allerlei Gezierde samt den Altären zerschlagen, zerbrochen und ganz verwüstet und alles, was man gefunden, weggenommen. Auch habe man an dem Heiligen Hochwürdigen Sakrament und den Reliquien ganz unchristlich und frevelhaftig gehandelt. (Fuchs 62) In der Stadt ginge es seltsam zu, der Rat der Stadt habe kaum noch etwas zu sagen, das »Schwert« sei ihm genommen. (Fuchs 66)

Dies war die Situation, als Thomas Müntzer nach Mühlhausen zurückkam. Seine Anhänger empfingen ihn mit lautem Jubel, zogen mit ihm zur Marienkirche, die bisher dem Deutschen Orden unterstanden hatte, setzten ihn dort als Prediger ein und wiesen ihm das Pfarrhaus als Wohnung für ihn und seine Familie zu.

Was Müntzer nun predigte, mußte für die Bürger beunruhigender sein als das, was sie noch im September von ihm gehört hatten. Es genüge nicht, die Abgötter aus den Kirchen zu werfen, auch die Abgötter in Häusern und Kästen müßten nun beseitigt werden. Das schöne Zinngeschirr müsse von den Wänden verschwinden, auch Kleinod, Silberwerk und Bargeld aus den Kästen; denn solange man dies liebe, könne der Geist Gottes nicht bei den Menschen wohnen. Dies war zweifellos eine sehr konkrete Konsequenz aus dem, was in seinen theologischen Schriften mehrfach angeklungen war, daß nämlich der Mensch sein Herz von allen irdischen Reichtümern wegreißen und es Gott allein zuwenden müsse. Sozial konnte dies nur bedeuten, daß nach dem Klostersturm oder den Klosterstürmen nun auch die Häuser der Reichen an der Reihe wären. Also ein Aufstand der Armut gegen die Wohlhabenheit. Die Patrizier – und nicht nur sie – mußten schlicht Plünderungen befürchten.

Die Gerüchte, die dem Amtmann von Langensalza, Sittich von Berlepsch, auf dessen Berichte (Geß II) wir uns hier stützen, zugetragen wurden, mögen übertrieben und tendenziös verzerrt gewesen sein, aber kaum völlig frei erfunden. Selbst wenn sie dies wären, zeigt sich in ihnen die Angst der Besitzenden vor dem, was sie nun befürchteten. Doch was hier berichtet wird, liegt durchaus auf der Linie des müntzerischen Denkens. Die von Müntzer geforderte innere Läuterung des Menschen drängt zur Aktion. Sie erweist sich dabei nicht nur als religiöse Ausdrucksform jener revolutionären Askese, die jede große Revolution in ihrer enthusiastischen Phase begleitet. Sie reißt auch Klassenfronten auf, die die Besitzenden von den Besitzlosen trennen. Sie mobilisiert plebejische Stimmungen gegen bürgerliche Interessen, überfordert den alten Adam und erreicht damit in der konkreten Situation des 16. Jahrhunderts die Utopieschwelle der Ideologie. Das theologische Denken stößt an die Grenzen der Wirklichkeit.

Der Sturm auf die Abgötter in Häusern und Kästen fand nicht statt. Der Rat hatte sich diesem Vorhaben widersetzt und die Prediger gebeten und geheißen, es zu unterlassen. Der drohende Konflikt und ein Auseinanderfallen des reformatorischen Blocks wurde überspielt durch die Aktualisierung der »äußeren Front«.

In der Stadt waren Nachrichten darüber bekanntgeworden, daß die Fürsten Rüstungen unternehmen und militärische Maßnahmen gegen Mühlhausen vorbereiten. Dies war nicht aus der Luft gegriffen. Philipp von Hessen und Georg von Sachsen korrespondierten in dieser Zeit eifrig über ein gemeinsames Vorgehen gegen Mühlhausen. Die Verteidigung der Stadt wurde jetzt zu der Aufgabe, für die alle Kräfte aufzubieten waren. Dies bot für Müntzer und Pfeiffer die Chance, die Aufmerksamkeit der Öffentlichkeit auf diese Aufgabe zu konzentrieren, den Rat unter Druck zu setzen und sich selbst zu den entschlossensten Fürsprechern der gesamtstädtischen Interessen zu machen. Der durch die Unterbindung des geplanten Sturms auf die Abgötter in Häusern und Kästen drohende Prestigeverlust konnte unter diesen Bedingungen aufgefangen und ein neuer Vorstoß gegen das alte Ratsregiment eingeleitet werden. Müntzer und Pfeiffer und mit ihnen die plebejisch-vorproletarischen Schichten übernahmen die Hegemonie der innerstädtischen Reformationsbewegung.

Eine Musterung des städtischen Aufgebots am 9. März gab den Auftakt. Zwischen Mühlhausen und Amara wurden die Bürger und das Landvolk aus den reichsstädtischen Dörfern auf das Feld beschieden und gemustert. Fünf Landsknechte halfen dem Stadthauptmann bei der Ordnung. Die Schützen wurden auf den Flügeln aufgestellt, das Feldgeschütz daneben. Die Schützen mußten mit Papier laden, desgleichen das Feldgeschütz. An die 2000 Mann sollen es gewesen sein, davon 130 Berittene.

Nach der Übung ließ sich Thomas Müntzer von einem der Achtmänner das Pferd geben, ritt in den Ring und predigte. Die wenigen Angaben, die wir über diese Predigt besitzen, lassen bei aller Dürftigkeit aber doch erkennen, daß Müntzer die äußere Bedrohung der Stadt ganz zielbewußt dazu benutzen wollte, jetzt die politische Entmachtung des alten Rates einzuleiten. Er sprach zu dem Problem, das in diesen Tagen vom Rat zu entscheiden war: ob man dem Wunsche des Reichsregimentes entsprechen und sich mit den Mönchen und Pfaffen vertragen oder lieber beim Evangelium stehen wolle. Das Ansinnen des Reichsregiments wird von ihm als Anfechtung gedeutet, die das Evangelium erleiden und der man widerstehen muß.

Es sei die Wahrheit, predigte er, daß das Evangelium uns allen zu großer Seligkeit an den Tag gekommen sei. Er wolle aber nicht verbergen, daß Gott im Evangelium spreche, gebt dem Kaiser, was ihm gehört, und Gott, was Gott gehört, gebt demnach denjenigen, denen ihr schuldig seid, und vertragt euch mit Pfaffen und Mönchen.

Diese Worte riefen Unruhe und Gemurmel hervor, er habe zuvor anders gepredigt, worauf er denn hinauswolle. Eine solche Reaktion könnte beabsichtigt gewesen sein, um die Spannung zu steigern. Müntzer fuhr dann fort und sagte, das Wort Gottes

174

müsse Anfechtung erleiden: »Ihr wißt und befindet, daß ich von wegen des Worts Gottes, das ich euch verkündigt, viel Widerwärtigkeit erlangt, daß auch der Kaiser und viel Fürsten das gern wieder von euch nehmen wollten; es ist ihnen aber unmöglich, sie werden noch selbst in kurzer Zeit von ihren eigenen Leuten vertrieben. Welcher nun unter euch beim Wort Gottes bleiben, sterben und des einen Eid schwören will, der richte mit mir einen Finger auf; welche das nicht tun wollen, treten auf einen sondern Haufen.« (Gess II Nr. 834)

Die Absicht mißlang. Der Stadthauptmann vereitelte den Schwur, trat Müntzer entgegen und erklärte, es sei wohl keiner so unvernünftig, daß er nicht beim Worte Gottes bleiben wolle, deshalb sei es auch nicht nötig, Eide zu schwören. Als Müntzer auf der Forderung nach dem Eide beharrte, erboste sich der Stadthauptmann: »Liebe Bürger, habt ihr nicht allgerade Eide genug geschworen, so schwör ein jeder noch einen Korb voll und häng sie an den Hals.« (Gess II Nr. 834) Es gebühre sich, in Kirchen und nicht auf dem Felde zu predigen.

Schlaglichtartig wird damit eine positionelle Begrenzung für Müntzers Wirken deutlich, die er nie ganz überwinden konnte: Er war Geistlicher, kein Bürger im Rechtssinne. Mochte man ihm auch willig zuhören, wenn er vom Evangelium predigte, so ließen sich ein Stadthauptmann wie auch andere bestallte Vertreter der bürgerlichen Obrigkeit doch noch lange nicht von einem Prediger in ihre Angelegenheiten hineinreden. Der Hauptmann hatte es mit dürren Worten gesagt: In der Kirche solle man predigen und nicht auf dem Felde. Aus dem Schwure wurde nichts. »Sind also mit Unlust wieder in die Stadt gezogen.« (Gess II Nr.834)

Damit war die Konfrontation nicht beigelegt. Sie erhielt neue Nahrung, als sich eine Menge der an der Musterung beteiligten Bürger nach Genuß des bei dieser Gelegenheit traditionell vom Rat gestifteten Bieres im Brückenkloster einen Nachtrunk verschaffen wollte. Stadthauptmann und Ratsdiener wollten die Menge daran hindern, mußten aber unverrichteterdinge wieder abziehen, während man das Kloster nicht ohne Erfolg nach Speise und Trank und bislang der Vernichtung entgangenen Heiligenbildern durchsuchte. Die Bilder wurden verbrannt und zerhauen.

Dies scheint das unmittelbare Vorspiel für die Absetzung des alten Rates gewesen zu sein. Wir wissen nicht, welcher konkrete

Konfliktstoff in den nächsten Tagen nach der Musterung vom 9. März noch hinzugekommen ist, um die Gegensätze weiter zuzuspitzen. Ausschlaggebend scheint die Forderung Müntzers und Pfeiffers nach Mitsprache im Rate gewesen zu sein. Die Mühlhäuser Chronik berichtet: »Da begehrten die beiden Praedicanten, Müntzer und Pfeiffer, daß sie mit im Rate sitzen wollten, und sonst viel andere ungereimte Dinge suchten sie, darum der Rath fast drei ganze Tage mit ihnen in (der) Allerheiligen Kirche gehandelt. Als ihnen aber der Rath solches nicht hat willigen können noch wollen, haben sie begehrt, ein ander Regiment zu wählen. Darauf sind alle Bürger neben dem Rath auf Donnerstag nach Reminiscere (16. März) in Unser Lieben Frauen Kirche gefordert worden.

Da ist Pfeiffer auf den Predigtstuhl getreten und (hat) gesagt: ›Es hat der alte Rath bewilliget, man soll einen neuen Rath wählen‹ darauf ein Bürger, Conradus Peter, den Bürgermeister Heinrich Baumgarten auf die Achsel geschlagen und gesagt: ›Was sagt ihr dazu?‹ Als hat der Bürgermeister wider Pfeiffern gesagt: ›Herr, der Rath hat es nicht gewilligt, sondern wir haben gesagt, da es eine Gemeine ihr also haben wollte, müßten wir es geschehen lassen.‹ Darauf hat man einen jeden Bürger in sonderheit gefraget, ob er es mit dem alten Rathe und seinen Sachen halten wollte, oder ob er einen neuen haben wollte. Als haben viele Bürger und das größte Teil aus Unwissenheit und Bedrohung den neuen Rath gewilliget, etliche aber haben bei dem alten Rate bleiben wollen. Da nun durch vier Schreiber eines jeden Stimme angezeiget, ist Pfeiffer auf die Kanzel wieder getreten und (hat) die Namen gelesen und gesagt: ›Man befindet, daß wohl noch soviel derer sind, die zum neuen Rath willigen, als die zum alten‹, und sind (sie) also wieder von einander gegangen. Man saget, derer, so den neuen Rath gewilliget, sollen 11 Schock, und derer, so den alten, 3 Schock und 24 gewesen sein.« (CM I, 185)

Das also war der »Ewige Rat«. Plebejisch war er nicht. Dietrich Lösche hat in eingehender Analyse nachgewiesen, daß er vielmehr ein Organ der wohlhabenden Klein- und Mittelbürger war. Müntzer und Pfeiffer gehörten dem Rate selbstverständlich nicht an. Für das ständisch-korporative Denken dieser Zeit war es nicht gut vorstellbar, daß Geistliche und Mönche, also Nichtbürger und noch dazu ein Nichteinheimischer wie Müntzer, hätten im Rate sitzen sollen. Bestenfalls wäre es denkbar gewesen, daß sie als Stadtschreiber oder Kämmereischreiber, wie das Gerücht ging, hätten fungieren können. Doch auch daraus wurde nichts. Aber auch so war die Einsetzung des »Ewigen Rates« ein Sieg Müntzers. Einmal weil damit der wichtigste Programmpunkt der elf Mühlhäuser Artikel vom Herbst 1524 erfüllt war. Zum andern aber auch deshalb, weil nunmehr einige energische Schritte zur weiteren Bekämpfung des geistlichen Eigentums und zum Schutz der Stadt unternommen wurden, und nicht zuletzt deshalb, weil der »Ewige Bund Gottes« vom neuen Rat toleriert wurde.

Können wir in dieser Beziehung von einem Sieg Müntzers sprechen, so ist doch andererseits nicht zu übersehen, daß der »Ewige Rat« Müntzer gegenüber seine Rechte behauptete und darauf achtete, daß ihm der Prediger nicht über den Kopf wuchs: Müntzer hatte am 9. März einen Schwur auf das Evangelium angestrebt, statt dessen ließ der neue Rat die Einwohner auf sich vereidigen.

Mühlhausen, das schon seit Wochen und Monaten die Aufmerksamkeit der Fürsten als Unruheherd auf sich gezogen hatte, konnte nach der Einsetzung des »Ewigen Rates« besser als vordem seiner Rolle als Zentrum der revolutionären Bewegung für Thüringen gerecht werden. Müntzer und Pfeiffer genossen eine hohe Autorität. Sie hatten mit ihrem plebejischen und kleinbürgerlichen Anhang zwar keine direkten Positionen im Rat erringen können, nutzten aber ihre gemeindekirchlichen Ämter aus, um die Bewegung weiter voranzutreiben. Dem Komtur des Deutschen Ordens zu Nägelstedt wurden in Pfafferode die Schafe aus der Trift getrieben und verkauft. Aus Ordensländereien wurden 15 oder 16 Hufen ausgeteilt. (Gess II, Nr. 835) Müntzer ließ im Barfüßerkloster Geschütze gießen. (CM I, S. 187) Samt, Perlen, Kleinod und verschiedenes Gerät aus konfisziertem Kirchenbesitz wurden verkauft. (CM I, S. 186) In der Kämmereirechnung heißt es, daß dem Volke »Korn gemessen« (Günther 31) wurde, was vielleicht heißen kann: kostenlos ausgeteilt und die Auffassung von Friedrich Engels stützt, in Mühlhausen sei es zu »einer eilig improvisierten Naturalverpflegung der Armen« (MEW 7, 402) gekommen. Ein darüber hinausgehender Versuch, Gemeineigentum einzuführen, läßt sich nicht nachweisen.

Das »omnia sunt communia« (alles ist gemeinsam) seines »Bekenntnisses« nach der Gefangennahme beinhaltete kein konkretes Sozialprogramm. Es ist wohl eher als Zukunftsvision zu deuten. In gewisser Beziehung gewann es jedoch Argumentationswert während des Aufstandes: Es diente den Bauern als Argument gegen das Feudaleigentum und als Begründung ihres Vorgehens gegen die Feudalherren. So berichteten z. B. die Brüder Hans und Hartmann vom Goldacker am 7. Mai 1525 an Herzog Georg, die Bauern ließen sich »alle Stund hören, jetzt wollten sie das haben, jetzt jenes, denn es sei gemein ...« (Gess II, Nr. 953)

Bei den Verhören Müntzers und seiner Anhänger wurde von den Siegern immer wieder gerade nach diesem Aspekt seiner Lehre gefragt. Nicht ohne Grund: Die Begüterten und Besitzenden aller gesellschaftlichen Kategorien zitterten während des gesamten Bauernkrieges um ihr Eigentum und malten ihrerseits das Schreckgespenst von der Gütergemeinschaft und der Abschaffung allen Eigentums an die Wand.

Die tiefste Schicht seines inneren Antriebes, der Brennpunkt seiner Vision offenbart sich in der Symbolik der Regenbogenfahne, die er als Feldzeichen seines Bundes stiftete. In der Marienkirche ließ er ein weißes Fähnlein aufstellen mit einem Regenbogen und der Inschrift »Verbum domini maneat in aeternum« – »das Wort des Herrn bleibe in Ewigkeit«. Der Regenbogen ist das Zeichen, mit dem Gottvater nach der Sintflut einen ewigen Bund zwischen sich und dem Geschlechte Noahs aufrichtete. (1. Mose, 9,9–17)

Von hier aus erklärt sich auch der Name seiner Organisation – »Ewiger Bund Gottes«. Damit wird ein totaler Neubeginn für die Menschheit gefordert; ein Zurück zu jenen Anfängen, die noch weit vor Jesus liegen, auch noch vor Moses, ja selbst vor Abraham. Unter diesem Aspekt erhalten auch jene Nachrichten (Gess II, Nr. 855) durchaus Sinn und Glaubwürdigkeit, aus denen hervorgeht, daß in Mühlhausen das Sakrament des Abendmahls in jeglicher Gestalt abgeschafft worden sei. Wer das Sakrament begehre, so wird berichtet, der greife nicht zum Brote, sondern bekenne Gott seine Sünden vor dem Altare und begehre, das Sakrament im Herzen zu empfangen. Das Sakrament des Herzens ist eine radikale Konsequenz aus Mystik und Spiritualismus. Es liefert ein – freilich sehr sublimes – geistiges Ferment für die Säkularisierung des Denkens, die den Übergang vom Feudalismus zum Kapitalismus begleitet; eine Regung auch von Mutterwitz und gesundem Menschenverstand gegen Pfaffenweisheit und Bigotterie.

Vergleicht man das, was in sozialpolitischer Hinsicht in Mühl-

hausen tatsächlich geschah, mit dem, was andernorts bei der Einführung der Reformation üblich war und in der Regel seinen
Niederschlag in den Kastenordnungen fand, so ergibt sich, daß
Müntzer im Prinzip nicht über die in den Kastenordnungen vor-
gesehenen Maßnahmen hinauskam: Säkularisierung kirchlichen
Eigentums und dessen teilweise Verwendung für die Armenfürsorge und andere gemeinnützige Zwecke. Freilich verrät dies
weniger eine subjektive Schwäche Müntzers als vielmehr eine
im historischen Entwicklungsniveau der Gesellschaft begründete
objektive Grenze für die Emanzipation jener Klassenkräfte, die
Müntzer ideologisch und politisch vertrat. Die Plebejer verkörperten keine bestimmte Produktionsweise. Ihre Emanzipation
war noch nicht zur Reproduktionsbedingung für den kapitalistischen Fortschritt in der gesamtgesellschaftlichen Produktion geworden. Dies unterscheidet sie prinzipiell von der historischen
Situation des späteren Proletariats. Mehr als eine schüchterne
Vorwegnahme des späteren bürgerlichen Wohlfahrtswesens
konnten sie dem in eine feudale Umwelt eingebetteten Bürgertum in den Kämpfen der frühbürgerlichen Revolution nicht ab-
trotzen. Im liturgischen Gestus, in Visionen und Hoffnungen
konnten sie diese Grenzen illusionär überwinden. In der Realität
jedoch wirkten sie als äußerster linker Flügel der bürgerlichen
und kleinbürgerlichen Opposition. Vornehmlich auf ihr Wirken
ist es zurückzuführen, daß Mühlhausen zu einem Zentrum des
Bauernkrieges in Thüringen wurde.

»Linker Flügel« oder gar »äußerster linker Flügel« ist ein termi-
nus technicus der Revolutionstheorie. Er bezeichnet jene Kräfte
und Forderungen, die mehr als das schon jeweils in einer Revolution Erreichte erzielen wollen. Wer in der Mitte, links oder
rechts oder ganz linksaußen oder auch ganz am rechten Rande
steht, steht keinesfalls von vornherein fest. Die Positionen ent-
wickeln und verändern sich vielmehr: was vor der Revolution
oder an deren Beginn als kaum denkbar und unerhört kühn erschien, erweist sich nach einigem Fortgang der Revolution als
recht bescheiden und vielleicht schon nicht mehr der Rede wert.
Das Erreichte macht kühn und weckt neue Forderungen. Insofern stellen sich »links«, »Mitte« und »rechts« immer wieder neu,
und insofern kann auch ein und dieselbe Klassenkraft ihre Position in der revolutionären Bewegung durchaus verändern, weil
sich naturgemäß der Erwartungshorizont der agierenden Kräfte
erweitert. Diese Erfahrung, die sich aus vielen Revolutionen der

Neuzeit abstrahieren läßt, führt notwendigerweise bei den jeweils Regierenden zu der Maxime »Wehret den Anfängen«, bei den Veränderungswilligen jedoch zu der genauso berechtigten Räson, erst mal wenigstens das erste kleine Zugeständnis zu erreichen – und dann wird man weitersehen. Beides miteinander so auszutarieren, daß alle Probleme rechtzeitig artikuliert werden können und mithin kein Revolution provozierender und ermöglichender Problemstau entsteht, ist daher die erfahrungsgesättigte Maxime bürgerlich-parlamentarischer Regierungskunst nach dem Durchstehen und Erleben des bürgerlichen Revolutionszyklus seit dem 16. Jahrhundert. Doch bis dahin war es im 16. Jahrhundert noch weit.

Vielmehr ging es im 16. Jahrhundert – und noch einige Jahrhunderte später – weit elementarer darum, überhaupt erst einmal zur Anerkennung zu bringen, daß alle Stände keineswegs ein für allemal in den vorgegebenen Ordnungen bleiben mußten und wollten, sondern daß sie – ob legitim oder nicht – Forderungen zur Verbesserung ihrer Lage anmeldeten und diese mit geistigem Druck oder auch mit der Faust durchsetzten. Soweit es sich um ratsfähiges Bürgertum handelte, war in den Städten mit den Räten seit langem schon ein Instrument zur Hand, bürgerliche Interessen zu artikulieren, zu vertreten und auszutarieren. Die Auseinandersetzungen im Bürgertum vollzogen sich daher vornehmlich in der Form der Einflußnahme auf die politische Ratsgewalt. Von daher war das Bürgertum in den Kämpfen der Reformation und des Bauernkrieges bzw. der frühbürgerlichen Revolution geradezu dazu prädestiniert, eine Position »der Mitte« einzunehmen, da es immer damit rechnen mußte und von der gesamten Anlage der eigenen wirtschaftlichen wie politischen Macht darauf aus war, die unterbürgerlichen, plebejischen und vorproletarischen Schichten im Zaume zu halten. Unter diesen Bedingungen gerieten diejenigen bürgerlichen Kräfte, die in Opposition zum (nicht immer, aber oft patrizischen) Rat standen, in eine Position, die man als die des »linken Flügels« bezeichnen könnte: ihr Mehrwollen gegenüber der augenblicklichen Situation bestand schlicht in dem Wunsch, mit im Rate sitzen und dabeisein zu wollen, wenn Beschlüsse gefaßt werden, die sie als Bürger der Stadt betrafen.

Was jedoch die unterbürgerlichen, plebejischen und vorproletarischen Schichten betrifft, so war ihre Ausgangssituation sehr verschieden von der der bürgerlichen Opposition. Bei ihnen handelte es sich in der Regel nicht wie bei den Bürgern um wie auch immer geartete Produktionsmittelbesitzer, oder – falls doch – dann um solche, die gerade dank der in Gang gekommenen frühkapitalistischen Entwicklung in Gefahr standen, diese bald ganz zu verlieren. Die Übergänge sind da allemal fließend. Der vornehmlichste Raum, in dem diese Kräfte zusammenkommen und sich wenn schon nicht artikulieren, so sich doch wenigstens vermaulieren konnten, waren nicht die Zunftstube oder das Gildehaus und schon gar nicht das Rathaus, sondern Kneipe und Kirche. Sie rotten sich auf der Straße zusammen. Für Humanisten ist das der Plebs und der Pöbel; ein garstig Volk, mit dem man nichts zu tun haben wollte und für das man schnell ein paar lateinische Sentenzen aus der gelehrten Bildung zur Hand hatte und genüßlich in die Feder fließen ließ. Aber mit eben diesem Plebs hat sich Müntzer verbunden. Ihrer sozialen Not und menschlichen Qualität sprach er die göttliche Dignität der Auserwähltheit zu.

In den Rat konnten diese Kräfte – bleiben wir konkret bei Mühlhausen – nicht gelangen. Aber in der Kirchgemeinde und über sie konnten sie Druck auf den Rat ausüben und für eine Stimmung sorgen, die der bürgerlichen Opposition zugute kam und auf die die diese sich berufen konnte. So wirkten sie als Schubkraft der bürgerlichen Opposition, am Rande gewissermaßen des linken Flügels. Die einzige Verbesserung, die sie unter den gegebenen Bedingungen auf Dauer erreichen konnten, bestand in einer Verbesserung des allgemeinen Wohlfahrtswesens und der Armenfürsorge. Dies aber war ohnedies schon einer der wesentlichsten Inhalte der lutherischen Reformation. Wo die plebejischen Kräfte sich nach der Einführung und dem Sieg der lutherischen Reformation dennoch unbefriedigt zu Wort meldeten und mehr verlangten, mußten sie nunmehr (vielleicht noch schärfer als ehedem) als Störenfriede empfunden werden. Diese kritische Situation zeigte sich in Mühlhausen im Februar und März 1525 ganz offensichtlich im Zusammenhang mit den Drohungen und Befürchtungen, daß die Häuser der Reichen gestürmt und geplündert werden könnten. Die Bibelzitate hierfür lieferte wiederum Müntzer. Hierin deutete sich schon an, daß die Situation der äußersten Linken tragisch sein mußte: was sie subjektiv wollten, war nicht zu erreichen, und die Kräfte, denen sie zu Macht und Einfluß verholfen hatten, mußten sich notwendigerweise gegen sie wenden, um ihre eigenen Interessen zu wahren.

Nicht ganz so eindeutig, wie wir diese im Grunde tragische und hoffnungslose Funktion der »äußersten Linken« an den innerstädtischen Auseinandersetzungen während der Reformation ablesen können, ist die Frage zu beantworten, welche Rolle Müntzer denn nun im thüringischen Bauernkrieg spielte. Wir zögern, diese Rolle ohne Umschweife genauso wie für die innerstädtischen Kämpfe mit »äußerste Linke« zu bezeichnen. Und zwar aus folgendem Grunde: mag es auch richtig sein, daß Müntzer den Bauern keine konkrete soziale Forderung gegeben hat, die sie nicht auch ohne ihn schon erhoben hätten, so gibt er den Aufständischen doch die politische Aktionslosung, die haargenau das Bedürfnis der Situation trifft, nämlich jetzt mit Waffengewalt zuzuschlagen, sich nicht zu fürchten, den Gegner militärisch niederzuwerfen, die Grafen, Fürsten und Herren zu entmachten und sie zu zwingen, ins bäuerliche Verbündnis einzutreten und den vielfältigen Forderungen, die gegen sie erhoben werden, zu entsprechen. Dies ist schon keine Forderung, die über das in dieser Situation Mögliche und Erreichbare hinausging, es ist vielmehr die Räson der Stunde. Diese Forderung Müntzers war weder utopisch noch illusionär; sie war schlicht konsequent revolutionär, und – was für die »Einschätzung« ausschlaggebend sein sollte – sie lag nicht nur in der Logik seines Denkens: sie lag vor allem in der Logik des Aufstandes. Wozu schließlich macht man einen Aufstand, wenn man nicht siegen will? Dies eben hatte Müntzer instinktsicher erfaßt. Sofern man für diese Situation noch mit »links«, »Mitte«, »rechts«, operieren will, ergibt sich hier kein »revolutionärer Überschuß« bei Müntzer, also das, was doch wohl für eine »äußerste Linke« charakteristisch wäre, sondern Müntzer repräsentiert hier Sinn und Kern des Geschehens: den Willen zum Sieg! Also doch wohl die Mitte des Geschehens und keine wie auch immer geartete Randerscheinung. Daß der führende Kopf gerade der städtischen äußersten Linken diese Leistung für die Gesamtbewegung erbringt, zeugt davon, daß diese äußerste Linke nicht nur von heroischer Illusion getrieben wird, sondern auch heroische Notwendigkeit verkörpert. Freilich haben die Bauern eine Niederlage erlitten, und es lassen sich Gründe dafür auflisten, und es ist auch unsicher, was im Siegesfall der Bauern historisch herausgekommen wäre. Möglicherweise wäre Müntzer dann nach einiger Zeit von Enttäuschung erfaßt worden und wieder in die Opposition und in Gegensatz zu den nunmehr Herrschenden geraten.

Eben dieser Grundintention, jetzt zuzuschlagen und im Kampfe nicht innezuhalten, gilt auch das wohl am häufigsten zitierte Müntzerwort »die Gewalt soll gegeben werden dem gemeinen Volk«, als Bibelzitat von Müntzer in einem Brief an die Eisenacher am 9. Mai 1525 gebraucht. Müntzer schreibt da: »Unsern lieben Brüdern, der ganzen Gemeinde zu Eisenach. Die reine rechtschaffene Furcht Gottes zuvor, liebe Brüder. Nachdem Gott jetzt die ganze Welt sehr bewegt hat zur Erkenntnis göttlicher Wahrheit und dieselbe sich beweist mit dem allerernsten Eifer gegen die Tyrannen, wie das klärlich Daniel im 7. Kapitel sagt, daß die Gewalt soll gegeben werden dem gemeinen Volk, auch ist's angezeigt in der Apokalypse im 11. Kapitel, daß das Reich dieser Welt soll Christus zuständig sein ...« (KGA 463)

Die Versuchung liegt nahe, dies sehr modern zu interpretieren, und es wird auch aller historischen Relativierung zum Trotz immer wieder so gelesen werden, als hätte Thomas Müntzer damit bereits das Prinzip der Volkssouveränität ausgesprochen. In der Tat bleibt hier im Bibelzitat ein Gedanke, der hinführt zur Volkssouveränität. Wir sollten aber die biblische und theologische Einbettung dieses Gedankens nicht ganz unbesehen beiseite lassen: Ziel ist und bleibt bei Müntzer eine Gottesherrschaft, das Volk aber ist das Werkzeug hierfür. Doch auch so, in dieser biblischen und theologischen Einbettung, liegt in der im bewaffneten Kampf gefundenen Hinwendung zu eben diesem Bibelzitat eine denkwürdige historische Leistung, die über alle Zeiten hinweg Begeisterung und Bewunderung weckt.

Doch Einschätzung hin, Erzählung her: was damals in, um, mit und durch Müntzer geschah, trägt seinen Sinn und Wert in sich selber und ist ergreifender, stärker und mitreißender als jedes Deutungsgefüge.

Der Bauernkrieg, der im Sommer 1524 im Südwesten ausgebrochen war, sich im Herbst ausgebreitet hatte und in den Wintermonaten vorübergehend zu einer gewissen Ruhe gekommen war, entflammte im Frühjahr 1525 mit neuer Wucht, erfaßte den Klettgau, den Hegau, den Schwarzwald, Oberschwaben und den Odenwald, mit besonderer Rasanz Franken und schlug im April 1525 nach Thüringen herein. Die sächsischen Fürsten hatten diese Entwicklung mit wacher Sorge beobachtet, Vorkehrungen getroffen, Rüstungen veranlaßt und doch unversehens selbst mit dazu beigetragen, daß er wider ihre Absicht nun auch Thüringen erfaßte. Um etwaigem Aufruhr die Spitze zu nehmen, hatten sie versucht, in raschen Visitationen die Kirchspiele mit evangelischen Predigern zu versorgen und so in einer »Reformation von oben« einer unruhschwangeren »Reformation von unten« zuvorzukommen. Doch die Rechnung ging nicht auf. Die Einsetzung evangelischer Prediger stieß auf den Widerstand halsstarriger Adliger. Im Vachatal kamen Georg Witzel, der dort die Visitation leitete, Bauern zu Hilfe, um den Widerstand eines Adligen gegen die Einsetzung eines neuen Predigers zu brechen. Von da an überstürzten sich die Ereignisse. Binnen zweier Wochen war ganz Thüringen vom Aufstand erfaßt. Die Hoffnungen des aufständischen Volkes in Land und Stadt richteten sich auf Mühlhausen und Thomas Müntzer, dessen Name jetzt in aller Munde war.

Manfred Bensing, der den thüringischen Bauernkrieg und Thomas Müntzers Rolle in ihm am gründlichsten erforscht hat, deckte die Gründe für dieses Phänomen auf: weitreichende und von langer Hand geknüpfte Verbindungen Müntzers über das ganze Land. Er machte zwanzig Personen namhaft, die als enge Vertraute Müntzers gelten können. Die Früchte von Müntzers Allstedter Tätigkeit und seinen Schriften schlugen hier ebenso zu Buche, wie andererseits Luthers Warnungen und die wechselseitigen Informationen der Obrigkeiten auf ihre Weise dazu beigetragen hatten, die Aufmerksamkeit auf Thomas Müntzer zu richten. Mag der Ausdruck auch etwas zu moderne Vorstellungen erwecken, so zeichnete sich doch so etwas wie eine »Müntzer-Partei« ab, zwar keine feste Organisation, doch ein überlokales Netz der Beziehungen und Bekanntschaften von Personen, die einander geistig nahestanden, von Thomas Müntzer inspiriert waren, sich kritisch zu Luther verhielten und die Reformation voranbringen wollten.

Die ersten Boten mit Hilferufen trafen aus dem benachbarten Langensalza ein. Dort hatte sich das Volk gegen den Amtmann des Herzogs Georg von Sachsen empört, gegen eben jenen Sittich von Berlepsch, der in den vorangegangenen Wochen seine Späher nach Mühlhausen gesandt, deren Nachrichten gesammelt und an den Herzog weitergeleitet hatte.

Müntzer und Pfeiffer zogen am 26. April mit 400 Mann und dem Regenbogenfähnlein nach Langensalza. Dem Rat von Langensalza war jedoch diese Mannschaft mit dem Regenbogenfähnlein nicht ganz geheuer. Er bedankte sich für die angebotene Hilfe und verehrte den Mühlhäusern zwei Faß Bier, worauf diese wieder abzogen und in der Nacht bei Höngeda lagerten. Am nächsten Tage schlugen sie ihr Lager in Görmar auf. Von dort aus unternahmen sie am 28. April einen Zug nach Schlotheim und Volkenroda, kehrten beutebeladen nach Görmar zurück, wo auch acht oder neun Wagen mit Glocken, Hausrat, Speck und sonstigem Gut aus dem Eichsfeld eintrafen. Müntzer hielt eine Predigt zu Pferde, nahm die Eichsfelder in sein Verbündnis auf und soll auch die Beute sogleich an die Mühlhäuser und Eichsfelder verteilt haben. Wenn diese Nachricht (CM I, S. 187) stimmt, was jedoch nicht sicher ist (es kann sich auch um eine bewußte Verdrehung des tatsächlichen Ablaufs handeln, um Müntzers Handlungen in möglichst düsterem Licht erscheinen zu lassen), so würde das auf mangelhafte Organisiertheit und Spontaneität hindeuten; ein Übelstand, der aber in dem rasch anschwellenden Lager von Görmar, das laufend Zuzug in kleineren oder größeren Trupps aus verschiedenen Richtungen erhielt, bald abgestellt war.

Eine Kriegsordnung wurde erstellt. Der Ewige Rat faßte Beschlüsse. Jobst Homberg wurde als Feldhauptmann bestätigt; Reinhard Lamhart zum Kriegsmeister ernannt. Die Achtmänner Hans Schmidt und Klaus Fulstich hatten den Zug zu begleiten. Küchenmeister und Köche wurden angeworben. Der Rat vereidigte die wehrfähige Mannschaft auf die Hauptleute. Diese hatten Befehlsgewalt, und jeder Teilnehmer des Kriegszuges war ihnen zu unbedingtem Gehorsam verpflichtet. Es war keine zügellose Horde, die sich da durch die Gegend wälzte. Auch Brandmeister und Beutemeister wurden dem Brauche gemäß bestellt. Der Gegner, der sich nicht ergab, war mit Brand zu strafen und mit Plünderung. Was niederzubrennen war, bestimmte der Kriegsmeister, und der Brandmeister legte das Feuer. Und was beim Gegner an Proviant und sonstigem Gut erbeutet wurde, das verwahrte der Beutemeister. Die Kriegsordnung war Sache des Rates und in der gegebenen Situation vielleicht auch ein Mittel, Müntzer unter Kontrolle zu halten: der Stadthauptmann und auch die Angehörigen des Ewigen Rates hatten wohl nicht vergessen, welche Scherereien Müntzer bei der Musterung am 9. März bereitet und welche Ambitionen er zu erkennen gegeben hatte. Solange der Rat über die bewaffnete Macht selbst bestimmte, hatte er das Heft in der Hand.

Am 29. April kam ein Hilferuf aus Frankenhausen: 200 Knechte sollte Mühlhausen ihnen schicken. Müntzer antwortete rasch, er wolle ihnen nicht nur einen solchen kleinen Haufen schicken, sondern alle, soviel ihrer seien, wollten nach Frankenhausen kommen und überall »einen Durchzug tun«. Sie sollten sich vor niemand fürchten; Müntzer mahnte: »laßt euch nur mit guten Worten zu keiner beschissenen Barmherzigkeit bringen, so wird euer Sach wohl bestehen«. (KGA 458)

Die Streitmacht brach in Richtung Frankenhausen auf. Der Zug führte zunächst jedoch nur bis Ebeleben. Dort stürmten sie das Schloß, holten das Korn vom Feld aus den Mieten, durchstachen die Teichdämme, ließen das Wasser ab und fischten die Teiche leer. Vollbeladene Wagen gingen ab nach Mühlhausen.

Zwei Tage hielt sich der Haufe in Ebeleben auf, streifte von hier aus nach Marksussra und Almenhausen, verbreitete bei den Herren Furcht und Schrecken. Wer von Adel war und sich nicht rechtzeitig in Sicherheit gebracht hatte, mußte sich nun entscheiden, ob er die Forderungen der Aufständischen bewilligen und sich in das christliche Bündnis aufnehmen oder brandschatzen und plündern lassen wollte. Diese Entscheidung fiel nicht leicht, was sollte schließlich werden, wenn das Blatt sich wendete und man hatte in das Verbündnis mit den Aufständischen gewilligt?

So zögerte auch Ernst von Hohnstein, als ihm seine Untertanen ihre Beschwerdeartikel vorlegten, diesen zuzustimmen. Widerstrebend versprach er: Was andere Fürsten, Grafen und Herren tun, das will er auch geschehen lassen. Müntzer beorderte ihn nach Ebeleben, wo er Rede und Antwort stehen mußte, wie er es mit seinen Untertanen halten wolle. Müntzer hieß Ernst von Hohnstein in den Ring der Aufständischen treten und gebot ihm, eine Weile zu warten, ob ihn jemand beschuldige. Als keiner etwas gegen ihn vorzubringen hatte, ließ man ihn wieder heimziehen.

Müntzer genoß große Autorität bei den Aufständischen, aber er war kein Befehlshaber, der etwa aus übertragener Gewalt und Machtvollkommenheit von sich aus entscheiden konnte. Entscheidungen fielen im Ring: Die Massen kamen zusammen, bildeten einen großen Kreis, Müntzer, Pfeiffer und die Hauptleute traten in die Mitte, legten ihre Auffassungen und Vorschläge dar, und der Ring entschied. Das Verfahren war gewiß demokratisch, aber für Kriegsläufte absolut unpassend, militärisch unsinnig und gefährlich.

Auf diese Weise kam in Ebeleben die folgenschwerste Fehlentscheidung des thüringischen Bauernkrieges zustande. Müntzer rief im Ring dazu auf, nach Heldrungen zu ziehen. Dort hatte sich der Adel verschanzt. Dieses Nest mußte ausgehoben werden. Dies wäre zugleich die wirkungsvollste Unterstützung für die aufständischen Brüder in Frankenhausen gewesen. Doch im Ring erhob sich Widerspruch. Hans Kirchworbis, Hans Stein und andere aus dem Eichsfeld baten die Versammelten, doch mit ihnen um Gottes Willen nach dem Eichsfeld zu ziehen und sie vor der bösen Obrigkeit zu erretten. Müntzer drang nicht durch. Der Ring beschloß, nach dem Eichsfeld zu ziehen, dorthin, wo nach Meinung der meisten die Not am größten war. Die Masse der Aufständischen sah nur den unmittelbaren Unterdrücker, den adligen Herrn, den Abt und das Kloster, nicht die Gefahr, die von der Zusammenballung militärischer Macht drohte.

Am 6. Mai kehrte das Mühlhäuser Aufgebot aus dem Eichsfeld in die Stadt zurück. Müntzer und Pfeiffer mit ihm. Sie hatten den Eichsfeldern geholfen, ihr Wort eingelöst, viele Klöster und Adelssitze zerstört. Nur wenige Ruhetage waren ihnen vergönnt, dann erforderte die Situation ihren erneuten Einsatz.

Von allen Seiten marschierten die Truppen der Fürsten in das Land ein. Über die Pässe des Thüringer Waldes drang der Landgraf Philipp von Hessen vor; in Leipzig zog Herzog Georg der Bärtige ein Heer zusammen; von Norden waren braunschweigische und brandenburgische Kontingente im Anmarsch; bei Heldrungen wartete der mansfeldische Adel auf das Signal zum Losschlagen, und auch der Kurfürst von Mainz hatte ein Kontingent in Marsch gesetzt.

In oft erprobter und bewährter Marschordnung zogen sie heran. Ein berittener Spähtrupp erkundete weit vor dem Hauptheere das Gelände; verwegene Gesellen, die sich lieber auf das schmale lange Reiterschwert verließen als auf die Sporen. Dann die Vorausabteilungen, 200 bis 250 Mann, ein halbes Fähnlein; Freiwillige, die sich auszeichnen wollten, und Knechte, die etwas gutzumachen hatten. Wenn es zum Sturme kam, würde das der »verlorene Haufe« sein, der als erster die feindlichen Spieße unterlief und eine Gasse bahnte für den Lanzenstoß der sechs Glieder tiefen Sturmstaffel. Halbkreisförmig zurückgebogen zu beiden Seiten der Vorausabteilung die Seitensicherungen gegen mögliche Hinterhalte. Zwischen der Vorausabteilung und dem Hauptheer in steter Sichtverbindung miteinander einzelne Reiter, die eine lebende Signalkette bildeten. Und dann das Hauptheer selbst, links und rechts von Reitertrupps flankiert und gesichert. Ein Reitergeschwader an der Spitze des Zuges, eines am Schluß. Dazwischen mehrere Fähnlein Lanzenträger, Schützen mit Hakenbüchsen, Feldgeschütze mit hochbezahlten Bedienungsmannschaften; Wagen mit Pulversäcken, Steinkugeln, Kettenkugeln und Schrotladungen für das Geschütz; und der Troß mit Sturmgerät, Proviant, Feldscher, Marketenderin und Henker.

Die Fürsten hatten sich seit Monaten auf den bewaffneten Kampf vorbereitet. Seit Jahrhunderten im Besitz der Macht, hatten sie den Vorteil der größeren Organisiertheit für sich. Sie verfügten über Waffenarsenale und Proviantlager, geboten über einen willfährigen Beamtenapparat und einen eingespielten Nachrichtendienst. Jetzt wollten sie vereint den thüringischen Aufstand niederwerfen. Die Truppen marschierten dorthin, wo der Feldherr es befahl. Mühlhausen vor allem wollten sie strafen.

Noch auf dem Marsch änderten die Fürsten ihre Pläne. Bei Frankenhausen sammelte sich ein Bauernheer. Also zogen die Fürsten mit ihren Truppen dorthin, es zu schlagen; Mühlhausen würde dann gleich drankommen und um so leichter fallen, je gründlicher das versammelte Bauernheer zuvor geschlagen war.

Am 11. Mai 1525 traf Thomas Müntzer mit der Regenbogenfahne und der Hälfte des Mühlhäuser Aufgebots in Frankenhausen ein. Jetzt mußte alles zu den Waffen gerufen werden. Noch von Mühlhausen aus hatte Müntzer an die Allstedter geschrieben: »Dran, dran, dran, dieweil das Feuer heiß ist. Lasset euer Schwert nicht kalt werden, lasset es nicht erlahmen! Schmiedet pinckepanck auf den Ambossen Nimrods, werft ihnen den Turm zu Boden! Es ist nicht möglich, weil sie leben, daß ihr der menschlichen Furcht solltet ledig werden. Man kann euch von Gott nicht sagen, solange sie über euch regieren. Dran, dran, solange ihr Tag habt, Gott geht voran, folget, folget! ... Thomas Müntzer, ein Knecht Gottes wider die Gottlosen.« (KGA 455) Boten gingen von Frankenhausen in die Umgebung, um Hilfe an Mannschaft, Geschütz und Verpflegung herbeizuschaffen. Der erwartete Zuzug blieb aus. Wer kämpfen wollte, war schon da; die jetzt noch zu Hause saßen, gehörten noch immer oder schon wieder zu den Lauen. Vor allem trog die Hoffnung, daß die große Stadt Erfurt Hilfe senden werde. In bewegten Worten hatte Müntzer einen Brief dorthin geschrieben, doch mit Mannschaft und Geschütz herbeizueilen. (KGA 471) Die Zeit sei jetzt

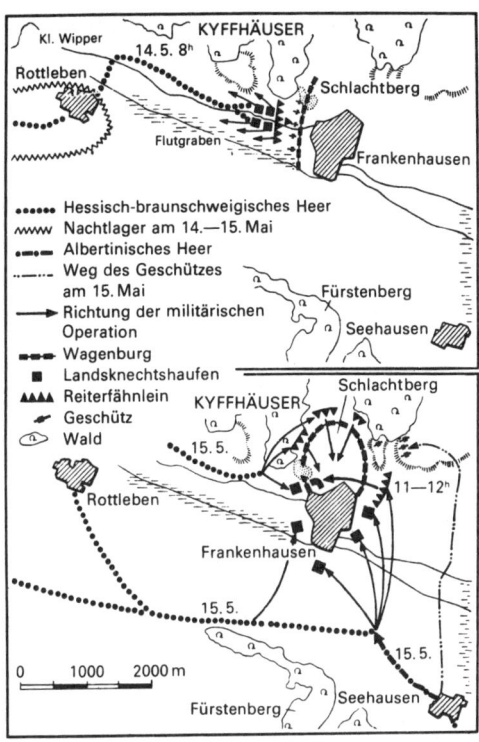

Schlacht bei Frankenhausen am 15. Mai 1525

so, daß sich die Gottlosen vor einem Blatt fürchten, das vom Baume fällt, aber der Gerechte fürchte sich vor hunderttausend Feinden. Erfolglos waren auch die Bemühungen, die Walkenrieder Bauern zu Hilfe zu rufen. Diese hatten ihren bewaffneten Haufen aufgelöst und waren auf ihre Höfe zurückgegangen.

Am Morgen des 14. Mai, einem Sonntag, langten die Vorausabteilungen des Landgrafen Philipp von Hessen vor Frankenhausen an. Nach einem ersten kurzen Gefecht zogen sie sich zurück und warteten die Ankunft des Hauptheeres ab. Die Aufständischen räumten das Feld vor der Stadt und errichteten auf dem Hausberg eine Wagenburg.

Am nächsten Morgen, den 15. Mai, traf das sächsische Heer ein. Gegen Mittag war die Wagenburg der Bauern umstellt, das Geschütz in Stellung gebracht. Noch am Vorabend hatte Philipp von Hessen mit den Bauern Verhandlungen aufgenommen mit

189

dem Erbieten eines Waffenstillstandes, falls ihm Thomas Müntzer ausgeliefert würde. Dieses Angebot wurde am 15. Mai vormittags wiederholt mit mehrmaligem Austausch von Boten.

Diese Verhandlungen leiteten die Tragödie des Bauernlagers
ein. Die Bauern traten zur Beratung zusammen. Sie verließen
ihre Gefechtsposten, entblößten die Wagenburg, strömten an
einer Stelle des Hausberges zusammen, wo Müntzer ihnen predigte. Sie hatten die Gefechtsordnung noch nicht wiederherge-
stellt, als der Landgraf feuern ließ. Die Salve zerfetzte Leiber und
Wagen. In die Entsetzens- und Schmerzensschreie hinein stieß
die schwere Reiterei, schlug, stach, trampelte nieder. Landsknechte überrumpelten die Wagenburg, schlugen die Brems-
klötze weg, stießen die Wagen den Berg hinab in den Knäuel der
sich verzweifelt Wehrenden. Panik brach aus. Den Hausberg
hinunter setzte eine wilde Flucht in die Stadt Frankenhausen
ein. Zu einer Schlacht im eigentlichen Sinne des Wortes kam es
nicht mehr, eher zu einem Schlachten – ein Massaker, das die
Landsknechte anrichteten. Mit den Flüchtenden zugleich drang
das Fußvolk der Fürsten in die Stadt ein, stürmte die Stadtmauer
dort, wo noch Widerstand versucht wurde, plünderte und mor-
dete stundenlang.

6000 bis 8000 Mann stark war das Bauernlager bei Frankenhausen gewesen. Etwa halb so stark, vielleicht noch weniger, die
Truppen der Fürsten. 5000 bis 6000 Bauern wurden erschlagen,
mehrere hundert Mann gefangengenommen, unter ihnen auch
Thomas Müntzer, den ein Soldat in einem Hause am Angertore
aufgespürt hatte. Thomas Müntzer hatte sich krankgestellt und
in ein Bett gelegt. Der Soldat wollte den vermeintlich Kranken
schon unbehelligt verlassen, als sein Blick auf einen Ledersack
fiel. In der Aussicht auf Beute spähte er hinein, sah Briefe, an
Thomas Müntzer gerichtet, und begriff, wen er da vor sich hatte.

Drei Tage vorher hatte Müntzer einen Brief an den Grafen
Ernst von Mansfeld, seinen Erzfeind noch aus der Allstedter
Zeit, gerichtet: »Sag an, du elender dürftiger Madensack, wer hat
dich zu einem Fürsten des Volks gemacht, welches Gott mit seinem teuren Blute erworben hat? ... Daß du auch wissest, daß
wir strikten Befehl haben, sage ich: Der ewige lebendige Gott hat
es geheißen, dich von dem Stuhl mit der Gewalt, die uns gegeben, zu stoßen; denn du bist der Christenheit nichts nutze, du
bist ein schädlicher Staupbesen der Freunde Gottes. Gott hat von
dir und deinesgleichen gesagt ... dein Nest muß zerrissen und

zerschmettert werden. Wir wollen deine Antwort noch heute abend haben oder dich im Namen Gottes der Scharen heimsuchen, da weiß dich nach zu richten. Wir werden unverzüglich tun, was uns Gott befohlen hat, tu auch du dein bestes. Ich fahr daher. Thomas Müntzer mit dem Schwert Gideons.« (KGA 468 f.)

Eben jenem Ernst von Mansfeld wurde der gefangene Müntzer nun übergeben. Der ließ ihn nach Heldrungen bringen und foltern.

Zunächst wurde Thomas Müntzer »in der Güte« befragt, d. h. ohne Folter. Die ersten Fragen in der Güte betrafen das Sakrament, also seine Amtspflicht als Priester. »Er will nicht, daß man das heilige hochwürdige Sakrament äußerlich anbeten soll anders denn im Geiste, sondern es stehe in eines jeden Willkür.« (KGA 544) Frage und Antwort hängen offensichtlich damit zusammen, daß es eben sein neuer Gottesdienst war, insonderheit sein mystisch-spiritualistisches »Sakrament des Herzens«, das er ab Februar/März 1525 in Mühlhausen praktizierte, was die Gemüter am meisten schockierte. Aufstand und Aufruhr hatten auch andere gemacht, viele Tausend hatten ja zu den Waffen gegriffen; doch in der Art und Weise, wie Müntzer mit dem Allerheiligsten umging, das hatte sich noch keiner getraut. Schließlich war es ja gerade seine Liturgiereform in Allstedt gewesen, die die Dinge in Bewegung gebracht und den sich eskalierenden Konflikt ausgelöst hatte. Die Anbetung im Geiste und daß es einem jeden freistehe – dies eben war jenes Moment, mit dem sich Müntzer am weitesten vom Herkommen löste und gottesdienstliche Konsequenzen aus seiner mystisch-spiritualistischen Auffassung des Verhältnisses von Gott und Mensch zog.

Weniger bedenklich muß wohl seine weitere Erläuterung zum Sakrament gewesen sein, daß er es nämlich den Kranken gereicht und selber mitgenossen habe, auch nachmittags, wenn er schon gegessen hatte, und auch nachts nach eines jeden Gelegenheit, und daß er Wein und Brot genommen und dies konsekriert habe; anstößig dabei konnte allenfalls sein, daß er sich an keine festen Zeiten hielt.

Die übrigen Fragen beziehen sich vorwiegend auf seine Verbindungen zu einzelnen Persönlichkeiten und auf Aktivitäten an verschiedenen Orten. Besonderes Interesse dürften jene Fragen und Antworten (»in der Güte« und auch »unter der Pein«) beansprucht haben, die Auskunft über seine Ziele geben. »Unter der Pein« bekannte er: »Die Empörung habe er darum gemacht, daß die Christenheit sollt alle gleich werden und daß die Fürsten und Herren, die dem Evangelium nicht wollten beistehen, sollten vertrieben und totgeschlagen werden.« (KGA 548) »Ist ihr Artikel gewest und habens auf die Wege richten wollen: Omnia sunt communia, und sollte einem jeden nach seiner Notdurft ausgeteilet werden nach Gelegenheit. Welcher Fürst, Graf oder Herr das nicht hätte tun wollen und des erstlich erinnert, denen sollt man die Köppe abschlagen oder hängen.« (Ebenda) Daß trotzdem nicht daran gedacht war, Fürsten, Grafen und Herren gänzlich zu beseitigen, zeigt eine noch »in der Güte« gemachte Aussage: »Sagt habe geredet, daß die Fürsten mit 8, ein Graf mit 4 und ein Edelmann mit 2 Pferden reiten soll und darüber nicht.« (KGA 545) Wer mit wieviel Pferden reiten sollte, das war im 16. Jahrhundert die Statusfrage in der herrschenden Klasse. Diese Forderung rechnet von vornherein mit dem Weiterbestehen der Ständeordnung und verlangt nur etwas Zurückhaltung bei den Statussymbolen. Dies verdeutlicht, daß sich der Kampf nicht schlechthin gegen Fürsten, Grafen und Herren richtete, sondern tatsächlich nur gegen diejenigen, wie Müntzer selbst sagt, die dem Evangelium zuwider sind.

Diese Aussage über die »Pferdeordnung« folgt im Anschluß an eine Aussage darüber, daß er im Klettgau und im Hegau bei Basel etliche Angaben gemacht habe, wie man herrschen soll, woraus dann andere Artikel gemacht hätten. In dem Zusammenhang ist auch die Rede davon, »daß die Schlösser ganz beschwerlich sind und überladen mit Diensten und ander Beschwerung gegen die Untertanen«. (KGA 544) Mit aller gebotenen Vorsicht darf man daraus jedenfalls wohl soviel schließen, daß ihm die Grundgedanken der oberdeutschen Bauernprogramme und Ordnungen bekannt waren, wobei dahingestellt bleibe, wer da wen angeregt hat.

Kennzeichnend für das spezifische historische Niveau der Ziele und Vorhaben Thomas Müntzers ist nicht zuletzt der geographische Rahmen, in dem sich seine politischen Vorstellungen bewegen. Es sei seine Meinung gewesen, bekennt er unter der Pein, »daß er wolle das Land auf 10 Meilen Weges um Mühlhausen eingenommen haben und das Land zu Hessen«. (KGA 549) Mit den Bauern zu Klettgau und Hegau habe er geredet, ob sie zu ihm nach Mühlhausen ziehen wollten. »Haben sie gesagt, wo man sie versolde, wollten sie ziehen«. (KGA 549) Daraus wird deutlich, daß Müntzer durchaus die Notwendigkeit eines überregionalen Zusammengehens der Aufständischen gesehen hat, daß es aber an den ideologischen, organisatorischen und auch finanziellen Mitteln gebrach, dies in praktische Maßnahmen umzusetzen. Die zehn Meilen Weges rings um Mühlhausen und das Land Hessen waren ein Ziel, das immerhin schon zwei deutsche Länder oder Territorien umfaßte. Das Reichsgebiet der deutschen Nation ist freilich eine Vorstellung, die wir bei Müntzer vergeblich suchen. Sein Denken bewegte sich auf christenheitlichen und regionalen Bahnen, nicht auf nationalen Wegen. Dies hängt schließlich damit zusammen, daß er wie auch sein Anhang nicht zu den sozialen Kräften gehörten, die damals zumindest ansatzweise eine nationale Kommunikation herstellten und damit im Keim ein nationales Interesse repräsentierten.

»Wir sind Bettler, das ist wahr« – wer kennt sie nicht, diese letzten Worte aus der Feder des Doktors der Heiligen Schrift Martin Luther. Ein Glanz von abendlicher Milde, Weisheit und Müdigkeit des Alters liegt um sie, ein wenig Resignation und dahinter Ergebenheit in den Willen des Gottes, um dessen Zorn er wußte und den er doch für barmherzig hielt.

So sanft wurde einem Thomas Müntzer der Abschied von dieser Welt nicht gemacht. Nicht im Kreise ergebener Freunde, die ihm den kalten Todesschweiß von der Stirne wischen, gab er sein Leben auf, sondern vor gaffender Menge von einem Schinderkarren gezerrt, unter dem Richtschwert des Henkers am 27. Mai 1525 in der Nähe von Mühlhausen. Bitternis blutiger Niederlage und herbe Enttäuschung, Einsamkeit eines Turmverlieses, Schmerz und Qual eines gefolterten Leibes umdüsterten seine letzten zwölf Tage. Gaben sie seinem Geist eine andere Richtung als die, in der er in den Wochen vorher das Ziel seiner Hoffnung suchte, oder legten sie nur eine Saite in ihm frei, die schon immer dagewesen, aber in der Unrast, ja Raserei des Kampfes kaum je so geklungen hatte? Beides mag richtig sein, und beides läßt den Ton seines letzten Briefes an die Mühlhäuser vom 17. Mai 1525 verstehen: bittere Milde und eine verhaltene Hoffnung trotz alledem.

»Heil und Seligkeit durch Angst, Tod und Hölle zuvor, liebe Brüder«, so leitet Thomas Müntzer diesen seinen letzten Brief ein. »Nachdem es Gott also wohlgefällt, daß ich von hinnen scheiden werde in wahrhaftiger Erkenntnis göttlichs Namens und Erstattung etzlicher Mißbräuch vom Volk angenommen,

Titelblatt von »Bekentnus Thomas Muntzers ...«, dem sog. Abschiedsbrief Thomas
Müntzers aus Heldrungen vom 17. Mai 1525

mich nicht recht verstanden, alleine angesehen eigen Nutz, der
zum Untergang göttlicher Wahrheit gelanget, bin ichs auch herzlich zufrieden, daß es Gott also verfüget hat, mit allen seinen
vollzogenen Werken, welche müssen nicht nach dem äußerli-
chen Ansehen, sondern in Wahrheit geurteilt werden.«
(KGA 473)

    Am Eigennutz also war die Bewegung gescheitert. Damit war
die Niederlage in einer Art und Weise erklärt, die nicht den
Kampf diffamiert, sondern die geistige Unreife der Kämpfer beklagt. Die aber mußte doch eines Tages zu überwinden sein;
denn »Heil und Seligkeit durch Angst, Tod und Hölle zuvor,
liebe Brüder«. Der Augenblick, da der Sieg schon nahe schien,
mag vertan sein, nicht aber die Sache: Verbum Domini maneat
in aeternum – das Wort des Herrn bleibe in Ewigkeit, so hatte er
es auf die Regenbogenfahne sticken lassen. Wir bewegen uns
doch wohl in der Geisteswelt Müntzers, wenn wir seinen letzten
Brief so und nicht anders lesen.

Jst wibder denn Bischoff Hertzog Ernesten hochloblicher
gedechtnus gewest.

Wo es yhme recht gangen nach seynem synne/ wolle er das
land auff sehen meyl wegs vmb Mülhausen eingenomen haben
Vnd das land zu Hessen vnnd mit den Fursten/ Grauen vnnd
Herren/ die sich in yren bundt nicht hetten begeben wöllen/ fort
gefaren/ wie gehort.

Dye von Mülhausen haben yme acht Fatten büchssen gelyhen.

An dye Christliche Gemeynn vnnd
Rath zu Mülhausen meynen lyeben brüdern.

Eyl vnd seligkeyt durch angst/ todt/ vn hell zuuorn
Lieben brüder/ nach dem es Gott also wolgesetzt das
ich von hynne scheyden werd in warhafftiger erkent
nis Göttliches namens vnterstattige etlicher misse=
breuch vom volck angenomen/ mit nicht recht verstanden/ Al=
lein angesehen eygen nutz der zum vntergang göttlicher warheyt
gelangt. Byn ichs auch hertzlich zu frydẽ das Got also versü=
get hat mit allen seynen volzogenen werckenn/ welche müssenn
nach dẽ eusserlichen ansehen nicht/ sonder in warheyt geurteylet
werden Johan. vij. Darumb solle yr euch meynes todes nicht
ergern/ welcher zu furderung dem vnuersiendigen geschehen ist.
Derhalben ist meyn freundtlich bet an euch yr wollet meynem
weybe die gütter so sie hat/ lassen volgẽ/ als bücher vñ Klerder
was dasselbig ist. Vñ sie nichts (vmb Gottes willen) lassen
gẽtun. Lieben brüder es ist euch hoch võ nötten/ damit er solche
schlappen

Textseite aus »Bekentnus Thomas Muntzers …«, dem sog. Abschiedsbrief Thomas
Müntzers aus Heldrungen vom 17. Mai 1525

Nicht recht verstanden sollen sie ihn haben? Worin eigentlich?
Der Vorwurf mag mancherlei bedeuten. Er mag sich beziehen
auf das, was Müntzer gerade in den letzten Tagen unmittelbar
vor der Katastrophe von Frankenhausen erlebt hatte: daß man
jetzt kämpfen und dreinschlagen müsse, in keine falschen Ver-
träge willigen und sich zu keiner beschissenen Barmherzigkeit
bewegen lassen dürfe, hatte er noch und noch gepredigt und geschrieben. Dran, dran, dran, werft ihnen den Turm zu Boden!
Schnelle Briefe nach Erfurt, Eisenach und anderswohin, Briefe,
die Hilfe an Mannschaft, Gerät und Waffen bringen sollten.
Doch keiner kam. Meinte er dies? Sicherlich auch dies, doch
nicht nur. Der Stachel saß tiefer und betraf das Totum seiner
Hoffnung: doch am Volke zweifle ich nicht.
   Im »Prager Manifest« war ihm dieser Satz in die Feder ge-
rutscht, als er sich gallig eben alles von der Seele geschrieben
hatte, was ihm die geistscheinenden Mönche, die Schriftgelehrten und Pfaffen so verhaßt machte. In den nachfolgenden Mona-

Quellen- und Literaturverzeichnis

Quellen

Akten zur Geschichte des Bauernkrieges in Mitteldeutschland
    Bd. I,1 hrsg. v. Otto Merx, Leipzig 1923 (Neudruck Aalen 1964)
    Bd. I,2 hrsg. v. Günther Franz, Leipzig 1934 (Neudruck Aalen 1964)
    Bd. II hrsg. v. Walther Peter Fuchs, Jena 1942 (Neudruck Aalen 1964)
Manfred Bensing/Winfried Trillitzsch: Bernhard Dappens »Articuli ... contra Luthe-
    ranos«. Zur Auseinandersetzung der Jüterboger Franziskaner mit Thomas Münt-
    zer und Franz Günther 1519. Jahrbuch für Regionalgeschichte 2 (1967), 113–147.
Manfred Bensing/Bernd Rüdiger (Hg.): Thomas Müntzer – Politische Schriften, Ma-
    nifeste, Briefe (1524/25), 2. Aufl. Leipzig 1973.
Heinrich Boehmer/Paul Kirn (Hg.): Thomas Müntzers Briefwechsel, Leipzig 1931.
Siegfried Bräuer/Wolfgang Ullmann(Hg.): Thomas Müntzer. Theologische Schriften
    aus dem Jahre 1523, Berlin 1975.
Günther Franz (Hg.): Thomas Müntzer. Schriften und Briefe. Kritische Gesamtaus-
    gabe, Gütersloh 1968.
Felician Gess (Hg.): Akten und Briefe zur Kirchenpolitik Herzog Georgs von Sach-
    sen, 2 Bde. Leipzig/Berlin 1905, 1917.
Gerhard Günther (Hg.): Der Ewige Rat zu Mühlhausen 17. März–28. Mai 1525. Zeug-
    nisse seiner Tätigkeit aus den Amtsbüchern. Bd. 1–2 Mühlhausen 1962; Bd. 3–4
    Mühlhausen 1964.
Carl Hinrichs (Hg.): Thomas Müntzer. Politische Schriften, Halle/S. 1950.
Reinhard Jordan (Hg.): Chronik der Stadt Mühlhausen in Thüringen, Bd. 1, Mühl-
    hausen 1900.
Helmut Müller (Hg.): Thomas Müntzers Briefwechsel. Lichtdrucke nach den Origi-
    nalen aus dem Sächsischen Landeshauptarchiv, Dresden (1953).
Max Steinmetz (Hg.): Thomas Müntzer. Außlegung des andern unterschyds Danielis
    des propheten. (Die Fürstenpredigt). Außgetrückte emplößung des falschen
    Glaubens. Hochverursachte Schutzrede, Faksimileausgabe der Originaldrucke,
    Berlin 1975.
Max Steinmetz/Friedrich de Boor/Winfried Trillitzsch/Hans-Joachim Rockar (Hg.):
    . Thomas Müntzer. Prager Manifest, Leipzig 1975.
Siegfried Streller (Hg.): Hutten, Müntzer, Luther. Werke in zwei Bänden, 2. Aufl.
    Weimar 1975.

Alexander Abusch (Hg.): Wir Enkel fechten's besser aus. Dokumente, Lyrik und Prosa zur revolutionären Tradition des deutschen Bauernkrieges, Berlin/Weimar 1975

Robert Baerwald: Die Schlacht bei Frankenhausen 1525. 2. Aufl. Mühlhausen 1925.

Georg Baring: Hans Denck und Thomas Müntzer in Nürnberg 1524. ARG 50 (1959) 145–181.

Manfred Bensing: Thomas Müntzer und Nordhausen (Harz) 1522. Eine Studie über Müntzers Leben und Wirken zwischen Prag und Allstedt, ZfG 10 (1962) 1095–1123.

– Idee und Praxis des »Christlichen Verbündnisses« bei Thomas Müntzer, WZ Leipzig GSR 14 (1965) 459–471.

– Thomas Müntzer und der Thüringer Aufstand 1525, Berlin 1966.

– Thomas Müntzers Frühzeit, ZfG 14 (1966) 423–430.

– Thomas Müntzers Aufenthalt in Nordhausen 1522 – Zwischenspiel oder Zeit der Entscheidung? Harz-Zs. 19/20 (1967/68) 36–62.

– Thomas Müntzer. 3. Aufl Leipzig 1983.

Manfred Bensing/Siegfried Hoyer: Der deutsche Bauernkrieg 1524–1526, 5. Aufl. Berlin 1987.

Ernst Bloch: Thomas Müntzer als Theologe der Revolution, Frankfurt/M. 1962.

Heinrich Boehmer: Studien zu Thomas Müntzer, Leipzig 1922.

– Gesammelte Aufsätze, Gotha 1927.

– Thomas Müntzer und das jüngste Deutschland. In: Ges. Aufs. 187–222.

Otto H. Brandt: Thomas Müntzer. Sein Leben und seine Schriften, Jena 1933.

Helmut Bräuer: Zwickau zur Zeit Thomas Müntzers und des Bauernkrieges. Sächsische Heimatblätter 20 (1974) 193–223.

Helmut Bräuer: Der politisch-ideologische Differenzierungsprozeß in der Zwickauer Bürgerschaft unter dem Einfluß des Wirkens Thomas Müntzers (1520/21). In: *Max Steinmetz (Hg.):* Der deutsche Bauernkrieg und Thomas Müntzer, Leipzig 1976, 105–111.

Siegfried Bräuer: Die erste Gesamtausgabe von Thomas Müntzers Schriften und Briefen. Luther-Jahrbuch 38 (1971) 121–131.

– Die zeitgenössischen Dichtungen über Thomas Müntzer und den Thüringer Bauernaufstand, Theol. Diss. Leipzig 1973.

– Hans Reichart, der angebliche Allstedter Drucker Müntzers, ZKG 85 (1974) 389–398.

– Thomas Müntzers Liedschaffen, LuJ 41 (1974) 45–102.

– Müntzerforschung von 1965 bis 1975, LuJ 44 (1977) 127–141; LuJ 45 (1978) 102–139.

– Die Vorgeschichte von Luthers »Ein Brief an die Fürsten zu Sachsen von dem aufrührischen Geist«, LuJ 47 (1980) 62–70.

Siegfried Bräuer/Hans-Jürgen Goertz: Thomas Müntzer. In: *Martin Greschat (Hg.):* Gestalten der Kirchengeschichte, Stuttgart 1981, Bd. 5, 335–352.

Gerhard Brendler: Reformation und Fortschritt. In: *Leo Stern/Max Steinmetz (Hg.):* 450 Jahre Reformation, Berlin 1967, 58–69.

- Frühbürgerliche Revolution und Tradition. In: *Max Steinmetz/Gerhard Brendler (Hg.):* Weltwirkung der Reformation, Berlin 1969, 178–185.
- Thomas Müntzer – »Die Gewalt soll gegeben werden dem gemeinen Volk!« Einheit 1/1975, 30–34.
- Zur Auffassung von Reformation und Bauernkrieg bei Friedrich Engels. In: *Horst Bartel/Heinz Helmert u. a. (Hg.):* Evolution und Revolution in der Weltgeschichte. Ernst Engelberg zum 65. Geburtstag, Berlin 1976, 247–268.
- Zur Bedeutung bürgerlicher Radikalität für Ideologie und Aktion Thomas Müntzers. In: *Manfred Kossok (Hg.):* Rolle und Formen der Volksbewegung im bürgerlichen Revolutionszyklus, Berlin 1976, 1–15.
- Thomas Müntzer – einer der größten Revolutionäre unserer Geschichte. Geschichtsunterricht und Staatsbürgerkunde 1976, 426–439.
- Idee und Wirklichkeit bei der Durchsetzung der Volksreformation Thomas Müntzers in Mühlhausen (Februar bis April 1525). In: *Brendler/Laube (Hg.):* Der deutsche Bauernkrieg 1524/25, 81–88.
- Martin Luther. Theologie und Revolution, Berlin 1983.

Gerhard Brendler/Adolf Laube (Hg.): Der deutsche Bauernkrieg 1524/25. Geschichte – Traditionen – Lehren, Berlin 1977.

Ulrich Bubenheimer: Thomas Müntzer. In: *Klaus Scholder/Dieter Kleinmann (Hg.):* Protestantische Profile. Lebensbilder aus fünf Jahrhunderten, Königstein/Ts. 1983, 32–46.

- Thomas Müntzer in Braunschweig. Braunschweigisches Jb 65 (1984) 37–78; 66 (1985) 79–114.

Horst Buszello/Peter Blickle/Rudolf Endres (Hg.): Der deutsche Bauernkrieg, Paderborn/München/Wien/Zürich 1984.

Helmut Claus: Zur Druckgeschichte der in Sachsen veröffentlichten Schriften Thomas Müntzers. In: *Max Steinmetz(Hg.):* Der deutsche Bauernkrieg und Thomas Müntzer, 122–127.

Otto Clemen: Das Prager Manifest Müntzers. ARG 30 (1933) 73–81.

Karl Czok: Zur sozialökonomischen Struktur und politischen Rolle der Vorstädte in Sachsen und Thüringen im Zeitalter der deutschen frühbürgerlichen Revolution. WZ Leipzig GSR 1975, 53–68.

Christoph Demke (Hg.): Thomas Müntzer. Anfrage an Theologie und Kirche, Berlin 1977.

Rolf Dismer: Geschichte, Glaube, Revolution. Zur Schriftauslegung Thomas Müntzers, Theol. Diss. Hamburg 1974.

Renate Drucker/Bernd Rüdiger: Zu Thomas Müntzers Leipziger Studentenzeit. WZ Leipzig GSR 23 (1974) 445–453.

Richard van Dülmen: Müntzers Anhänger im oberdeutschen Täufertum. Zbl 39 (1976) 883–891.

Klaus Ebert: Thomas Müntzer. Von Eigensinn und Widerspruch. Frankfurt/M. 1987.

Walter Elliger: Müntzers Übersetzung des 93. Psalms im »Deutzsch kirchen ampt«.

In: Solange es »heute« heißt – Festgabe für Rudolf Hermann zum 70. Geburtstag, Berlin 1957, 56–63.

– Außenseiter der Reformation: Thomas Müntzer, ein Knecht Gottes, Göttingen 1975.

– Thomas Müntzer. Leben und Werk, 3. Aufl. Göttingen 1976.

Rudolf Endres: Thomas Müntzer und Mühlhausen. In: *Buszello u. a.:* Der deutsche Bauernkrieg, Paderborn 1984.

Friedrich Engels: Der deutsche Bauernkrieg. MEW 7, Berlin 1960, 327–413.

Ludwig Fischer (Hg.): Die lutherischen Pamphlete gegen Thomas Müntzer, Tübingen 1976.

Claude R. Foster: Das Müntzerbild in der amerikanischen Geschichtsschreibung. In: *Max Steinmetz (Hg.):* Der deutsche Bauernkrieg und Thomas Müntzer, 128–136.

Günther Franz: Die Bildnisse Thomas Müntzers. Archiv für Kulturgeschichte 25 (1935) 21–37.

– Bibliographie der Schriften Thomas Müntzers. ZsVthüringG 34 (1940) 161–173.

Paul Friedländer: Thomas Müntzer als Prediger in Halle. ARG 23 (1926) 287–293.

Abraham Friesen/Hans-Jürgen Goertz (Hg.): Thomas Müntzer, Darmstadt 1978. (= Wege der Forschung CXCI)

Hans-Jürgen Goertz: Innere und äußere Ordnung in der Theologie Thomas Müntzers, Leiden 1967.

– Der Mystiker mit dem Hammer. Die theologische Begründung der Revolution bei Thomas Müntzer. Kerygma und Dogma 20 (1974) 23–53.

Hans-Jürgen Goertz (Hg.): Radikale Reformatoren. 21 biographische Skizzen von Thomas Müntzer bis Paracelsus, München 1978.

– Alles gehört allen. Das Experiment Gütergemeinschaft vom 16. Jahrhundert bis heute, München 1984.

Günter Goldbach: Hans Denck und Thomas Müntzer – ein Vergleich ihrer wesentlichen theologischen Auffassungen. Eine Untersuchung zur Morphologie der Randerscheinungen der Reformation, Theol. Diss., Hamburg 1969.

Eric W. Gritsch: Reformer Without A Church. The Life and Thought of Thomas Muentzer 1488(?)–1525, Philadelphia 1967.

Gerhard Günther: Der Mühlhäuser Rezeß vom 3. Juli 1923. In: *Ernst Werner/Max Steinmetz (Hg.):* Die frühbürgerliche Revolution in Deutschland, Berlin 1961, 167–183.

– Thomas Müntzer und der Bauernkrieg in Thüringen. Ein Überblick. In: Beiträge zur Geschichte Thüringens 1968, Erfurt 1968, 172–206.

Gerhard Günther: Bemerkungen zum Thema »Thomas Müntzer und Heinrich Pfeiffer in Mühlhausen«. In: *Gerhard Heitz/Adolf Laube/Max Steinmetz/Günter Vogler (Hg.):* Der Bauer im Klassenkampf, Berlin 1975, 157–182.

Willibald Gutsche: Zum Verhältnis von religiösen und sozialen Elementen in der volksreformatorischen Lehre Thomas Müntzers. In: *Brendler/Laube (Hg.):* Der deutsche Bauernkrieg 1524/25, 97–101.

Rudolf Hermann: Thomas Müntzers deutsch-evangelische Messe verglichen mit Luthers drei liturgischen Schriften 1523–1526. ZsVKiGProvSachs 9 (1912) 57–92.

Carl Hinrichs: Luther und Müntzer. Ihre Auseinandersetzung über Obrigkeit und Widerstandsrecht. 2. Aufl. Berlin (West) 1962.

Karl Honemeyer: Müntzers Berufung nach Allstedt. Harz-Zs 16 (1964) 103–111.

– Thomas Müntzers Allstedter Gottesdienst als Symbol und Bestandteil der Volksreformation. WZ Leipzig GSR 1965, 473–477.

– Thomas Müntzer und Martin Luther. Ihr Ringen um die Musik des Gottesdienstes. Untersuchungen zum »Deutzsch Kirchenampt« 1523, Berlin (West) 1974.

Siegfried Hoyer: Das Militärwesen im deutschen Bauernkrieg 1524–1526, Berlin 1975.

Siegfried Hoyer (Hg.): Reform, Reformation, Revolution, Leipzig 1980.

Václav Husa: Tomás Müntzer a Cechy. Rospracy Ceskoslovenské Akademie Ved 67 (1957) 1–102.

Günther Jäckel (Hg.): Kaiser, Gott und Bauer. Die Zeit des Deutschen Bauernkrieges im Spiegel der Literatur, Berlin 1975.

Helmar Junghans: Ursachen für das Glaubensverständnis Thomas Müntzers 1524. In: *Max Steinmetz (Hg.):* Der deutsche Bauernkrieg und Thomas Müntzer, 143–149.

Hubert Kirchner: Neue Müntzeriana, ZKG 72 (1961) 113–116.

– Johannes Sylvius Egranus, Berlin 1961.

– Der deutsche Bauernkrieg im Urteile der Freunde und Schüler Luthers, Theol. Habil.-Schrift, Greifswald 1969.

Karl Kleinschmidt: Thomas Müntzer. Die Seele des deutschen Bauernkrieges von 1525, Berlin 1952.

Walter Klaassen: Hans Hut and Thomas Müntzer. The Baptist Quarterly 19 (1962) 209–227.

Manfred Kobuch: Thomas Müntzers Weggang aus Allstedt. Zum Datierungsproblem eines Müntzer-Briefes. ZfG 8 (1960) 1632–1636.

Manfred Kobuch/Ernst Müller (Hg.): Der deutsche Bauernkrieg in Dokumenten. Aus staatlichen Archiven der Deutschen Demokratischen Republik, Weimar 1975.

Ernst Koch: Thomas Müntzer als Theologe: zum Ertrag des Bauernkriegsjubiläums. Amtsblatt der Evang.-Luth. Kirche in Thüringen 29 (1976) 107–115.

Alexander Kolesnyk: Probleme einer philosophiegeschichtlichen Einordnung der Lehre Thomas Müntzers. DZfPh 23 (1975) 583–594.

– Zu den Grundelementen der Weltanschauung Thomas Müntzers. In: *Brendler/ Laube (Hg.):* Der deutsche Bauernkrieg 1524/25, 89–96.

Franz Lau: Die prophetische Apokalyptik Thomas Müntzers und Luthers Absage an die Bauernrevolution. In: Beiträge zur historischen und systematischen Theologie. Gedenkschrift für Werner Elert, Berlin 1955, 163–170.

Adolf Laube: Ideal und Wirklichkeit – zur Krisenstimmung in der Reformationsbewegung 1523/24. In: *Günter Vogler (Hg.):* Martin Luther. Leben Werk Wirkung, Berlin 1983, 91–103.

– Probleme des Müntzerbildes. Zur Vorbereitung auf den 500. Geburtstag des revolutionären Predigers. URANIA-Mitteilungen 5/87, S. 5 + 12.

– Thomas Müntzer – Glaube und Revolution. In: Spectrum 5/88, S. 16–19.

Adolf Laube/Hans Werner Seiffert (Hg.): Flugschriften der Bauernkriegszeit, Berlin 1975.

Adolf Laube/Max Steinmetz/Günter Vogler: Illustrierte Geschichte der deutschen frühbürgerlichen Revolution, Berlin 1974.

Werner Lenk: »Ketzer«lehren und Kampfprogramme. Ideologieentwicklung im Zeichen der frühbürgerlichen Revolution, Berlin 1976.

Dietrich Lösche: Achtmänner, Ewiger Bund Gottes und Ewiger Rat. Zur Geschichte der revolutionären Bewegung in Mühlhausen i. Thür. 1523–1525. Jb WiG 1960, Teil I, 135–162.

Annemarie Lohmann: Zur geistigen Entwicklung Thomas Müntzers, Leipzig/Berlin 1931.

Bernhard Lohse: Auf dem Wege zu einem neuen Müntzer-Bild. Luther 41 (1970) 120–132.

– Thomas Müntzer in marxistischer Sicht. Luther 42 (1972) 60–72.

Gottfried Maron: Thomas Müntzer als Theologe des Gerichts. ZKG 83 (1972) 195–225.

– Thomas Müntzer in der Sicht Martin Luthers. Theologia viatorum 12 (1975) 71–85.

Oskar Johannes Mehl: Thomas Müntzers Deutsche Messen und Kirchenämter mit Singnoten und liturgischen Abhandlungen, Grimmen 1937.

– Thomas Müntzer als Bibelübersetzer, Theol. Diss., Jena 1942.

– Müntzer als Liturgiker. Th Lz 76 (1951) 75–78.

Alfred Meusel: Thomas Müntzer und seine Zeit, Berlin 1952.

Amadeo Molnar: Thomas Müntzer und Böhmen. Communio Viatorum. A Theological Quarterly I (1958) 242–245.

Erwin Mühlhaupt (Hg.): Luther über Müntzer, Witten 1973.

Horst Müller: Über die Bauernschlacht am 14. und 15. Mai 1525 bei Frankenhausen. In: Historische Beiträge zur Kyffhäuserlandschaft, Bad Frankenhausen 1975, 4–45.

Michael Müller: Auserwählte und Gottlose in der Theologie Thomas Müntzers, Theol. Diss., Halle/S. 1972.

Walter Nigg: Thomas Müntzer – Kreuzesmystik in stürmischer Zeit. In: *Walter Nigg:* Heimliche Weisheit, mystisches Leben in der evangelischen Christenheit, Zürich/Stuttgart 1959, 38–53.

Thomas Nipperdey: Theologie und Revolution bei Thomas Müntzer. ARG 54 (1963) 145–181.

Steven E. Ozment: Mysticism and Dissent. Religious Ideology and Social Protest in the Sixteenth Century, New Haven/London 1975.

Werner O. Packull/James M. Stayer (Hg.): The Anabaptists and Thomas Müntzer, Dubuque/Toronto 1980.

Walter Prochaska: Der Zug der Mühlhäuser, Thüringer, Eichsfelder und hessischen Aufständischen über das Eichsfeld und durch die angrenzenden Schwarzburger und Hohensteiner Gebiete vom 1. bis 7. Mai 1525. Eichsfelder Heimathefte 17 (1977) 297–327.

Wolfgang Rochler: Ordnungsbegriff und Gottesgedanke bei Thomas Müntzer. Ein Beitrag zur Frage »Müntzer und die Mystik«. ZKG 85 (1974) 396–382.

Gordon E. Rupp: Thomas Müntzer, Hans Huth and the »Gospel of all Creatures«. Bulletin of the John Rylands Library 43 (1961) 492–519.

Heinz Scheible: Reform, Reformation, Revolution. Grundsätze zur Beurteilung der Flugschriften. ARG 65 (1974) 108–133.

Otto Schiff: Thomas Müntzer und die Bauernbewegung am Oberrhein. HZ 110 (1912) 67–90.

– Thomas Müntzer als Prediger in Halle. ARG 23 (1926) 287–293.

Max Schmidt: Das Selbstbewußtsein Thomas Müntzers und sein Verhältnis zu Luther. Ein Beitrag zur Frage: War Thomas Müntzer ein Mystiker? Theologia Viatorum 6 (1957/58) 25–41.

Karl Schulz: Thomas Müntzers liturgische Bestrebungen. ZKG 10 (1928) 369–401.

Reinhard Schwarz: Luthers Erscheinen auf dem Wormser Reichstag in der Sicht Thomas Müntzers. In: Der Reichstag zu Worms von 1521. Reichspolitik und Luthersache, Worms 1971.

– Neun Thesen zu Müntzers Chiliasmus. In: *Bernd Moeller (Hg.):* Bauern-kriegs-Studien, Gütersloh 1975, 99–101.

– Die apokalyptische Theologie Thomas Müntzers und der Taboriten, Tübingen 1977.

Johann Karl Seidemann: Thomas Müntzer – Eine Biographie, Dresden/Leipzig 1842.

Kurt-Viktor Selge: Zu »Müntzer in Allstedt«. In: *Bernd Moeller (Hg.):* Bauernkriegs-Studien, Gütersloh 1975, 103–106.

M. M. Smirin: Die Volksreformation des Thomas Müntzer und der große Bauernkrieg, 2. Aufl., Berlin 1956.

Ernst Sommer: Die Sendung Thomas Müntzers. Taboritentum und Bauernkrieg in Deutschland, Berlin 1948.

Hans Otto Spillmann: Untersuchungen zum Wortschatz in Thomas Müntzers deutschen Schriften, Berlin/New York 1971.

Max Steinmetz: Zur Entstehung der Müntzer-Legende. In: *Fritz Klein/Joachim Streisand (Hg.):* Beiträge zum neuen Geschichtsbild. Festschrift für Alfred Meusel zum 60. Geburtstag, Berlin 1957, 35–70.

Max Steinmetz: Das Müntzerbild von Martin Luther bis Friedrich Engels, Berlin 1971.

– Luther und Müntzer – vorbereitende Bemerkungen. WZ Leipzig GSR 23 (1974) 433–444.

– Reformation, Bauernkrieg, Müntzer. In: Unbewältigte Vergangenheit, hg. v. Gerhard Lozek u. a., 3. Aufl., Berlin 1977, 224–237.

– Schriften und Briefe Thomas Müntzers. ZfG 1969, 739–748.

– Das Erbe Thomas Müntzers. ZfG 1969, 1117–1129.

– Thomas Müntzer in der Forschung der Gegenwart. ZfG 1975, 666–685.

– Thomas Müntzers Allstedter Wirksamkeit im Zusammenhang mit der deutschen frühbürgerlichen Revolution. In: *Rat der Stadt Allstedt (Hg.):* Allstedt –

Wirkungsstätte Thomas Müntzers. Ein Beitrag zum 450. Jahrestag des deutschen Bauernkrieges 1975 (Allstedt 1975).

- Luther, Müntzer und die Bibel – Erwägungen zum Verhältnis der frühen Reformation zur Apokalyptik. In: *Günter Vogler (Hg.):* Martin Luther. Leben Werk Wirkung, Berlin 1983, 147–167.
- Thomas Müntzer und die Bücher. ZfG 1984, 603–612.

Max Steinmetz (Hg.): Der deutsche Bauernkrieg und Thomas Müntzer, Leipzig 1976.

Manfred Straube: Die politischen, ökonomischen und sozialen Verhältnisse des Amtes Allstedt in der ersten Hälfte des 16. Jahrhunderts. In: *Rat der Stadt Allstedt (Hg.):* Allstedt – Wirkungsstätte Thomas Müntzers. (Allstedt 1975)

Shinzo Tanaka: Eine Seite der geistigen Entwicklung Thomas Müntzers in seiner »lutherischen« Zeit. Luther-Jahrbuch 40 (1973) 76–88.

Wolfgang Ullmann: Ordo rerum. Müntzers Randbemerkungen zu Tertullian als Quelle für das Verständnis seiner Theologie. In: Theologische Versuche VII. Hrsg. v. Joachim Rogge und Gottfried Schulle, Berlin 1976, 125–140.

Günter Vogler: Müntzerbild und Bauernkriegsforschung. Bemerkungen zu neuen Publikationen. JbWiG 1974, 227–42.

- Schlösserartikel und weltlicher Bann im deutschen Bauernkrieg. In: *Brendler/Laube (Hg.):* Der deutsche Bauernkrieg 1524/25, 113–121.

Günter Vogler: Nürnberg 1524/25. Studien zur Geschichte der reformatorischen und sozialen Bewegung in der Reichsstadt, Berlin 1982.

- Die Gewalt soll gegeben werden dem gemeinen Volk. Der deutsche Bauernkrieg 1525, 2. Aufl., Berlin 1983.

Günter Vogler (Hg.): Martin Luther. Leben Werk Wirkung, Berlin 1983.

Paul Wappler: Thomas Müntzer und die »Zwickauer Propheten«, Zwickau 1908 (Neudruck Gütersloh 1966).

Diedrich Wattenberg: Der Regenbogen von Frankenhausen am 15. Mai 1525 im Lichte anderer Himmelserscheinungen. In: Archenhold-Sternwarte Berlin-Treptow, Vorträge und Schriften Nr. 24, Berlin-Treptow 1965.

Gerhard Wehr (Hg.): Thomas Müntzer in Selbstzeugnissen und Bilddokumenten, Reinbek 1971.

Ernst Werner: Messianische Bewegungungen im Mittelalter, Teil II. ZfG 1962, 598–622.

Eberhard Wolfgramm: Der Prager Anschlag des Thomas Müntzer in der Handschrift der Leipziger Universitätsbibliothek. WZ Leipzig GSR 1956/57, 295–308.

Eike Wolgast: Thomas Müntzer. Ein Verstörer der Ungläubigen, Göttingen und Zürich 1981.

Gerhard Zschäbitz: Zur mitteldeutschen Wiedertäuferbewegung nach dem großen Bauernkrieg. Berlin 1958.

Adolar Zumkeller: Thomas Müntzer – Augustiner? Augustiniana 9 (1959) 380–385.

PERSONENREGISTER

Abraham 86, 178
Abusch, Alexander 199
Adam 111
Agricola, Johannes 61
Albrecht von Brandenburg, Erzbischof
   von Magdeburg und Mainz 22
Aleander, Hieronimus 168
Amos, Prophet 170
Aquino, Thomas von 11, 41 f.
Aristoteles 29 f.
Augustin(us), Aurelius 29, 33

Baerwald, Robert 199
Banse, Thilo 132
Baring, Georg 199
Bartel, Horst 200
Baumgarten, Heinrich 176
Bensing, Manfred 32, 184, 198 f.
Berlepsch, Sittich von 173, 184
Bernhardi, Bartholomäus 27–30
Blickle, Peter 200
Blinde, Peter 14
Bloch, Ernst 199
Bodenstein, Andreas siehe Karlstadt
Boehmer, Heinrich 198 f.
Bonaventura 41 f.
Boor, Friedrich de 198
Bora, Katharina von 84
Bosse, Hans 140
Brandt, Otto H. 199
Bräuer, Helmut 199
Bräuer, Siegfried 198 f.
Brendler, Gerhard 200–202, 205
Brück, Georg von 133, 135

Bubenheimer, Ulrich 200
Buszello, Horst 200
Buttener, Hans 14

Chieregati, Francesco 109
Claus, Helmut 200
Clemen, Otto 200
Czok, Karl 200

Daniel 133, 183, 198
Dappen, Bernhard 32 f., 37, 40–43, 198
David, König 85
Demke, Christoph 200
Denck, Hans 199, 201
Deutschland siehe Sturm, Kaspar
Dismer, Rolf 200
Döring, Christian 27, 171
Drucker, Renate 200
Dülmen, Richard von 200

Ebert, Klaus 200
Eck, Johann 47, 61, 70
Egranus, Eger (Johannes Sylvius Wildenauer, gen. E.) 48, 51, 60 f., 65, 67
   bis 70, 73, 116, 148, 202
Elert, Werner 202
Elliger, Walter 60, 170, 200
Endres, Rudolf 200 f.
Engel, Peter 14
Engelberg, Ernst 200
Engels, Friedrich 145, 177, 201, 204
Emmen, Ambrosius 140 f.
Erasmus von Rotterdam 42, 49, 62, 114
Ernst, Bischof von Halle 14

206

Bildnachweis

Der Verlag dankt für die Unterstützung bei der Bereitstellung der Ektachrome für die 3 Farbabbildungen Prof. Werner Tübke und dem VEB Verlag der Kunst Dresden. Fotos für Schwarz-Weiß-Abbildungen stellten mit freundlicher Genehmigung zur Verfügung: Dietz Verlag Berlin (10), Sächsische Landesbibliothek Dresden, Abt. Deutsche Fotothek (10), ADN/Zentralbild (5), Büro für nationale Jubiläen beim Ministerium für Kultur (2), Forschungsbibliothek Gotha (1), Kreisheimatmuseum Frankenhausen (1), Dieter Lange, Berlin (15). Die restlichen Vorlagen wurden dem Verlagsarchiv entnommen.

M. Steinmetz

Thomas Müntzers Weg nach Allstedt

Eine Studie zu seiner Frühentwicklung
1988, 296 Seiten, 145 mm × 215 mm, Leinen
DDR 40,– M, Ausland 45,50 DM
Bestellangaben: 571 734 7/Steinmetz, Thomas Muentzer
ISBN 3-326-00402-8   LSV 0265

Aus der Frühzeit Thomas Müntzers bis zu seiner Ankunft in Allstedt kurz vor Ostern 1523 sind uns nur wenige Zeugnisse aus seiner Feder überliefert.

Max Steinmetz, der Nestor der marxistischen Thomas-Müntzer-Forschung, hat es übernommen, alles quellenmäßig Faßbare an Fakten und Aussagen auf seinen verläßlichen Gehalt zu prüfen und diesen schwer erschließbaren Lebensabschnitt Müntzers unter Einbeziehung der für seine Entwicklung wesentlichen Voraussetzungen und Umfelder einer gesonderten Darstellung zu unterziehen. In mehreren selbständigen Kapiteln beschreibt er die Schauplätze seines Lebens und Wirkens und geht auf bedeutsame geistige Quellen für die Herausbildung seiner Theologie ein. Von besonderem Interesse ist dabei auch Steinmetz' Deutung des Verhältnisses von Müntzer zu Luther.

VEB Deutscher Verlag der Wissenschaften
Berlin DDR-1080 Berlin,
Johannes-Dieckmann-Straße 10

Philosophie · Geschichte · Psychologie
Mathematik · Physik · Chemie